Generic Programming for Borland® C++

Generic Programming for Borland® C++

Namir C. Shammas

McGraw-Hill, Inc.

New York San Francisco Washington, D.C. Auckland Bogotá
Caracas Lisbon London Madrid Mexico City Milan
Montreal New Delhi San Juan Singapore
Sydney Tokyo Toronto

FIRST EDITION
FIRST PRINTING

Library of Congress Cataloging-in-Publication Data

Shammas, Namir Clement, 1954-
Generic programming for Borland C++ / by Namir C. Shammas.
p. cm.
Includes index.
ISBN 0-8306-4264-1 ISBN 0-8306-4263-3 (pbk.)
1. C++ (Computer program language) 2. Borland C++. I. Title.
QA76. 73. C15S468 1993
005.7' 3—dc20 92-30176
CIP

Acquisitions Editor: Brad J. Schepp
Editorial team: Mark Vanderslice, Editor
Susan Wahlman, Supervising Editor
Joanne Slike, Executive Editor
Jodi L. Tyler, Indexer
Production team: Katherine G. Brown, Director
Ollie Harmon, Typesetting
Susan E. Hansford, Typesetting
Tina M. Sourbier, Typesetting
Patsy D. Harne, Layout
Kelly S. Christman, Proofreader
Design team: Jaclyn J. Boone, Designer
Brian Allison, Associate Designer
Cover design and illustration: Sandra Blair, Harrisburg, Pa.

To my dear friends Pat and John Hoppe,
for their love, support, and all that car
antifreeze!

Contents

Introduction

Developing applications and utilities often involves various data structures, such as arrays, lists and stacks. This book offers the practicing C++ programmer libraries of classes that model generic data structures. These classes enable you to maintain single versions of stacks, queues, arrays, matrices, linked lists, binary trees, hash tables, and graphs. The book contains 11 chapters presenting the classes for these popular data structures, as well as the basics of writing generic classes.

Chapter 1 presents the basic methods used in developing classes for generic data structures. The chapter presents the C-style method as well as the newer method that uses C++ templates. The chapter also includes a discussion on declaring and using template classes.

Chapter 2 looks at generic stacks, their basic operations, and their design requirements. The chapter presents generic classes for abstract and heap-based stacks.

Chapter 3 examines generic queues and presents their basic operations and design requirements. The chapter discusses the basic types of queues and presents classes that model a flexible type of queue, which can also double as a stack.

Chapter 4 explores generic arrays, discussing their basic operations and design specifications. The chapter presents the abstract and heap-based classes of generic arrays. Several examples illustrate the use of the generic array class with numbers, strings, and user-defined classes.

Chapter 5 presents generic matrices and discusses their basic operations and design parameters. The chapter presents an abstract generic matrix class as well as a heap-based generic matrix class.

Chapters 6 and 7 discuss the generic singly-linked and doubly-linked lists, respectively. These chapters examine the basic operations and design requirements for linked lists. Chapter 7 presents a special class used to build a list of DOS files, which is commonly used by DOS utilities. The chapter also presents a program that displays the names, sizes, and date/time stamps of files that match multiple wildcards.

Chapter 8 covers the versatile generic hash tables and discusses their speed advantages, basic operations, and structure design needs. In addition, the chapter presents a class of generic hash tables that you can use to quickly build a list of cross-referenced names.

Chapter 9 discusses generic graphs. The chapter looks at the various types of graphs and different ways to represent them. It also presents a class of generic graphs and offers special examples, including one that solves an electric circuit using graphs.

Chapter 10 presents the versatile and near-balanced AVL-tree. The AVL-tree is a superior type of binary tree that guards against skewed trees. The chapter discusses the basic AVL-tree operation and design requirements, and presents classes that model abstract and heap-based AVL-trees. The chapter also presents the class AVLfile that maintains a list of DOS files.

Chapter 11 discusses a special type of matrix called a jagged matrix. The chapter looks at its structure, basic operations, and design needs, and also presents a heap-based class of generic matrices.

Throughout this book, I have used two icons to highlight various important points.

✱ This icon points out warnings.

☞ This icon points out things you should know.

☞ The listings for the generic classes presented in this book have version 2.0.0. What happened to the earlier version, you might ask? The answer is that the generic classes presented here use the new C++ template. The earlier versions, which are not published (not yet, anyway), use the C-style method. (Chapter 1 discusses these two methods for creating generic classes.) This coding method was the only method available for creating generic classes before templates were introduced for C++. In the event the C-style classes are published, I want to avoid confusing their versions and seniorities. I have decided to retain the current version numbering scheme to also reflect the technical evolution of the C++ generic classes that I have developed.

Listings disk

The book's listings contained on the disk are included with the book. The listings disk contains a self-extracting file GENKLASS.EXE that includes all of the .H, .HPP, .CPP, and .PRJ files. The .PRJ files are generated by the Borland C++ 3.1 compiler.

Follow these simple instructions to install the files.

1. Create a separate directory for this book's listings. For example, create the GENLASS directory as a subdirectory of \BORLAND C.
2. Move to the above directory.
3. Type A:GENKLASS or B:GENKLASS if the listings disk is in drive A: or B:, respectively.

If you use the Turbo C++ IDE to compile the examples, you need to adjust the list of directories that are specified in the Directory option in the Options menu item.

1 Introduction to generic programming

Software reusability, maintenance, and updating are among the concerns facing programmers. Structured programming fosters the reusability of routines in multiple programs. The perfect design reuses the code without any alteration. However, such code frequently undergoes some alterations or adjustments to make it work in a new application. For example, the routines that manipulate an array of strings in one program must be edited to work with an array of floating-point numbers in another program. The outcome yields multiple instances of comparable code. This example applies to other data structures, such as lists, stacks, queues, and trees. Programmers use these data structures to carry out a variety of data processing tasks. Frequently, the programmer takes an existing instance of a data structure and adapts its code to suit a new application. The outcome is a jumble of space-wasting routines that are hard to update and difficult to maintain.

The first step in solving this problem is to use generic data structures. These structures possess a common set of operations, such as sorting and searching. The different generic data structures vary from one another primarily by the basic data type. In addition, they frequently differ in other parameters relevant to the structure itself. The advantage is that all the different instances of the same structure employ the same code. This similarity immensely simplifies the maintenance and updating of the structure, since the programmer has to manage only a single version of code. The code alterations are available to all existing client applications pending the recompilation of client programs. Thus, the centralized-code design used by generic programming is very effective in managing application development. Some languages, such as Ada and C++, formally support generic programming. By contrast, other languages like C, Pascal, and Modula-2 offer implicit support through basic language features.

The programmer achieves additional reduction in the coding of generic data structures by utilizing object-oriented programming (OOP). Classes of comparable data structures, such as ordered and unordered lists, use *inheritance* to share the code of the functions that implement common operations. For example, clearing ordered and unordered lists uses the same process. Therefore, related classes inherit such operations, and thus further decrease the size of the library code.

This book combines the benefits of time-tested structured techniques, generic programming, and OOP in building generic classes for popular data structures. These structures include dynamic arrays, matrices, stacks, queues, lists, hash tables, trees, and graphs. The classes for these popular structures offer considerably powerful and timesaving libraries that very effectively decrease the required coding. Using classes delivers the code in an attractive form that conforms to the latest developments in software engineering.

Elements of generic programming

Suppose I need to create a class that models dynamic arrays of integers. Assuming that I need to write this class in a rush, I resort to making the implementation somewhat compact. The most relevant class operations include:

- Creating the dynamic class, either by specifying the size of the dynamic array or by using an existing instance.
- Deallocating the space of the dynamic array.
- Storing integers in the instances of the dynamic array class.
- Recalling integers from the instances of the dynamic array class.
- Searching through the array for a matching element. To simplify the design and shorten the code, I keep the elements of the integer array unordered, so the search function performs a linear search on the unordered array instances.
- Copying one array instance into another.

Listing 1-1 shows the source code for the INTARR.CPP program file. The program declares the class intArray to implement the listed operations. The class declares three data members, arrSize, dataPtr, and allocateError. The arrSize stores the size of the array used by the first class constructor. The dataPtr is a pointer to the int type and is used to access the dynamic array elements. The Boolean member allocateError flags the failure to allocate dynamic memory. You can use the function getAllocateError to query the value of member allocateError.

Listing 1-1 The source code for the INTARR.CPP program file.

```
#include <stdlib.h>
#include <stdio.h>
#include <conio.h>
#include <dos.h>

// declare the Boolean enumerated type
enum boolean { false, true };

// define class-related constants
const MIN_ARRAY_SIZE = 10;
const NOT_FOUND = 0xffff;

class intArray
{

  private:
    void copy(intArray& arr);

  protected:
    unsigned arrSize;
    int* dataPtr;
    boolean allocateError;

  public:
    intArray(unsigned arraySize = MIN_ARRAY_SIZE);
    intArray(intArray& arr);
   ~ intArray()
      { delete [] dataPtr; }
    unsigned getArraySize()
      { return arrSize; }
    boolean getAllocateError()
      { return allocateError; }
    intArray& operator=(intArray& arr);
    boolean store(int x, unsigned index);
    boolean recall(int& x, unsigned index);
    int& operator[](unsigned index)
      { return *(dataPtr + index); }
    unsigned search(int key);
};

////////////////////////////////////////////////////////////////
////  intArray
intArray::intArray(unsigned arraySize)
{
  arrSize = (arraySize < MIN_ARRAY_SIZE) ? MIN_ARRAY_SIZE :
                                            arraySize;
  dataPtr = new int[arrSize];
  allocateError = (dataPtr) ? false : true;
}

/////////////////////////////////////////////////////////////////////
////  intArray
intArray::intArray(intArray& arr)
{
  dataPtr = NULL;
  copy(arr);
```

Listing 1-1 Continued.

```
}
////////////////////////////////////////////////////////////////////
////  operator =
intArray& intArray::operator =(intArray& arr)
{
  dataPtr = NULL;
  copy(arr);
  return *this;
}

////////////////////////////////////////////////////////////////////
////  copy
void intArray::copy(intArray& arr)
{
  if (dataPtr)
    delete [] dataPtr;
  arrSize = arr.arrSize;
  dataPtr = new int[arrSize];
  allocateError = (dataPtr) ? false : true;
}

////////////////////////////////////////////////////////////////////
////  store
boolean intArray::store(int x, unsigned index)
{
  if (index < arrSize) {
    *(dataPtr + index) = x;
    return true;
  }
  else
    return false;
}

////////////////////////////////////////////////////////////////////
////  recall
boolean intArray::recall(int& x, unsigned index)
{
  if (index < arrSize) {
    x = *(dataPtr + index);
    return true;
  }
  else
    return false;
}

////////////////////////////////////////////////////////////////////
////  search
unsigned intArray::search(int key)
{
  boolean notFound = true;
  unsigned i = 0;

  while (i < arrSize && notFound)
    if (*(dataPtr + i) != key)
      i++;
    else
```

Listing 1-1 Continued.

```
      notFound = false;

  return (notFound) ? NOT_FOUND : i;
}

////////////////////////////////////////////////////////////////////////
////////////////////////////////////////////////////////////////////////

void display_array(intArray& arr)
{
  clrscr();
  for (unsigned i = 0; i < arr.getArraySize(); i++)
    printf("%4u :  %4d\n", i, arr[i]);

  printf("\n\nPress any key to continue...");
  getch();
}

void search_array(intArray& arr, int key)
{
  unsigned n = arr.search(key);

  clrscr();
  for (unsigned i = 0; i < arr.getArraySize(); i++)
    printf("%4u :  %4d\n", i, arr[i]);
  gotoxy(1, 22);
  printf("Searching for %d", key);
  if (n < arr.getArraySize()) {
    gotoxy(1, n+1);
    putchar('*');
    gotoxy(20 , n+1);
    printf("<— Found match here");
    gotoxy(1, 23);
  }
  else {
    gotoxy(1, 22);
    printf("No match for %d\n", key);
 }
}

main()
{
  const unsigned ARRAY_SIZE = 10;
  const unsigned delayTime = 2000;
  intArray Integers(ARRAY_SIZE);
  int x;
  randomize();
  for (unsigned i = 0; i < ARRAY_SIZE; i++) {
    x = random(1000) + 1;
    Integers.store(x, i);
  }

  display_array(Integers);

  for (i = 0; i < ARRAY_SIZE; i++) {
    Integers.recall(x, i);
```

Listing 1-1 Continued.

```
    search_array(Integers, x);
    delay(delayTime);

}
  gotoxy(1, 23);
  printf("Press any key to end the program...");
  getch();
  return 0;
}
```

The first class constructor uses the default parameter value of MIN_ARAY_SIZE to define the minimal array size.

The intArray class declares a private member function copy. This function copies the data from one instance of intArray to another instance. The copy function is called by the copy constructor and by the = operator.

The Boolean store member function stores the argument of parameter x at location index of the dynamic array. The store function returns true if the argument for index is valid. Otherwise, function the yields false.

The Boolean recall member function retrieves the integer at location index of the dynamic array. The recall function returns true if the argument for index is valid. Otherwise, the function yields false. The reference parameter x returns the retrieved value if the function returns true.

The search member function searches for an array element that matches the argument of the parameter key. The function performs a linear search and returns the index of the matching array element. If no match is found, the function yields the constant NOT_FOUND (which is equal to 0xffff).

The intArray class also declares the operator [ ] to access the elements of the dynamic array. This operator provides quicker storage and retrieval than the functions store and recall, since it does not check for a valid index.

Listing 1-1 also contains a complete test program and includes the global functions view_array, search_array, and main. The main function creates an instance of intArray that stores 10 elements and fills it with random integers. The main function calls the view_array function to view the dynamic array of integers, and then calls the search_array function in a for

```
    0  :   382
    1  :   846
  * 2  :   718  <—— Found match here
    3  :   398
    4  :   998
    5  :   929
    6  :   966
    7  :   121
    8  :   168
    9  :   351

  Searching for 718
```

1-1 A sample session with the INTARR.EXE program.

loop to search for each member of the dynamic array. Figure 1-1 shows a sample session with program INTARR.EXE.

Let's assume that shortly after creating the intArray class I needed a similar array that manages double-typed data. Since the double type, like the int type, is predefined, this task is very easy. The process of adapting the code consists primarily of replacing the references to class intArray and the int type with the class dblArray and the double type. Listing 1-2 shows the source code for the DBLARR.CPP program file. The program declares the double-typed constant EPSILON used in comparing doubles in the search function. Since using an exact-match comparison can be foiled by rounding errors, it is safer to compare the absolute difference between two doubles with the constant EPSILON.

Listing 1-2 The source code for the DBLARR.CPP.

```
# program file.4
#include <stdlib.h>
#include <stdio.h>
#include <conio.h>
#include <dos.h>
#include <math.h>

// declare the Boolean enumerated type
enum boolean { false, true };

// define class-related constants
const MIN_ARRAY_SIZE = 10;
const NOT_FOUND = 0xffff;
const double EPSILON = 1.0e-08;

class dblArray
{

  private:
    void copy(dblArray& arr);

  protected:
    unsigned arrSize;
    double* dataPtr;
    boolean allocateError;

  public:
    dblArray(unsigned arraySize = MIN_ARRAY_SIZE);
    dblArray(dblArray& arr);
   ~ dblArray()
      { delete [] dataPtr; }
    unsigned getArraySize()
      { return arrSize; }
    boolean getAllocateError()
      { return allocateError; }
    dblArray& operator=(dblArray& arr);
    boolean store(double x, unsigned index);
    boolean recall(double& x, unsigned index);
    double& operator[](unsigned index)
      { return *(dataPtr + index); }
    unsigned search(double key);
```

Listing 1-2 Continued.

```
};
//////////////////////////////////////////////////////////////////
////  dblArray
dblArray::dblArray(unsigned arraySize)
{
  arrSize = (arraySize < MIN_ARRAY_SIZE) ? MIN_ARRAY_SIZE :
                                               arraySize;
  dataPtr = new double[arrSize];
  allocateError = (dataPtr) ? false : true;
}

//////////////////////////////////////////////////////////////////
////  dblArray
dblArray::dblArray(dblArray& arr)
{
  dataPtr = NULL;
  copy(arr);
}

//////////////////////////////////////////////////////////////////
////  operator =
dblArray& dblArray::operator =(dblArray& arr)
{
  dataPtr = NULL;
  copy(arr);
  return *this;
}

//////////////////////////////////////////////////////////////////
////  copy
void dblArray::copy(dblArray& arr)
{
  if (dataPtr)
    delete [] dataPtr;
  arrSize = arr.arrSize;
  dataPtr = new double[arrSize];
  allocateError = (dataPtr) ? false : true;
}

//////////////////////////////////////////////////////////////////
////  store
boolean dblArray::store(double x, unsigned index)
{
  if (index < arrSize) {
    *(dataPtr + index) = x;
    return true;
  }
  else
    return false;
}

//////////////////////////////////////////////////////////////////
////  recall
boolean dblArray::recall(double& x, unsigned index)
{
  if (index < arrSize) {
```

Listing 1-2 Continued.

```
    x = *(dataPtr + index);
    return true;
  }
  else
    return false;
}

/////////////////////////////////////////////////////////////////
////  search
unsigned dblArray::search(double key)
{
  boolean notFound = true;
  unsigned i = 0;

  while (i < arrSize && notFound)
    if (fabs(*(dataPtr + i) - key) > EPSILON)
      i++;
    else
      notFound = false;

  return (notFound) ? NOT_FOUND : i;
}

//////////////////////////////////////////////////////////////////////
//////////////////////////////////////////////////////////////////////

void display_array(dblArray& arr)
{
  clrscr();
  for (unsigned i = 0; i < arr.getArraySize(); i++)
    printf("%4u :  %4.1lf\n", i, arr[i]);

  printf("\n\nPress any key to continue...");
  getch();
}

void search_array(dblArray& arr, double key)
{
  unsigned n = arr.search(key);

  clrscr();
  for (unsigned i = 0; i < arr.getArraySize(); i++)
    printf("%4u :  %4.1lf\n", i, arr[i]);
 gotoxy(1, 22);
  printf("Searching for %4.1lf", key);
  if (n < arr.getArraySize()) {
    gotoxy(1, n+1);
    putchar('*');
    gotoxy(20 , n+1);
    printf("<— Found match here");
    gotoxy(1, 23);
  }
  else {
    gotoxy(1, 22);
    printf("No match for %4.1lf\n", key);
 }
```

Listing 1-2 Continued.

```
}

main()
{
const unsigned ARRAY_SIZE = 10;
  const unsigned delayTime = 2000;
  dblArray Numbers(ARRAY_SIZE);
  double x;

  randomize();
  for (unsigned i = 0; i < ARRAY_SIZE; i++) {
    x = double(random(900)) + 100;
    Numbers.store(x, i);
  }

  display_array(Numbers);

  for (i = 0; i < ARRAY_SIZE; i++) {
    Numbers.recall(x, i);
    search_array(Numbers, x);
    delay(delayTime);
  }
  gotoxy(1, 23);
  printf("Press any key to end the program...");
  getch();
  return 0;
}
```

```
    0  :   133.0
    1  :   493.0
    2  :   325.0
    3  :   713.0
  * 4  :   990.0 <—— Found match here
    5  :   405.0
    6  :   811.0
    7  :   969.0
    8  :   504.0
    9  :   841.0

  Searching for 990.0
```

1-2 A sample session with the DBLARR.EXE program.

In other respects, the code in DBLARR.CPP is parallel to that of INTARR.CPP. The similarity also extends to the view_array, search_array, and main functions. Figure 1-2 shows a sample session with the DBLARR.EXE program.

Suppose that after creating the classes intArray and dblArray, you need to create an array of strings (using classes). The new version of the generic array is more complex than the previous ones, since it involves a user-defined class.

Listing 1-3 contains the source code for the STRARR.CPP file program. The program declares the class String. The instances of class String create fixed-sized strings that are STRING_SIZE characters long. The class String is a minimal string class (compared with the class string presented at the end of this chapter) that supports creating, assigning, and retrieving strings.

Listing 1-3 The source code for the STRARR.CPP file program.

```
#include <stdlib.h>
#include <stdio.h>
#include <conio.h>
#include <dos.h>
#include <string.h>

// declare the Boolean enumerated type
enum boolean { false, true };

// define class-related constants
const MIN_ARRAY_SIZE = 10;
const NOT_FOUND = 0xffff;
const STRING_SIZE = 81;

class String
{

  private:
    void copy(String& s);
    void copy(const char* s);

  protected:
    unsigned len;
    char chars[STRING_SIZE];

  public:
    String()
      {
        len = 0;
        chars[0] = '\0';
      }
    String(String& s);
    String(const char* s);
    unsigned getLength()
      { return len; }
    char* getStr()
      { return chars; }
    String& operator =(String& s)
      {
        copy(s);
        return *this;
      }
    String& operator =(const char* s)
      {
        copy(s);
        return *this;
      }
    friend int operator !=(String& s1, String& s2)
      { return (strcmp(s1.getStr(), s2.getStr()) != 0) ? 1 : 0; }
};
```

Listing 1-3 Continued.

```
/////////////////////////////////////////////////////////////////

//// String
String::String(String& s)
{
  len = s.len;
  strcpy(chars, s.chars);
}

/////////////////////////////////////////////////////////////////
//// String
String::String(const char* s)
{
  len = strlen(s);
  strcpy(chars, s);
}

/////////////////////////////////////////////////////////////////
//// copy
void String::copy(String& s)
{
  len = s.len;
  strcpy(chars, s.chars);
}

/////////////////////////////////////////////////////////////////
//// copy
void String::copy(const char* s)
{
  len = strlen(s);
  strcpy(chars, s);
}


/////////////////////////////////////////////////////////////////
/////////////////////////////////////////////////////////////////

class strArray
{

  private:
    void copy(strArray& arr);

  protected:
    unsigned arrSize;
    String* dataPtr;
    boolean allocateError;
  public:
    strArray(unsigned arraySize = MIN_ARRAY_SIZE);
    strArray(strArray& arr);
   ~ strArray()
      { delete [] dataPtr; }
    unsigned getArraySize()
      { return arrSize; }
    boolean getAllocateError()
      { return allocateError; }
```

Listing 1-3 Continued.

```
    strArray& operator=(strArray& arr);
    boolean store(String& x, unsigned index);
    boolean recall(String& x, unsigned index);
    String& operator[](unsigned index)
      { return *(dataPtr + index); }
    unsigned search(String& key);
};

/////////////////////////////////////////////////////////////////
////  strArray
strArray::strArray(unsigned arraySize)
{  arrSize = (arraySize < MIN_ARRAY_SIZE) ? MIN_ARRAY_SIZE :
                                            arraySize;
  dataPtr = new String[arrSize];
  allocateError = (dataPtr) ? false : true;
}

/////////////////////////////////////////////////////////////////
////  strArray
strArray::strArray(strArray& arr)
{
  dataPtr = NULL;
  copy(arr);
}

/////////////////////////////////////////////////////////////////
////  operator =
strArray& strArray::operator =(strArray& arr)
{
  dataPtr = NULL;
  copy(arr);
  return *this;
}

/////////////////////////////////////////////////////////////////
////  copy
void strArray::copy(strArray& arr)
{
  if (dataPtr)
    delete [] dataPtr;
  arrSize = arr.arrSize;
  dataPtr = new String[arrSize];
  allocateError = (dataPtr) ? false : true;
}

/////////////////////////////////////////////////////////////////
////  store
boolean strArray::store(String& x, unsigned index)
{
  if (index < arrSize) {
    *(dataPtr + index) = x;
    return true;
  }
  else
    return false;
}
```

Listing 1-3 Continued.

```
////////////////////////////////////////////////////////////////
////  recall
boolean strArray::recall(String& x, unsigned index)
{
  if (index < arrSize) {
    x = *(dataPtr + index);
   return true;
  }  else
    return false;
}

////////////////////////////////////////////////////////////////
////  search
unsigned strArray::search(String& key)
{
  boolean notFound = true;
  unsigned i = 0;

  while (i < arrSize && notFound)
    if (*(dataPtr + i) != key)
      i++;
    else
      notFound = false;

  return (notFound) ? NOT_FOUND : i;
}

////////////////////////////////////////////////////////////////////
////////////////////////////////////////////////////////////////////

void display_array(strArray& arr)
{
  clrscr();
  for (unsigned i = 0; i < arr.getArraySize(); i++)
    printf("%4u :  %s\n", i, arr[i].getStr());

  printf("\n\nPress any key to continue...");
  getch();
}

void search_array(strArray& arr, String& key)
{
  unsigned n = arr.search(key);

  clrscr();
  for (unsigned i = 0; i < arr.getArraySize(); i++)
    printf("%4u :  %s\n", i, arr[i].getStr());
  gotoxy(1, 22);
  printf("Searching for %s", key.getStr());
  if (n < arr.getArraySize()) {
    gotoxy(1, n+1);
    putchar('*');
    gotoxy(20 , n+1);
   printf("<-- Found match here");
```

Listing 1-3 Continued.

```
    gotoxy(1, 23);
   }
   else {
     gotoxy(1, 22);
     printf("No match for %s\n", key.getStr());
  }
}
main()
{
  const unsigned ARRAY_SIZE = 10;
  const unsigned delayTime = 2000;
  strArray Names(ARRAY_SIZE);
  String x;

  x = "Ada";        Names.store(x, 0);
  x = "C++";        Names.store(x, 1);
  x = "Pascal";     Names.store(x, 2);
  x = "Modula-2";   Names.store(x, 3);
  x = "FORTRAN";    Names.store(x, 4);
  x = "COBOL";      Names.store(x, 5);
  x = "BASIC";      Names.store(x, 6);
  x = "ICON";       Names.store(x, 7);
  x = "AWK";        Names.store(x, 8);
  x = "SmallTalk";  Names.store(x, 9);

  display_array(Names);

  for (unsigned i = 0; i < ARRAY_SIZE; i++) {
    Names.recall(x, i);
    search_array(Names, x);
    delay(delayTime);
  }
  gotoxy(1, 23);
  printf("Press any key to end the program...");
  getch();
  return 0;
}
```

The String class declares the operator !=, which is required by the search member function. No other relational operators are declared, because they are not needed.

Listing 1-3 declares the strArray by adapting the code from the class intArray. Notice that the first parameter in functions store and search is now a reference parameter, not a copy parameter.

You could go on and on creating more versions of the dynamic array. These versions would accommodate other predefined or user-defined types. You can create a vast number of versions, and consequently suffer the headache of maintaining them! Is there a way out? The good news is: yes, there is.

Building generic routines

Maintaining multiple versions of similar routines is costly and error-prone. The three versions of the routine can be replaced by a single generic version that accommodates arrays of varying sizes and basic data types.

☞ As a C++ programmer, you have a choice of two methods for implementing generic data structures. The first method uses techniques that are available to C and also to older C++ compilers (before C++ 3.0). The second method utilizes the new C++ templates that are available to newer C++ compilers. This section presents the first method, which I'll call the C-style generic method. The next section and the rest of the book use the new C++ templates.

The basic ingredients for building generic routines that work with arrays and other data structures are as follows:

- A pointer to the base address of the array or other data structure. The pointer type is either the void* pointer or a user-defined pointer type. The choice is based on the data access scheme. Some data structures can work with both void* and a user-defined pointer type.
- The size of the basic element. This is a vital piece of information, since you are coding generic routines to handle variable data sizes.
- Comparison functions. Generic routines that compare data elements require such functions. The general syntax for the comparison function is:

  ```
  int compareFunction(void* elem1, void* elem2);
  ```

  The function returns +1 if *elem1* is greater than *elem2*, yields 0 if *elem1* is equal to *elem2*, and returns −1 if *elem1* is less than *elem2*. The parameters *elem1* and *elem2* are declared as void* to accept pointers to any data type. The implementation of the comparison function must typecast the arguments of *elem1* and *elem2* to the actual data types being compared.

- The size of the structure. This information depends on the type of data structure. Structures such as arrays, matrices, and graphs need this information.
- Assignment of data using the memmove function. The general declaration of the memmove function is:

  ```
  void memmove(void* dest, const void* source, size_t n);
  ```

☞ The C-style generic method has the advantage of generating smaller code, on average, than a comparable implementation that uses templates. The reason for this advantage is that all of the instances of a generic class are generated from that one class. By contrast, the templates, which are a form of smart type-checking macros, generate the code for each instantiated class. Another advantage of the C-style method is that it works with structures and not just classes. Using user-defined classes is prevalent with template-based generic classes.

✱ Now the bad news about using the C-style generic method: this method lacks type-checking, since the member functions of such classes are merely moving bytes around, without the least notion of what these bytes represent. The parameters that pass data to and from member functions are void*. This pointer type lacks any checking and makes the associated parameter vulnerable to bad arguments. Another drawback of the C-style generic method is that it uses code that is less clear to read than template-based generic classes.

Let's look at an example of a C-style generic class. Listing 1-4 shows the source code for the GEN1ARR.CPP program file. The listing contains the declaration of the generic array class genArray, the implementation for the genArray class, and the test program. The main function tests for the array of integers, doubles, and C-style strings. Each array is an instance of class genArray.

Listing 1-4 The source code for the GEN1ARR.CPP program file.>

```
#include <stdlib.h>
#include <stdio.h>
#include <conio.h>
#include <string.h>
#include <math.h>
#include <dos.h>

// declare the Boolean enumerated type
enum boolean { false, true };

// declare the byte data type
typedef unsigned char byte;

// define class-related constants
const NOT_FOUND = 0xffff;
const EPSILON = 1.0e-08;  // used in comparing doubles
const STRING_SIZE = 81;
// declare the String (array version) type
typedef char String[STRING_SIZE];
class genArray
{

  private:
    void copy(genArray& arr);

  protected:
    unsigned elemSize;
    unsigned arrSize;
    byte* dataPtr;
    int (*cmpfunc)(const void*, const void*);
    boolean allocateError;
```

Listing 1-4 Continued.

```
  public:
    genArray(unsigned arraySize,
             unsigned elementSize,
             int (*compfunc)(const void*, const void*));
    genArray(genArray& arr);
    ~genArray()
      { delete [] dataPtr; }
    unsigned getArraySize()
      { return arrSize; }
    boolean getAllocateError()
      { return allocateError; }
    genArray& operator=(genArray& arr);
    boolean store(void* x, unsigned index);
  boolean recall(void* x, unsigned index);
    unsigned search(void* key);
};

/////////////////////////////////////////////////////////////////
////  genArray
genArray::genArray(unsigned arraySize,
                   unsigned elementSize,
                   int (*compfunc)(const void*, const void*))
{
  arrSize = (arraySize == 0) ? 1 : arraySize;
  elemSize = (elementSize == 0) ? 1 : elementSize;
  dataPtr = new byte[elemSize * arrSize];
  cmpfunc = compfunc;
  allocateError = (dataPtr) ? false : true;
}

/////////////////////////////////////////////////////////////////
////  genArray
genArray::genArray(genArray& arr)
{
  dataPtr = NULL;
  copy(arr);
}

/////////////////////////////////////////////////////////////////
////  operator =
genArray& genArray::operator =(genArray& arr)
{
  dataPtr = NULL;
  copy(arr);
  return *this;
}

/////////////////////////////////////////////////////////////////
////  copy
void genArray::copy(genArray& arr)
{
  if (dataPtr)
    delete [] dataPtr;
  arrSize = arr.arrSize;
  elemSize = arr.elemSize;
  cmpfunc = arr.cmpfunc;
```

Listing 1-4 Continued.

```
  dataPtr = new byte[elemSize * arrSize];
  allocateError = (dataPtr) ? false : true;
}

//////////////////////////////////////////////////////////////////
////  store
boolean genArray::store(void* x, unsigned index)
{
  byte* p = dataPtr;

  if (index < arrSize) {
    p += index * elemSize;
    memmove(p, x, elemSize);
    return true;
  }
  else
    return false;
}

//////////////////////////////////////////////////////////////////
////  recall
boolean genArray::recall(void* x, unsigned index)
{
  byte* p = dataPtr;

  if (index < arrSize) {
    p += index * elemSize;
    memmove(x, p, elemSize);
    return true;
  }
  else
    return false;
}

//////////////////////////////////////////////////////////////////
////  search
unsigned genArray::search(void* key)
{  boolean notFound = true;
  unsigned i = 0;
  byte *p = dataPtr;

  while (i < arrSize && notFound)
    if ((*cmpfunc)((void*)p, key) != 0) {
      i++;
      p += elemSize;
    }
    else
      notFound = false;

  return (notFound) ? NOT_FOUND : i;
}

//////////////////////////////////////////////////////////////////////
//////////////////////////////////////////////////////////////////////

void display_int_array(genArray& arr)
```

Listing 1-4 Continued.

```
{
  int anInt;

  clrscr();
  for (unsigned i = 0; i < arr.getArraySize(); i++) {
    arr.recall(&anInt, i);
    printf("%4u :  %4d\n", i, anInt);
  }

  printf("\n\nPress any key to continue...");
  getch();
}

void search_int_array(genArray& arr, int key)
{
  unsigned n = arr.search(&key);

int anInt;

  clrscr();
  for (unsigned i = 0; i < arr.getArraySize(); i++) {
    arr.recall(&anInt, i);
    printf("%4u :  %4d\n", i, anInt);
  }
  gotoxy(1, 22);
  printf("Searching for %d", key);
  if (n < arr.getArraySize()) {
    gotoxy(1, n+1);
    putchar('*');
    gotoxy(20 , n+1);
    printf("<— Found match here");
    gotoxy(1, 23);
  }
  else {
    gotoxy(1, 22);
    printf("No match for %d\n", key);
 }
}

void display_double_array(genArray& arr)
{
  double aDouble;

  clrscr();
  for (unsigned i = 0; i < arr.getArraySize(); i++) {
    arr.recall(&aDouble, i);
    printf("%4u :  %4.1lf\n", i, aDouble);
  }

  printf("\n\nPress any key to continue...");
  getch();
}
void search_double_array(genArray& arr, double key)
{
```

Listing 1-4 Continued.

```
 unsigned n = arr.search(&key);
  double aDouble;

  clrscr();
  for (unsigned i = 0; i < arr.getArraySize(); i++) {
    arr.recall(&aDouble, i);
    printf("%4u :  %4.1lf\n", i, aDouble);
  }
  gotoxy(1, 22);
  printf("Searching for %4.1lf", key);
  if (n < arr.getArraySize()) {
    gotoxy(1, n+1);
    putchar('*');
    gotoxy(20 , n+1);
    printf("<— Found match here");
    gotoxy(1, 23);
  }
  else {
    gotoxy(1, 22);
    printf("No match for %4.1lf\n", key);
 }
}

void display_string_array(genArray& arr)
{
  String aStr;

  clrscr();
  for (unsigned i = 0; i < arr.getArraySize(); i++) {
    arr.recall(aStr, i);
    printf("%4u :  %s\n", i, aStr);
  }

  printf("\n\nPress any key to continue...");
  getch();
}
void search_string_array(genArray& arr, String key)
{
  unsigned n = arr.search((void*)key);
  String aStr;

  clrscr();
  for (unsigned i = 0; i < arr.getArraySize(); i++) {
    arr.recall(aStr, i);
    printf("%4u :  %s\n", i, aStr);
  }
  gotoxy(1, 22);
  printf("Searching for %s", key);
  if (n < arr.getArraySize()) {
    gotoxy(1, n+1);
    putchar('*');
    gotoxy(20 , n+1);
    printf("<— Found match here");
    gotoxy(1, 23);
  }
  else {
```

Listing 1-4 Continued.

```
    gotoxy(1, 22);
    printf("No match for %s\n", key);
 }
}

/////////////////////////////////////////////////////////////
/// Declare comparison functions

int compInt(const void* p1, const void* p2)
{
  int i1 = *(int*) p1;
  int i2 = *(int*) p2;

  if (i1 > i2)
    return 1;
  else if (i1 < i2)
    return -1;
  else
    return 0;
}

int compDbl(const void* p1, const void* p2)
{
  double x1 = *(double*) p1;
  double x2 = *(double*) p2;
  double absdiff = fabs(x1 - x2);

  if (x1 > x2 && absdiff > EPSILON)
    return 1;
  else if (x1 < x2 && absdiff > EPSILON)
    return -1;
  else
    return 0;}

int compStr(const void* p1, const void* p2)
{
  return strcmp((char*) p1, (char*) p2);
}

main()
{
  unsigned ARRAY_SIZE = 10;
  unsigned delayTime = 2000;
  // test an array of integers
  {
    genArray Integers(ARRAY_SIZE, sizeof(int), compInt);
    int x;

    randomize();
    for (unsigned i = 0; i < ARRAY_SIZE; i++) {
      x = random(1000) + 1;
      Integers.store(&x, i);
    }

    display_int_array(Integers);
```

Listing 1-4 Continued.

```
    for (i = 0; i < ARRAY_SIZE; i++) {
      Integers.recall(&x, i);
      search_int_array(Integers, x);
      delay(delayTime);
    }
    gotoxy(1, 23);
    printf("Press any key to test the array of doubles...");
    getch();
  }

  // test an array of doubles
  {
    genArray Numbers(ARRAY_SIZE, sizeof(double), compDbl);
    double x;

    randomize();
    for (unsigned i = 0; i < ARRAY_SIZE; i++) {
      x = double(random(900)) + 100;
      Numbers.store(&x, i);
    }

    display_double_array(Numbers);

    for (i = 0; i < ARRAY_SIZE; i++) {
      Numbers.recall(&x, i);
      search_double_array(Numbers, x);
      delay(delayTime);
    }
    gotoxy(1, 23);
    printf("Press any key to test an array of strings...");
    getch();
  }

  // test an array of strings
  {
    genArray Names(ARRAY_SIZE, sizeof(String), compStr);
    String x;

    strcpy(x, "Ada");       Names.store(x, 0);
    strcpy(x, "C++");       Names.store(x, 1);
    strcpy(x, "Pascal");    Names.store(x, 2);
    strcpy(x, "Modula-2");  Names.store(x, 3);
    strcpy(x, "FORTRAN");   Names.store(x, 4);
    strcpy(x, "COBOL");     Names.store(x, 5);
    strcpy(x, "BASIC");     Names.store(x, 6);
    strcpy(x, "ICON");      Names.store(x, 7);
    strcpy(x, "AWK");       Names.store(x, 8);
    strcpy(x, "SmallTalk"); Names.store(x, 9);

    display_string_array(Names);

    for (unsigned i = 0; i < ARRAY_SIZE; i++) {
      Names.recall(x, i);
      search_string_array(Names, x);
      delay(delayTime);
    }
```

Listing 1-4 Continued.

```
    gotoxy(1, 23);
    printf("Press any key to end the program...");
    getch();
  }

  return 0;
}
```

☞ This example illustrates the flexibility of the C-style generic classes by the fact that character-array strings, instead of a string class, are used to create the array of strings. A similar implementation using templates is difficult if not impossible. In general, C-style generic classes can also work well with structures.

Let's look at the declaration of the genArray class. The declaration involves no special syntax. As far as the C++ compiler is concerned, the class genArray is a plain class. The class declares the following data members:

- The elemSize member stores the byte size of the array elements. Every C-style generic class you declare must have a similar data member.
- The arrSize member contains the current maximum size of the dynamic array.
- The dataPtr member accesses the elements of the dynamic array. Generic classes that use dynamic arrays have a similar data member.
- The cmpfunc member is the pointer to the comparison function. Every generic class that searches or orders its data needs a similar member. Typical exceptions to these classes are stacks and most type of queues.
- The Boolean allocateError member flags any dynamic allocation error. All of the generic classes need at least one data member to flag or report any error.

The genArray class declares two constructors: a customizing constructor and a copy constructor. The customizing constructor has three parameters: the array size, the element size, and the comparison function. The last two parameters are typical in C-style generic class constructors.

☞ The copy constructor copies one instance of genArray to another. Every generic class you declare, whether C-style or template-based, must have such a constructor to specify the exact manner of copying instances. Otherwise, the compiler uses a default scheme that fails when the class instances contain pointers and dynamic data.

The store member function saves the data accessed by pointer x in an instance of genArray. The store function uses the memmove function to copy the elemSize bytes accessed by the parameter x to the appropriate array element.

The recall member function retrieves the data accessed by pointer x from an instance of genArray. The function uses the memmove function to copy the elemSize bytes accessed by the parameter x from the appropriate array element.

The search member function searches an instance of class genArray for data that matches data accessed by the pointer key. The function uses the comparison function member, cmpfunc, to compare an array element (accessed by the local pointer p) with the search data (accessed by pointer key.)

The GEN1ARR.CPP file contains six global functions specialized in viewing and searching arrays of integers, doubles, and strings. Notice that the array parameters in these six functions are all a reference to the class genArray. Here again, the program is vulnerable to passing incompatible arrays to these functions.

The program also declares three global comparison arrays, compInt, compDbl, and compStr to compare integers, doubles, and strings, respectively. The first two functions demonstrate the typecasting of the parameters p1 and p2 into the intended data types. The compStr function is a simple wrapper for the strcmp function. The three functions returns +1, 0, or −1, depending on how their parameters compare.

The main function demonstrates the creation and use of the various kinds of arrays. The function creates an array of integers, Integers, as an instance of class genArray. The instance is created by specifying ARRAY_SIZE (equal to 10) elements, an element size of sizeof(int) bytes, and the comparison function compInt. The main function stores and recalls integers in the array Integers using the store and recall member functions. Notice that the first argument to the store and recall functions is an address of an int-typed variable. The same observation is true for the functions view_int_array and search_int_array—they all use an address of an int-typed variable with the recall and search functions.

The main function tests the array of integers in a separate statement level, ensuring that the instances of genArray are automatically removed when it reaches the end of the scope in which it was created. The main

```
   0 :  Ada
   1 :  C++
   2 :  Pascal
*  3 :  Modula-2  <—— Found match here
   4 :  FORTRAN
   5 :  COBOL
   6 :  BASIC
   7 :  ICON
   8 :  AWK
   9 :  SmallTalk

Searching for Modula-2
```

1-3 A sample session with the STRARR.EXE program.

function also tests the array of doubles, Numbers, as an instance of genArray. This instance is created by specifying ARRAY_SIZE elements, an element size of sizeof(double) bytes, and the compDbl comparison function. The main function tests the array of doubles, Numbers, in a manner similar to that of array Integers. Again, the first arguments of functions store, recall, and search use an address of a double-typed variable.

The main function tests the array of strings, Names, as an instance of genArray. The program uses the fixed string type String, declared at the beginning of the listing. The instance of genArray is created by specifying AR RAY_SIZE elements, an element size of sizeof(String) bytes, and the compStr comparison function. The main function stores the string in the array Names by first copying each string to the variable x and then using the variable x in a call to function store. Since the identifier x is itself a pointer to the character string, there is no need to use the address of operator & with the store, recall, and search functions.

Compile and run the program to test the arrays of integers, doubles, and strings. The output is similar to that of FIGS. 1-1 through 1-3.

Using C++ templates

The new C++ compilers from Borland, Microsoft, and other vendors have adopted the new template feature that allows you to create generic functions and classes that provide type-checking and more readable code.

The declaration of a template class uses the special template clause. The general syntax of the template clause is:

template<class class_name [other classes | other types]>

The template keyword is mandatory. The angle brackets contain the list of generic and nongeneric classes and types. Typically, the first member of the list is a class and the class name is usually T (to keep things short!). Additional classes and/or other data types can also be included in the template clause. Examples of the template clause are shown here:

```
template<class T>
template<class T, int bufferSize>
template<class T, char* filename>
template<class T, class L>
```

Declaring base template classes

Using the first and most common template clause, here is the general syntax for declaring a base template class:

```
template<class T>
class myClass
{
    protected:
        // data members
```

```
        // other member functions
    public:
        myClass( );                     // default constructor
        myClass(myClass<T>&);           // copy constructor
        // other constructors
        ~myClass( );
        void copy(myClass<T>& anInstance);
        myClass<T>& operator =(myClass<T>&);
        // other member functions
    };
```

Notice that all references to class myClass as a type use myClass<T> and not the bare class name. This appears in the parameters of the copy constructor and = operator. In addition, the return type of the = operator also uses myClass<T>.

Is there any special syntax for the implementation of the various members? The answer is definitely yes. For example, if the default constructor is defined outside the class declaration, the definition looks like this:

```
template<class T>
myClass<T>::myClass()
{
// sequence of statements
}
```

Notice that the constructor definition starts with the same template clause used in declaring the class. In addition, the reference to the class myClass appears as myClass<T>:: instead of the myClass:: form. Similarly, the declaration of the other members, such as the copy function appears as follows:

```
template<class T>
myClass<T>::copy(myClass<T>& anInstance)
{
// sequence of statements
}
```

☞ The reference to a template class must include the class name and the angle brackets contain the name(s) of the types that appear in the template clause.

To further illustrate this point, suppose the class myClass has two template classes T and L, as shown:

```
template<class T, class L>
class myClass
{
    protected:
        // data members

        // other member functions

    public:
        myClass ( );            // default constructor
```

```
        myClass(myClass<T,L>&);    // copy constructor
        / other constructors
        ~myClass( );
        void copy(myClass<T,L>& anInstance);
        myClass<T,L>& operator =(myClass<T,L>&);
        // other member functions
}
```

The definition of the copy function becomes:

```
template<class T, class L>
myClass<T,L>::copy(myClass<T,L>& anInstance)
{
// sequence of statements
}
```

Deriving template classes

C++ allows you to declare template classes that are descendants of other template classes. For example, to declare the class mySubClass as a descendant of class myClass, you would write the following:

```
template<class T>
class mySubClass : public myClass<T>
{
    protected:
        // data members

        // other member functions
          public:
        mySubClass();                         // default constructor
        mySubClass(mySubClass<T>&);           // copy constructor
        // other constructors
        ~mySubClass();
        void copy(mySubClass<T>& anInstance);
        mySubClass<T>& operator =(mySubClass<T>&);
        // other member functions
};
```

In this case, all references to the classes mySubClass and myClass must include the angle brackets and the template class name T.

The derived class can have an equal or greater number of types in the template clause. In case the descendant class has more types in the template clause, the class declaration determines which types are common with the parent class. For example, consider this version of class mySubClass:

```
template<class L, class T, int B>
class mySubClass : public myClass<T>
{
```

```
    protected:
            // data members

            // other member functions
    public:
            mySubClass();                          // default constructor
            mySubClass(mySubClass<L,T,B>&);        // copy constructor
            // other constructors
            mySubClass();
            void copy(mySubClass<L,T,B>& anInstance);
            ~mySubClass<L,T,B>& operator =(mySubClass<L,T,B>&);
            // other member functions
};
```

The class mySubClass has three types in the template clause: class L, class T, and int B. The template clause indicates that the second type is shared with the parent class myClass.

Deriving nontemplate classes

One of the first questions that I raised when learning about template classes and how they work was: how can you derive a nontemplate class from a template class? You might also ask why we would need to do this kind of derivation in the first place. The answer lies in applications where you want to inherit the operations of the generic class and expand on them to serve a specific, or client, class. The new class is declared as a descendant of an instantiated template class. This means that this operation involves three classes: the template class, the class that instantiates the template class, and the descendant of the instantiated template class. Here is an example. Consider the class of generic arrays represented by the template class GenArray:

```
template<class T>
class GenArray
{
    protected:
        // data members

    public:
        GenArray(unsigned arraySize);
        ~GenArray();
        void store(T x, unsigned index);
        void recall(T& x, unsigned index);
        void sort();
        unsigned search(T& key);
};
```

Now suppose you want to create a descendant of GenArray to work with DOS files. The class of DOSfiles, declared here, is the class that instantiates the GenArray class:

```
class DOSfile
{
    // various members
};
```

The descendant of class GenArray is the class fileList, declared as follows:

```
class fileList : public GenArray<DOSfile>
{
    protected:
        // members

    public:
        fileList() : GenArray<DOSfile> {}
        addFiles(const char*  wildcard);
        removeFiles(const char* wildcards);
        buildList(const char* argumentList);
};
```

Notice that the class fileList is derived from class GenArray<DOSfile>. The latter class is the result of instantiating the template class GenArray with the nontemplate class DOSfile. Also notice that the fileList constructor calls the parent class constructor, GenArray<DOSfile> and not GenArray<T>.

Instantiating template classes

The compiler treats template classes differently from ordinary classes. Template classes are considered a form of smart macros. Consequently, the C++ compiler delays compiling their code until they are instantiated. When instantiation occurs, the compiler substitutes the instantiating types and starts checking the validity of the resulting code. This delay in compiling template classes (and template functions) means:

- You cannot compile libraries of template classes the same way you compile libraries of nontemplate classes.
- The client applications must include the entire code for the library template classes—both declaration and definition.
- Potential errors and bugs in a template class surface only when the template class is instantiated.
- The successful instantiation of a template class for a specific type does not guarantee that the template class will instantiate successfully for all other types.

A template generic class

Let's look at a version of generic array class genArray that uses templates. Listing 1-5 contains the source code for the GEN2ARR.CPP program file. The listing tests arrays of integers, doubles, and string in a manner similar to program GEN1ARR.CPP. The program declares the String class, a minimal class that models strings. This class is required to instantiate the template class genArray in order to create arrays of strings. The class String stores fixed-size strings that are 81 characters long (including the \0 character.) The String class declares the = operator for assigning strings. Regarding the relational operators, the class String only declared the != operator, which is required by the current version of function genArray<T>::search.

Listing 1-5 The source code for the GEN2ARR.CPP program file.

```
#include <stdlib.h>
#include <stdio.h>
#include <conio.h>
#include <string.h>
#include <math.h>
#include <dos.h>

// declare the Boolean enumerated type
enum boolean { false, true };
// declare the byte data type
typedef unsigned char byte;

// define class-related constants
const NOT_FOUND = 0xffff;
const EPSILON = 1.0e-08;  // used in comparing doubles
const STRING_SIZE = 81;
class String
{

  private:
    void copy(String& s);
    void copy(const char* s);

  protected:
    unsigned len;
    char chars[STRING_SIZE];

  public:
    String()
      {
        len = 0;
        chars[0] = '\0';
      }
    String(String& s);
    String(const char* s);
    unsigned getLength()
      { return len; }
    char* getStr()
      { return chars; }
    String& operator =(String& s)
      {
        copy(s);
        return *this;
      }
    String& operator =(const char* s)
      {
```

Listing 1-5 Continued.

```
        copy(s);
        return *this;
      }
    friend int operator !=(String& s1, String& s2)
      { return (strcmp(s1.getStr(), s2.getStr()) != 0) ? 1 : 0; }
};

/////////////////////////////////////////////////////////////////
//// String
String::String(String& s)
{
  len = s.len;
  strcpy(chars, s.chars);
}

/////////////////////////////////////////////////////////////////
//// String
String::String(const char* s)
{
  len = strlen(s);
  strcpy(chars, s);

}
/////////////////////////////////////////////////////////////////
//// copy
void String::copy(String& s)
{
  len = s.len;
  strcpy(chars, s.chars);
}

/////////////////////////////////////////////////////////////////
//// copy
void String::copy(const char* s)
{
  len = strlen(s);
  strcpy(chars, s);
}

//////////////////////////////////////////////////////////////////
//////////////////////////////////////////////////////////////////

template<class T>
class genArray
{

  private:
    void copy(genArray<T>& arr);

  protected:
    unsigned arrSize;
    T* dataPtr;
    boolean allocateError;

  public:
```

Listing 1-5 Continued.

```
    genArray(unsigned arraySize);
    genArray(genArray<T>& arr);
    ~genArray()
      { delete [] dataPtr; }
    unsigned getArraySize()
      { return arrSize; }
    boolean getAllcoateError()
      { return allocateError; }
    genArray& operator=(genArray& arr);
    boolean store(T& x, unsigned index);
    boolean recall(T& x, unsigned index);
    T& operator[](unsigned index)
      { return *(dataPtr + index); }
    unsigned search(T& key);
};

//////,///////////////////////////////////////////////////////////
////  genArray
template<class T>
genArray<T>::genArray(unsigned arraySize)
{
  arrSize = (arraySize == 0) ? 1 : arraySize;
  dataPtr = new T[arrSize];
  allocateError = (dataPtr) ? false : true;
}

////////////////////////////////////////////////////////////////
////  genArray
template<class T>
genArray<T>::genArray(genArray<T>& arr)
{
  dataPtr = NULL;
  copy(arr);
}

////////////////////////////////////////////////////////////////
////  operator =
template<class T>
genArray<T>& genArray<T>::operator =(genArray<T>& arr)
{
  dataPtr = NULL;
  copy(arr);
  return *this;
}

////////////////////////////////////////////////////////////////
////  copy
template<class T>
void genArray<T>::copy(genArray<T>& arr)
{
  if (dataPtr)
    delete [] dataPtr;
  arrSize = arr.arrSize;
  dataPtr = new T[arrSize];
  allocateError = (dataPtr) ? false : true;
}
```

Listing 1-5 Continued.

```
//////////////////////////////////////////////////////////////
////  store
template<class T>
boolean genArray<T>::store(T& x, unsigned index)
{

  if (index < arrSize) {
    *(dataPtr + index) = x;
    return true;
  }
  else
    return false;
}

//////////////////////////////////////////////////////////////
////  recall
template<class T>
boolean genArray<T>::recall(T& x, unsigned index)
{
  if (index < arrSize) {
    x = *(dataPtr + index);
    return true;
  }
  else

    return false;
}

//////////////////////////////////////////////////////////////
////  search
template<class T>
unsigned genArray<T>::search(T& key)
{
  boolean notFound = true;
  unsigned i = 0;

  while (i < arrSize && notFound)
    if (*(dataPtr + i) != key)
      i++;
    else
      notFound = false;

  return (notFound) ? NOT_FOUND : i;
}

//////////////////////////////////////////////////////////////////
//////////////////////////////////////////////////////////////////

void display_int_array(genArray<int>& arr)
{

  clrscr();
  for (unsigned i = 0; i < arr.getArraySize(); i++)
    printf("%4u :  %4d\n", i, arr[i]);
```

Listing 1-5 Continued.

```
  printf("\n\nPress any key to continue...");
  getch();
}

void search_int_array(genArray<int>& arr, int key)
{
  unsigned n = arr.search(key);

  clrscr();
  for (unsigned i = 0; i < arr.getArraySize(); i++)
    printf("%4u :  %4d\n", i, arr[i]);
  gotoxy(1, 22);
  printf("Searching for %d", key);
  if (n < arr.getArraySize()) {
    gotoxy(1, n+1);
    putchar('*');
    gotoxy(20 , n+1);
    printf("<— Found match here");
    gotoxy(1, 23);
  }
  else {
    gotoxy(1, 22);
    printf("No match for %d\n", key);
 }
}

void display_double_array(genArray<double>& arr)
{
  clrscr();
  for (unsigned i = 0; i < arr.getArraySize(); i++)
    printf("%4u :  %4.1lf\n", i, arr[i]);
  printf("\n\nPress any key to continue...");
  getch();
}

void search_double_array(genArray<double>& arr, double key)
{
  unsigned n = arr.search(key);

  clrscr();
  for (unsigned i = 0; i < arr.getArraySize(); i++)
    printf("%4u :  %4.1lf\n", i, arr[i]);
  gotoxy(1, 22);
  printf("Searching for %4.1lf", key);
  if (n < arr.getArraySize()) {
    gotoxy(1, n+1);
    putchar('*');
    gotoxy(20 , n+1);
    printf("<— Found match here");
    gotoxy(1, 23);
  }
  else {
    gotoxy(1, 22);
    printf("No match for %4.1lf\n", key);
 }
}
```

Listing 1-5 Continued.

```
void display_string_array(genArray<String>& arr)
{
  clrscr();
  for (unsigned i = 0; i < arr.getArraySize(); i++)
    printf("%4u :  %s\n", i, arr[i].getStr());

  printf("\n\nPress any key to continue...");
  getch();
}

void search_string_array(genArray<String>& arr, String key)
{
  unsigned n = arr.search(key);
  clrscr();
  for (unsigned i = 0; i < arr.getArraySize(); i++)
    printf("%4u :  %s\n", i, arr[i].getStr());
  gotoxy(1, 22);
  printf("Searching for %s", key.getStr());
  if (n < arr.getArraySize()) {
    gotoxy(1, n+1);
    putchar('*');
    gotoxy(20 , n+1);
    printf("<— Found match here");
    gotoxy(1, 23);
  }
  else {
    gotoxy(1, 22);
    printf("No match for %s\n", key.getStr());

}
}

main()
{
  unsigned ARRAY_SIZE = 10;
  unsigned delayTime = 2000;
  // test an array of integers
  {
    genArray<int> Integers(ARRAY_SIZE);
    int x;

    randomize();
    for (unsigned i = 0; i < ARRAY_SIZE; i++) {
      x = random(1000) + 1;
      Integers.store(x, i);
    }

    display_int_array(Integers);

    for (i = 0; i < ARRAY_SIZE; i++) {
      Integers.recall(x, i);
      search_int_array(Integers, x);
      delay(delayTime);
    }
    gotoxy(1, 23);
    printf("Press any key to test the array of doubles...");
```

Listing 1-5 Continued.

```
    getch();
  }

  // test an array of doubles
  {
    genArray<double> Numbers(ARRAY_SIZE);
    double x;

    randomize();
    for (unsigned i = 0; i < ARRAY_SIZE; i++) {
      x = double(random(900)) + 100;
      Numbers.store(x, i);
    }

    display_double_array(Numbers);

    for (i = 0; i < ARRAY_SIZE; i++) {
      Numbers.recall(x, i);
      search_double_array(Numbers, x);
      delay(delayTime);
    }
    gotoxy(1, 23);
    printf("Press any key to test an array of strings...");
    getch();
  }

  // test an array of strings
  {
    genArray<String> Names(ARRAY_SIZE);
    String x;

    x ="Ada";        Names.store(x, 0);
    x ="C++";        Names.store(x, 1);
    x ="Pascal";     Names.store(x, 2);
    x ="Modula-2";   Names.store(x, 3);
    x ="FORTRAN";    Names.store(x, 4);
    x ="COBOL";      Names.store(x, 5);
    x ="BASIC";      Names.store(x, 6);
    x ="ICON";       Names.store(x, 7);
    x ="AWK";        Names.store(x, 8);
    x ="SmallTalk";  Names.store(x, 9);

    display_string_array(Names);

    for (unsigned i = 0; i < ARRAY_SIZE; i++) {
      Names.recall(x, i);
      search_string_array(Names, x);
      delay(delayTime);
    }
    gotoxy(1, 23);
    printf("Press any key to end the program...");
    getch();
  }

  return 0;
}
```

The listing declares class genArray using the rules described earlier in this section. The class has the following data members:

- The arrSize member stores the current maximum array size.
- The dataPtr member is a pointer to the template class T and is used to create and access the elements of the dynamic array.
- The allocateError member function.

Notice that the template version of genArray has no elemSize and cmpfunc data members. They are not needed because the instances of genArray are aware of the instantiating class and use its relational operators. In the case of user-defined classes, you must ensure that the required relational operators are available. Otherwise, you will get a compile-time error.

The first class constructor has one parameter, the maximum array size. The copy constructor has the reference parameter to class genArray<T>. Also notice that the store, recall, and search functions use the parameters that have the template class T type, instead of void*. These parameters offer the type-checking and guard against passing incompatible arguments.

☞ The template class genArray offers an additional bonus, the [] operator. This operator returns the reference to the template class T. Consequently, you can use the [] operator on either side of the assignment operator. Using the [] operator is possible because the returned value is a reference to a template class T and not a collection of bytes. The C-style class genArray cannot implement a comparable operator. Using the [] operator, and also the () operator, for accessing members of arrays, matrices, and other structures are possible with template classes.

The test programs also declares six global functions to display and search the arrays of integers, doubles, and strings. Notice that the first parameter of these six functions are instantiated genArray classes. Consequently, they offer type-checking and prevent you from attempting to sneak in the wrong kind of array. Also notice that these functions do not use pointers to pass the first argument to the search and recall functions.

The main function creates and tests the arrays of integers, doubles, and strings. While this version of main performs the same steps as the one in GEN1ARR.CPP, the code for declaring and using of the arrays is different. The arrays Integers, Numbers, and Names are created by instantiating the template class genArray with the int, double, and String, respectively. Each array is created by also specifying its size. The store and recall function calls use arguments that are local variables. You don't need to use the & operator to pass the address of these variables.

Compile and run the program to test the arrays of integers, doubles, and strings. The output is similar to that of FIGS. 1-1 through 1-3.

The string class

This section presents a special string class. Listings 1-6 and 1-7 contain the source code for the STRING.HPP header file and the STRING.CPP library file, respectively. The rest of the chapters in this book use the class string. The class provides simple and common string operations. Some are based on the string functions found in the STRING.H header file, and others are simply added. The operations of class string allow you to concatenate, assign, compare, and resize strings. Because the class deals with an area that is common to the majority of applications, it isn't necessary to describe it in detail. You should be able to review the source code and determine how each function works.

Listing 1-6 The source code for the STRING.HPP header file.

```
/*
  ---------- NCS String Library ----------
              Copyright (c) 1991, 1992  Namir Clement Shammas
   version 1.0                                              3/25/91

   C++ string library that provides a variety of member
   functions to manipulate string classes.

*/
#ifndef _STRING_HPP
#define _STRING_HPP


#include <iostream.h>
#include <fstream.h>
#include "comndata.h"

enum stringErrors { NO_ERR, NULL_STRING, BAD_INDEX };

const unsigned DEFAULT_STRING_SIZE = 128;
const unsigned DEFAULT_STRING_SIZE_INCREM = 10;

class string
{

 private:
   char badindex;

 protected:
   string& replaceOneChar(char finchar,
                          char replacechar,
                          unsigned start = 0);

   char *str;           // pointer to characters
   unsigned maxSize;    // total number of bytes allocated
```

Listing 1-6 Continued.

```
    unsigned len;       // current string size
    unsigned sizeIncr; // increment
    stringErrors strErr;

  public:
    // ******* constructors *******
    string();
    string(const unsigned size,
           const unsigned sizeIncrement = DEFAULT_STRING_SIZE_INCREM);
    string(const char* s,
           const unsigned sizeIncrement = DEFAULT_STRING_SIZE_INCREM);
    string(const string &,
           const unsigned sizeIncrement = DEFAULT_STRING_SIZE_INCREM);
    // class destructor
    ~string(void);

    boolean checkBounds(unsigned i) { return (i < len) ? true : false; }
    string& resize(unsigned new_size);
    stringErrors getError(void) {
        stringErrors temp = strErr;
        strErr = NO_ERR; // erset error flag
        return temp;
    }
    char* getstr(void) { return str; }
    unsigned hash1(unsigned modulo);
    friend unsigned hash2(string& s, unsigned modulo)
      { return s.hash1(modulo); }
    unsigned stringlen(void) { return len; }
    string& stringupr();
    // assignment operators
    string& operator =(const string &);
    string& operator =(const char*);
  string& operator =(const char);
    char& operator[](const unsigned);
    // comparative operators with other string classes
    int operator >(const string&);
    int operator >=(const string&);
    int operator ==(const string&);
    int operator <(const string&);
    int operator <=(const string&);
    int operator !=(const string&);
    // comparative operators with standard strings
    int operator >(const char*);
    int operator >=(const char*);
    int operator ==(const char*);
    int operator <(const char*);
    int operator <=(const char*);
    int operator !=(const char*);
    // friend function to add strings and text/chars
    friend string operator +(string&, string&);
    friend string operator +(string&, char*);
    friend string operator +(char*, string&);
    friend string operator +(string&, char);
    friend string operator +(char, string&);
    string operator +=(const string&);
```

Listing 1-6 Continued.

```
string operator +=(const char*);
string operator +=(const char);
friend ostream& operator <<(ostream& os, string& s);
friend istream& operator >>(istream& is, string& s);
};

#endif
```

Listing 1-7 The source code for the STRING.CPP library file.

```
/*
    --------- NCS String Library ---------
              Copyright (c) 1991, 1992  Namir Clement Shammas

   version 1.1                                               3/25/91
                                                   Last update 5/1/92
   C++ string library that provides a variety of member
   functions to manipulate string classes.

*/

#include <string.h>
#include "string.hpp"


string::string()
{
   maxSize = DEFAULT_STRING_SIZE;
   str = new char[maxSize];
   *str = '\0';
   len = 0;
   sizeIncr = DEFAULT_STRING_SIZE_INCREM;
   strErr = NO_ERR;
}

string::string(const unsigned size, const unsigned sizeIncrement)
{
   maxSize = (size < 2) ? 2 : size;
   str = new char[maxSize];
   *str = '\0';
   len = 0;
   sizeIncr = (sizeIncrement == 0) ? 1 : sizeIncrement;
   strErr = NO_ERR;
}

string::string(const char* s, const unsigned sizeIncrement)
{
   if (s != NULL && s[0] != '\0') {
     len = strlen(s);
     maxSize = len+1;
     str = new char[maxSize];
     strcpy(str, s);
     sizeIncr = (sizeIncrement == 0) ? 1 : sizeIncrement;
     strErr = NO_ERR;
```

Listing 1-7 Continued.

```
    }
    else {
      str = NULL;
      strErr = NULL_STRING;
  }
}

string::string(const string &s, const unsigned sizeIncrement)
{
  len = s.len;
  maxSize = len+1;
  str = new char[maxSize];
  strcpy(str, s.str);
  sizeIncr = (sizeIncrement == 0) ? 1 : sizeIncrement;
  strErr = NO_ERR;
}
string::~string(void)
{
   if (str != NULL)
      delete [] str;
   maxSize = 0;
   len = 0;
   sizeIncr = 0;
}

unsigned string::hash1(unsigned modulo)
// return hashing function for a given table size
{
   unsigned y = 0;
   char* p = str;

   while (*p)
      y = (y + len + 13 * *p++) % modulo;
   return y;
}

string& string::resize(unsigned new_size)
// resize the string object to new_size+1 bytes
{
   char* strcopy;
   unsigned current_len = len;

   // if new_size is not a perfect multiple of sizeIncr,
   // increase new_size
   if (((new_size / sizeIncr) * sizeIncr) < new_size)
       new_size = ((new_size / sizeIncr) + 1) * sizeIncr;

   if (len >= new_size || maxSize >= new_size) return *this;
   strcopy = new char[len+1];
   strcpy(strcopy, str);
   delete [] str;
   maxSize = new_size;
   str = new char[maxSize];
   len = current_len;
   strcpy(str, strcopy);
   delete [] strcopy;
```

Listing 1-7 Continued.

```
    return *this;
}

string& string::stringupr()
{
  strupr(str);
  return *this;
}

string& string::operator =(const string &s)
{
    len = s.len;
    if ((len+1) > maxSize)
        resize(len+1);
    strcpy(str, s.str);
    return *this;
}

string& string::operator =(const char* s)
{
     len = strlen(s);
     if ((len+1) > maxSize)
         resize(len+1);
     strcpy(str,s);
     return *this;
}

string& string::operator =(const char c)
{
  len = 1;
  *str = c;
  *(str+1) = '\0';
  return *this;
}

char& string::operator [](const unsigned i)
{
   if (checkBounds(i)) {
      return *(str + i);
   }
   else {
      strErr = BAD_INDEX;
      return badindex;
   }
}

int string::operator >(const string& s)
{
   return strcmp(str,s.str) > 0;
}

int string::operator >=(const string& s)
{
   return strcmp(str,s.str) >= 0;
}
```

Listing 1-7 Continued.

```
int string::operator ==(const string& s)
{
   return strcmp(str,s.str) == 0;
}

int string::operator <(const string& s)
{
   return strcmp(str,s.str) < 0;
}

int string::operator <=(const string& s)
{
   return strcmp(str,s.str) <= 0;
}

int string::operator !=(const string& s)
{
   return strcmp(str,s.str) != 0;
}

int string::operator >(const char* s)
{
   return strcmp(str,s) > 0;
}

int string::operator >=(const char* s)
{
   return strcmp(str,s) >= 0;
}

int string::operator ==(const char* s)
{
   return strcmp(str,s) == 0;
}

int string::operator <(const char* s)
{
   return strcmp(str,s) < 0;
}

int string::operator <=(const char* s)

{
   return strcmp(str,s) <= 0;
}

int string::operator !=(const char* s)
{
   return strcmp(str,s) != 0;
}

string operator +(string &s1, string &s2)
{
   string result(s1.len + s2.len + 1);

   strcpy(result.str,s1.str);
```

Listing 1-7 Continued.

```
  strcat(result.str,s2.str);

  result.len = s1.len + s2.len;

   return result;
}

string operator +(string &s1, char* s2)
{
   string result(s1.len + strlen(s2) + 1);
   unsigned length = strlen(s2);

   strcpy(result.str,s1.str);
   strcat(result.str,s2);
   result.len = s1.len + length;
   return result;
}


 +(char* s1, string &s2)
{
   string result(strlen(s1) + s2.len + 1);
   unsigned length = strlen(s1);

   strcpy(result.str, s1);
   strcat(result.str, s2.str);
   result.len = s2.len + length;
   return result;
}

string operator +(string &s, char c)
{
   string result(s.len + 2);

   strcpy(result.str,s.str);
   result.len = s.len;
   *(result.str+result.len+1) = '\0';
   *(result.str+result.len) = c;
   result.len++;
   return result;
}

string operator +(char c, string &s)
{
   string result(2 + s.len) ;

   *(result.str+1) = '\0';
   *(result.str) = c;
   strcat(result.str,s.str);
   result.len = s.len + 1;
   return result;
}

string string::operator +=(const string &s)
{
```

Listing 1-7 Continued.

```
        unsigned newlen = len + s.len;

   if ((newlen+1) > maxSize)
       resize(newlen+1);
   strcat(str, s.str);
   len += s.len;

   return *this;
}

string string::operator +=(const char* s){
   unsigned newlen = len + strlen(s);

   if ((newlen+1) > maxSize)
       resize(newlen+1);
   strcat(str, s);
   len += strlen(s);
   return *this;
}

string string::operator +=(const char c)
{
   unsigned newlen = len + 1;

   if ((newlen+1) > maxSize)
       resize(newlen+1);
   str[len] = c;
   str[len++ +1] = '\0';

   return *this;
}

ostream& operator <<(ostream& os, string& s)
{
    os << s.maxSize << " " << s.len
       << s.str << '\n';
    return os;
}

istream& operator >>(istream& is, string& s)
{
    if (s.str)
      delete [] s.str; // delete current string
    // read the maximum and current string sizes
    is >> s.maxSize >> s.len;
    // allocate the space for the new string
    s.str = new char[s.maxSize];

   // read the new string
    is.getline(s.str, s.len+1);
    return is;
}
```

2
Generic stacks

Stacks are among the simplest and most versatile data structures. They are used by CPUs to store, recall, and pass information between low-level machine language routines. The arguments and the result of a function are pushed onto the stack by the complied code of a program. This chapter looks at implementing classes of generic stacks.

Basics

In abstract terms, a *stack* is a collection of data arranged according to the order in which the data is received. Data is *pushed* into the stack. Each new data item is placed at the top of the stack. Data is *popped off* the stack starting with the topmost (which is also the most recently entered) element. Thus, the term last-in-first-out (LIFO) describes the dynamics of data insertion and removal from a stack. Figure 2-1 shows a sample stack that stores the names of programming languages. The top of the stack in FIG. 2-1 stores Pascal, while the bottom of the stack stores C++.

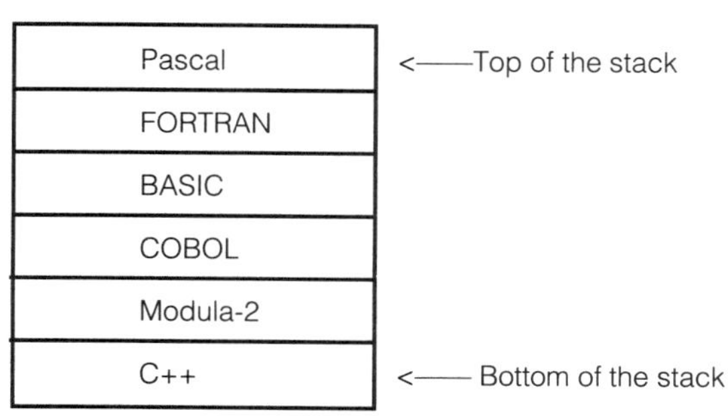

2-1 A sample stack.

In addition to pushing and popping elements, you can also clear a stack, roll it upward, or roll it downward. Clearing a stack involves repeated popping of data until the stack is empty. Rolling up a stack (with at least two elements) involves moving the topmost element to the bottom. Similarly, rolling down the stack involves moving the bottommost element to the top.

☞ Stacks can be drawn and displayed in an inverted fashion, with the top of the stack appearing at the bottom of the figure or display. This arrangement is sometimes more convenient. A good example is the way the Hewlett-Packard company depicts the popular four-register stacks in its line of pocket calculators. Both normal (or upright) and inverted orientations possess a logical top and logical bottom—and that's what really counts.

Stacks can store homogeneous or heterogeneous information. The former type is the most popular due to the simplicity of handling consistent data. Stacks managing heterogeneous information require some method to keep track of each item. I cover only homogeneous stacks, since they are the most popular.

Building blocks

The first step in coding the generic stack classes begins with the abstract stack. Listing 2-1 contains the source code for the ABSSTACK.HPP header file that declares the abstract class genAbstractStack. Listing 2-2 contains the source code for the ABSSTACK.CPP file.

Listing 2-1 The source code for the ABSSTACK.HPP header file.

```
#include "comndata.h"

#ifndef _ABSSTACK_HPP
#define _ABSSTACK_HPP

template<class T>
class genAbstractStack
{
  protected:
    unsigned height;   // height of stack

  public:
    /* ****************** state query methods ***************** */
    boolean isempty() {
        return (height == 0) ? true : false;
    }

    /* ************** object manipulation methods ************* */
    virtual void push(T) {}
    virtual boolean pop(T&)
      { return false; }
    virtual void rollUp() {}
```

Listing 2-1 Continued.

```
 virtual void rollDown() {}
    virtual void clear() {}
    boolean deque(T& x);
};

#endif
```

Listing 2-2 The source code for the ABSSTACK.CPP file.

```
/*=====================================================================

                 Copyright (c) 1992  Namir Clement Shammas


    VERSION:  2.0.0                                        DATE 5/1/92

    PURPOSE: Implements a class of generic abstract stacks with
             the following set of operations:

                + push
                + pop
                + clear
                + roll up
                + roll down
                + dequeue stack elements

    UPDATE HISTORY:

      5/1/92  use templates

=====================================================================*/

#include "absstack.hpp"

//- - - - - - - - - - - - - - - deque - - - - - - - - -
template<class T>
boolean genAbstractStack<T>::deque(T& x)

/*-+-+-+-+-+-+-+-+-+-+-+-+-+-+-+-+-+-+-+-+-+-+-+-+-+-+-+-+-+-+-+-+-+-+

ROUTINE PURPOSE: Pops the oldest stack element. This enables a stack
to emulate a queue.

PARAMETERS:

  INPUT: x - the reference to the variable receiving the
          data from the stack.

FUNCTION VALUE: Returns true if the operation was successful. A
false value is returned if the stack is empty.

                             ROUTINE DEPENDENCIES
                             - - - - - - - - - - - - - -
```

Listing 2-2 Continued.

```
      IDENTIFIER NAME        IDENTIFIER TYPE      SOURCE LIBRARY
     ------------           ------------         -----------
         pop                    function              local
         rollDown               function              local

-+-+-+-+-+-+-+-+-+-+-+-+-+-+-+-+-+-+-+-+-+-+-+-+-+-+-+-+-+-+-+-+-+-+-+-*/

{
    rollDown();
    return pop(x);
}
```

The genAbstractStack class declares a private data member, height. This member stores the stack height, regardless of the actual storage mechanism. Thus, whether you create heap-based stacks or a disk-based stack, you still need to use the height data member.

The only member functions that are fully implemented are functions isempty and deque. The isempty member function returns a Boolean result that indicates whether or not the stack is empty (that is, if height is equal to zero). All the virtual member functions of genAbstractStack are empty shells that emulate abstract member functions. The push member function pushes the data passed by parameter x onto the stack. The pop member function performs the reverse. The Boolean result of function pop indicates whether or not the stack contains any elements to pop. The pop member function can be placed inside a while loop to repeatedly access and process data popped off the stack, as shown:

```
while (pop(x)) {
    // display or process data accessed by x
}
```

The member function clear deletes the heap-based generic stack by using a while loop, similar to the one shown here. This deletion enables the clear function to recover the heap space previously occupied by the stack elements. The last member function listed in the declaration of the class genAbstractStack is deque, which enables a stack object variable to behave as a queue, if needed. The elements of a queue are *dequeued* or popped off in the order in which they were entered (that is, first-in-first-out). To enable a stack to mimic a queue, all you need to do is to roll it down and then pop off the topmost element.

You can implement a dynamic generic stack using a dynamic linked list. The basic stack element is represented by the class genStackRec type. It contains an instance of the template class T and a pointer to the next stack element, as shown:

```
struct genStackRec {
    T nodeData;
```

```
        genStackRec *nextPtr;
    };
```

The class of generic heap-based stacks requires only one new private data member to pointer to the top of the dynamic stack. Listing 2-3 contains the declaration of the class genstack.

Listing 2-3 The source code for the GENSTACK.HPP header file.

```
/*====================================================================

             Copyright (c) 1992 Namir Clement Shammas

    VERSION:  2.0.0                                      DATE 5/1/92

    PURPOSE: Implements a class of generic stacks with the
             following set of operations:

                + push
                + pop
                + clear (inherited)
                + roll up
                + roll down
                + dequeue stack elements (inherited)

            A class of virtual (file-based) generic stacks is
            available with the same functionality above.

    UPDATE HISTORY:

      5/1/92   Use templates.

====================================================================*/

#include <fstream.h>
#include "generic.hpp"
#include "absstack.hpp"

#ifndef _GENSTACK_HPP
#define _GENSTACK_HPP

template<class T>
class genstack : public genAbstractStack<T>
{
  protected:
    struct genStackRec {
        T nodeData;
        genStackRec *nextPtr;
    };
    boolean allocateError; // dynamic allocation error
    genStackRec *top; // pointer to the top of the stack
    genstack<T>& copy(genstack<T>&);

  public:
    // ************** state manipulation methods **************
    genstack();
```

Listing 2-3 Continued.

```
    genstack(genstack<T>& g) { top = NULL; copy(g); }
    ~genstack();

   /* ****************** state query methods ***************** */
    boolean getAllcoateError();

   /* ************** object manipulation methods ************* */
    virtual void clear();
    virtual void push(T& x);
    virtual boolean pop(T& x);
    virtual void rollUp();
    virtual void rollDown();
    genstack<T>& operator =(genstack<T>& g)
      { copy(g); return *this; }
};

/////////////////////////////////////////////////////////////////////
/////////////////////////// W A R N I N G ! ////////////////////////
/////////////////////////////////////////////////////////////////////
//                                                                 //
//  Do not use the genVMstack with classes that use dynamic data //
//                                                                 //
/////////////////////////////////////////////////////////////////////

template<class T>
class genVMstack : public genAbstractStack<T>
{
  protected:
    T databuffer;            // data buffer
    unsigned elemSize;       // = sizeof(T)
    string80 errorMessage;   // error message
    string80 VMfilename;     // name of supporting file
    fstream VMfile;          // stream

  public:
    /* ************** state manipulation methods ************** */
    genVMstack() { elemSize = sizeof(T); }
    genVMstack(const char* filename);
    genVMstack(genVMstack&, const char*);
    ~genVMstack();

    /* ****************** state query methods ***************** */
    char* getErrorMessage();

    /* ************** object manipulation methods ************* */
    virtual void clear();
    virtual void push(T& x);
    virtual boolean pop(T& x);
    virtual void rollUp();
    virtual void rollDown();
    genVMstack<T>& operator =(genVMstack<T>&);
};

#endif
```

Listing 2-4 contains the implementation of class genstack. The constructor genstack initializes generic stack objects. This task does not involve any dynamic allocation. Instead, the constructor simply assigns 0 to the height member, assigns false to allocateError member, and assigns a NULL pointer to the top stack pointer.

Listing 2-4 The source code for the GENSTACK.CPP library file.

```
/*====================================================================

           Copyright (c) 1992 Namir Clement Shammas

    VERSION:  2.0.0                                     DATE 5/1/92

    PURPOSE: Implements a class of generic stacks with the
             following set of operations:

                + push
                + pop
                + clear (inherited)
                + roll up
                + roll down
                + dequeue stack elements (inherited)

    UPDATE HISTORY:

      5/1/92   Use templates.

====================================================================*/

#include <iostream.h>
#include <fstream.h>
#include <string.h>
#include "genstack.hpp"

//- - - - - - - - - - - - - - - - - - genstack - - - - - - - - -
template<class T>
genstack<T>::genstack()

/*-+-+-+-+-+-+-+-+-+-+-+-+-+-+-+-+-+-+-+-+-+-+-+-+-+-+-+-+-+-+-+-+-+-+-

ROUTINE PURPOSE: Constructor to initialize generic stack.

-+-+-+-+-+-+-+-+-+-+-+-+-+-+-+-+-+-+-+-+-+-+-+-+-+-+-+-+-+-+-+-+-+-+-*/

{
    height = 0;
    allocateError = false;
    top = NULL;
}

//- - - - - - - - - - - - - - - - - - copy - - - - - - - - -

template<class T>
genstack<T>& genstack<T>::copy(genstack<T>& g)
```

Listing 2-4 Continued.

```
/*-+-+-+-+-+-+-+-+-+-+-+-+-+-+-+-+-+-+-+-+-+-+-+-+-+-+-+-+-+-+-+-+-+-+-

ROUTINE PURPOSE: Method to copy stack objects.

PARAMETERS:

  INPUT: g - the stack whose elements are copied.

-+-+-+-+-+-+-+-+-+-+-+-+-+-+-+-+-+-+-+-+-+-+-+-+-+-+-+-+-+-+-+-+-+-+-*/

{
    genStackRec *p, *q, *r;

    if (top)
        clear();
    height = g.height;
    allocateError = false;
    top = NULL;
    if (!g.top)
        return *this;
    top = new genStackRec;
    if (!top) {
        allocateError = true;
        return *this;
    }
    top->nextPtr = NULL;
    top->nodeData = g.top->nodeData;
    q = g.top->nextPtr;
    p = top;
    while (q) {
        // create new stack element
        r = new genStackRec;
        if (!r) {
            allocateError = true;
            return *this;
        }
        r->nodeData = q->nodeData; // copy data
        r->nextPtr = NULL;
        p->nextPtr = r;
        p = p->nextPtr;
        q = q->nextPtr;
    }
    return *this;
}

//- - - - - - - - - - - - - - - - - - ~genstack - - - - - - - - -
template<class T>
genstack<T>::~genstack()

/*-+-+-+-+-+-+-+-+-+-+-+-+-+-+-+-+-+-+-+-+-+-+-+-+-+-+-+-+-+-+-+-+-+-+-

ROUTINE PURPOSE: Destructor used to clear the stack.

                             ROUTINE DEPENDENCIES
                             - - - - - - - - - - -
```

Listing 2-4 Continued.

```
       IDENTIFIER NAME           IDENTIFIER TYPE      SOURCE LIBRARY
       ------------              ------------         -----------
           clear                    function              local

-+-+-+-+-+-+-+-+-+-+-+-+-+-+-+-+-+-+-+-+-+-+-+-+-+-+-+-+-+-+-+-+-+-+-*/
{
    clear();
}

--------- --------- clear ---------

template<class T>
void genstack<T>::clear()

/*-+-+-+-+-+-+-+-+-+-+-+-+-+-+-+-+-+-+-+-+-+-+-+-+-+-+-+-+-+-+-+-+-+-+-
ROUTINE PURPOSE: Clears the generic stack object.

                              ROUTINE DEPENDENCIES
                              ---------------
      IDENTIFIER NAME           IDENTIFIER TYPE      SOURCE LIBRARY
      ------------              ------------         -----------
          pop                      function              local

-+-+-+-+-+-+-+-+-+-+-+-+-+-+-+-+-+-+-+-+-+-+-+-+-+-+-+-+-+-+-+---+-+-*/

{
    T x;

    while (pop(x))
        /* do nothing */;
}


//--------- --------- push  ---------
template<class T>
void genstack<T>::push(T& x)

/*-+-+-+-+-+-+-+-+-+-+-+-+-+-+-+-+-+-+-+-+-+-+-+-+-+-+-+-+-+-+-+-+-+-+-
ROUTINE PURPOSE: Pushes the data accessed by parameter x onto the
stack.

PARAMETERS:

  INPUT: x - the reference parameter representing the data to
           be pushed onto the stack.

-+-+-+-+-+-+-+-+-+-+-+-+-+-+-+-+-+-+-+-+-+-+-+-+-+-+-+-+-+-+-+-+-+-+-*/

{
    genStackRec *p;

    allocateError = false;
    if (top) {
     p = new genStackRec; // allocate new stack element
        if (!p) {
```

Listing 2-4 Continued.

```
            allocateError = true;
            return;
        }
        p->nodeData = x;
        p->nextPtr = top;
        top = p;
    }
    else {
        top = new genStackRec;
        if (top == NULL) {
            allocateError = true;
            return;
        }
        top->nodeData = x;
        top->nextPtr = NULL;
}
height++;
}

//- - - - - - - - - - - - - - - - - - getAllcoateError - - - - - - - - -
template<class T>
boolean genstack<T>::getAllcoateError()

/*-+-+-+-+-+-+-+-+-+-+-+-+-+-+-+-+-+-+-+-+-+-+-+-+-+-+-+-+-+-+-+-+-+-+-

ROUTINE PURPOSE: Returns the status of dynamic allocation for the
last pop message sent to the object.

FUNCTION VALUE: Returns true if the dynamic allocation failed,
otherwise, returns false.

-+-+-+-+-+-+-+-+-+-+-+-+-+-+-+-+-+-+-+-+-+-+-+-+-+-+-+-+-+-+-+-+-+-+-*/
{
    return allocateError;
}

//- - - - - - - - - - - - - - - - - - pop - - - - - - - - -
template<class T>
boolean genstack<T>::pop(T& x)

/*-+-+-+-+-+-+-+-+-+-+-+-+-+-+-+-+-+-+-+-+-+-+-+-+-+-+-+-+-+-+-+-+-+-+-

ROUTINE PURPOSE: Pops the top of the stack and returns a boolean
value.
PARAMETERS:

  INPUT: x - the reference to the variable receiving the
             data from the stack.

FUNCTION VALUE: Returns true if the operation was successful. A
false value is returned if the pop message is sent to an empty
stack.


-+-+-+-+-+-+-+-+-+-+-+-+-+-+-+-+-+-+-+-+-+-+-+-+-+-+-+-+-+-+-+-+-+-+-*/
{
```

Listing 2-4 Continued.

```
    genStackRec *p;

    if (height) {
        x = top->nodeData;
        p = top;
        top = top->nextPtr;
        delete p; // deallocate stack node
        height—;
        return true; // return function value
    }
    else
        return false; // return function value
}

//- - - - - - - - - - - - - - - - - - rollUp - - - - - - - - -

template<class T>
void genstack<T>::rollUp()

/*-+-+-+-+-+-+-+-+-+-+-+-+-+-+-+-+-+-+-+-+-+-+-+-+-+-+-+-+-+-+-+-+-+-+-+-

ROUTINE PURPOSE: Rolls the generic stack upward, such that the
element below the top of the stack becomes the new top of the
stack.

stack before rollUp:

    top             bottom

    x0  x1  x2  ..  xm-1

stack after rollUp:

    top             bottom

    x1  x2  .. xm-1 x0

-+-+-+-+-+-+-+-+-+-+-+-+-+-+-+-+-+-+-+-+-+-+-+-+-+-+-+-+-+-+-+-+-+-+-+-*/

{
    genStackRec *old_top, *next_one;

    if (top == NULL || height < 2)
        return;

  old_top = top;
    top = top->nextPtr;
    old_top->nextPtr = NULL; // new bottom NULL pointer
    next_one = top->nextPtr;
    while (next_one->nextPtr != NULL)
        next_one = next_one->nextPtr;
    next_one->nextPtr = old_top;

}

//- - - - - - - - - - - - - - - - - - rollDown - - - - - - - - -
```

Listing 2-4 Continued.

```
template<class T>
void genstack<T>::rollDown()

/*-+-+-+-+-+-+-+-+-+-+-+-+-+-+-+-+-+-+-+-+-+-+-+-+-+-+-+-+-+-+-+-+-+-+-+-

ROUTINE PURPOSE: Rolls the generic stack downward, such that the
element the bottom of the stack becomes the new top of the
stack.

stack before rollDown:

    top             bottom

    x0  x1  x2  ..  xm-1

stack after rollDown:

    top                 bottom

    xm-1 x0  x1  x2  ..  xm-2
-+-+-+-+-+-+-+-+-+-+-+-+-+-+-+-+-+-+-+-+-+-+-+-+-+-+-+-+-+-+-+-+-+-+-*/

{
    genStackRec *last_one, *next_one;

    if (!top || height < 2)
        return;
    last_one = NULL;
    next_one = top;
    while (next_one->nextPtr != NULL) {
        last_one = next_one;
        next_one = next_one->nextPtr;
    }
    next_one->nextPtr = top;
    top = next_one;
    last_one->nextPtr = NULL;
}

- - - - - - - - - - - - - - - - - - genVMstack - - - - - - - - -

template<class T>
genVMstack<T>::genVMstack(const char* filename)
/*-+-+-+-+-+-+-+-+-+-+-+-+-+-+-+-+-+-+-+-+-+-+-+-+-+-+-+-+-+-+-+-+-+-+-+-

ROUTINE PURPOSE: Constructor to initialize generic stack.

PARAMETERS:

  INPUT: filename - the name of the virtual data file.

-+-+-+-+-+-+-+-+-+-+-+-+-+-+-+-+-+-+-+-+-+-+-+-+-+-+-+-+-+-+-+-+-+-+-*/

{
    elemSize = sizeof(T);
    strcpy(VMfilename, filename);
    height = 0;
```

Listing 2-4 Continued.

```
    VMfile.open(VMfilename, ios::in | ios::out | ios::binary);
    if (!VMfile) {
        strcpy(errorMessage,"cannot open file ");
        strcat(errorMessage, VMfilename);
        return;
    }
}

//- - - - - - - - - - - - - - - - - - - genVMstack - - - - - - - - -
template<class T>
genVMstack<T>::genVMstack(genVMstack<T>& g,
                            const char* filename)
/*-+-+-+-+-+-+-+-+-+-+-+-+-+-+-+-+-+-+-+-+-+-+-+-+-+-+-+-+-+-+-+-+-+-+-+-

ROUTINE PURPOSE: Constructor to initialize generic stack.

PARAMETERS:

  INPUT: g - the virtual stack providing the data
         filename - the name of the virtual data file.

HANDLING BAD ARGUMENTS: The argument for filename should be a
valid file name.

-+-+-+-+-+-+-+-+-+-+-+-+-+-+-+-+-+-+-+-+-+-+-+-+-+-+-+-+-+-+-+-+-+-+-+-*/

{
    elemSize = sizeof(T);
    strcpy(VMfilename, filename);
    height = g.height;
    VMfile.open(VMfilename, ios::in | ios::out | ios::binary);
    if (!VMfile) {
        strcpy(errorMessage,"cannot open file ");
        strcat(errorMessage, VMfilename);
        return;
    }
    // reset file pointers to the beginning of the files
    g.VMfile.seekp(0);
    VMfile.seekp(0);
    // copy the data between the two files

   for (unsigned i = 0; i < height; i++) {
        g.VMfile.read((unsigned char*) &databuffer, elemSize);
        VMfile.write((unsigned char*) &databuffer, elemSize);
    }
}

//- - - - - - - - - - - - - - - - - - - ~genVMstack - - - - - - -

template<class T>
genVMstack<T>::genVMstack()

/*-+-+-+-+-+-+-+-+-+-+-+-+-+-+-+-+-+-+-+-+-+-+-+-+-+-+-+-+-+-+-+-+-+-+-+-

ROUTINE PURPOSE: Destructor used to clear the stack.
```

Listing 2-4 Continued.

```
                    ROUTINE DEPENDENCIES
                    --------------------
     IDENTIFIER NAME       IDENTIFIER TYPE    SOURCE LIBRARY
     ---------------       ---------------    --------------
         clear              void function         local

-+-+-+-+-+-+-+-+-+-+-+-+-+-+-+-+-+-+-+-+-+-+-+-+-+-+-+-+-+-+-+-+-+-+-+-*/

{
    clear();
}

// - - - - - - - - - - - - - - - - - - getErrorMessage - - - - - - - - -
template<class T>
char* genVMstack<T>::getErrorMessage()

/*-+-+-+-+-+-+-+-+-+-+-+-+-+-+-+-+-+-+-+-+-+-+-+-+-+-+-+-+-+-+-+-+-+-+-+-

ROUTINE PURPOSE: Returns the value of the errorMessage data field.

-+-+-+-+-+-+-+-+-+-+-+-+-+-+-+-+-+-+-+-+-+-+-+-+-+-+-+-+-+-+-+-+-+-+-+-*/

{
    string80 s;
    strcpy(s, errorMessage);
    errorMessage[0] = '\0';
    return s;
}

//- - - - - - - - - - - - - - - - - - push - - - - - - - - -
template<class T>
void genVMstack<T>::push(T& x)

/*-+-+-+-+-+-+-+-+-+-+-+-+-+-+-+-+-+-+-+-+-+-+-+-+-+-+-+-+-+-+-+-+-+-+-+-
ROUTINE PURPOSE: Pushes the data accessed by pointer x onto the
stack.

PARAMETERS:

  INPUT: x - the data to be pushed onto the stack.

-+-+-+-+-+-+-+-+-+-+-+-+-+-+-+-+-+-+-+-+-+-+-+-+-+-+-+-+-+-+-+-+-+-+-+-*/

{
    height++;
    VMfile.seekp((height-1) * elemSize);
    VMfile.write((unsigned char*) &x, elemSize);
}

//- - - - - - - - - - - - - - - - - - pop - - - - - - - - -

template<class T>boolean genVMstack<T>::pop(T& x)
/*-+-+-+-+-+-+-+-+-+-+-+-+-+-+-+-+-+-+-+-+-+-+-+-+-+-+-+-+-+-+-+-+-+-+-+-

ROUTINE PURPOSE: Pops the top of the stack and returns a boolean
value.
```

Listing 2-4 Continued.

```
PARAMETERS:

  INPUT: x - the reference to the variable receiving the data from
             the stack.

FUNCTION VALUE: Returns true if the operation was successful. A
false value is returned if the pop message is sent to an empty
stack.

-+-+-+-+-+-+-+-+-+-+-+-+-+-+-+-+-+-+-+-+-+-+-+-+-+-+-+-+-+-+-+-+-+-+-*/

{
    if (height) {
        height--;
        VMfile.seekp(height * elemSize);
        VMfile.read((unsigned char*) &x, elemSize);
        return true;
    }
    else
        return false;
}

//- - - - - - - - - - - - - - - - - - clear - - - - - - - - -
template<class T>
void genVMstack<T>::clear()

/*-+-+-+-+-+-+-+-+-+-+-+-+-+-+-+-+-+-+-+-+-+-+-+-+-+-+-+-+-+-+-+-+-+-+-

ROUTINE PURPOSE: Clears the generic stack object.

+-+-+-+-+-+-+-+-+-+-+-+-+-+-+-+-+-+-+-+-+-+-+-+-+-+-+-+-+-+-+-+-+-+-*/

{
    height = 0;
    VMfile.close();
}

//- - - - - - - - - - - - - - - - - -  rollUp - - - - - - - - -

template<class T>
void genVMstack<T>::rollUp()

/*-+-+-+-+-+-+-+-+-+-+-+-+-+-+-+-+-+-+-+-+-+-+-+-+-+-+-+-+-+-+-+-+-+-+-

ROUTINE PURPOSE: Rolls the generic stack upward, such that the
element below the top of the stack becomes the new top of the
stack.

stack before rollUp:

          top                   bottom

record #  height-1     ..  2    1    0

          x<height-1> .. x2   x1   x0
```

Listing 2-4 Continued.

```
stack after rollUp:

           top                      bottom

record #   height-1  ..    3   2   1   0

           x<height-2> .. x2  x1  x0  x<height-1>


-+-+-+-+-+-+-+-+-+-+-+-+-+-+-+-+-+-+-+-+-+-+-+-+-+-+-+-+-+-+-+-+-+-+-+-*/

{
    /* store top of stack in record number height */
    VMfile.seekp((height - 1) * elemSize);
    VMfile.read((unsigned char*) &databuffer, elemSize);
    VMfile.seekp(height * elemSize);
    VMfile.write((unsigned char*) &databuffer, elemSize);
    /* move stack elements */
    for(unsigned i = height - 1; i > 0 ; i—) {
        VMfile.seekp((i - 1) * elemSize);
        VMfile.read((unsigned char*) &databuffer, elemSize);
        VMfile.seekp(i * elemSize);
        VMfile.write((unsigned char*) &databuffer, elemSize);
    }
    /* move top of virtual stack to bottom of stack */
    VMfile.seekp(height * elemSize);
    VMfile.read((unsigned char*) &databuffer, elemSize);
    VMfile.seekp(0);
    VMfile.write((unsigned char*) &databuffer, elemSize);
}

//- - - - - - - - - - - - - - - - - -  rollDown - - - - - - - - -
template<class T>
void genVMstack<T>::rollDown()

/*-+-+-+-+-+-+-+-+-+-+-+-+-+-+-+-+-+-+-+-+-+-+-+-+-+-+-+-+-+-+-+-+-+-+-+-

ROUTINE PURPOSE: Rolls the generic stack downward, such that the
element the bottom of the stack becomes the new top of the
stack.

stack before rollDown:

           top                   bottom
record #   height-1     ..  2    1    0

           x<height-1> .. x2   x1   x0

stack after rollUp:

           top                      bottom

record #   height-1  height-2     .. 1    0

           x0        x<height-1> .. x2   x1
```

Listing 2-4 Continued.

```
-+-+-+-+-+-+-+-+-+-+-+-+-+-+-+-+-+-+-+-+-+-+-+-+-+-+-+-+-+-+-+-+-+-+-+-*/
{
    /* store bottom of stack in record number height */
    VMfile.seekp(0);
    VMfile.read((unsigned char*) &databuffer, elemSize);
    VMfile.seekp(height * elemSize);
    VMfile.write((unsigned char*) &databuffer, elemSize);
    /* move stack elements */
    for(unsigned i = 2; i <= height ; i++) {
        VMfile.seekp((i - 1) * elemSize);
        VMfile.read((unsigned char*) &databuffer, elemSize);
        VMfile.seekp((i - 2) * elemSize);
        VMfile.write((unsigned char*) &databuffer, elemSize);
    }
    /* move last element to top of virtual stack */
    VMfile.seekp(height * elemSize);
    VMfile.read((unsigned char*) &databuffer, elemSize);
    VMfile.seekp((height - 1) * elemSize);
    VMfile.write((unsigned char*) &databuffer, elemSize);
}

//- - - - - - - - - - - - - - - - - - -  operator - - - - - - - - -

template<class T>
genVMstack<T>& genVMstack<T>::operator =(genVMstack<T>& g)

/*-+-+-+-+-+-+-+-+-+-+-+-+-+-+-+-+-+-+-+-+-+-+-+-+-+-+-+-+-+-+-+-+-+-+-+-

ROUTINE PURPOSE: Copies the data of a virtual stack into another.
PARAMETERS:

  INPUT: g - the virtual stack to be copies.

-+-+-+-+-+-+-+-+-+-+-+-+-+-+-+-+-+-+-+-+-+-+-+-+-+-+-+-+-+-+-+-+-+-+-+-*/

{
    VMfile.close();
    height = g.height;
    VMfile.open(VMfilename, ios::in | ios::out | ios::binary);
    // reset file pointers to the beginning of the files
    g.VMfile.seekp(0);
    VMfile.seekp(0);
    // copy the data between the two files
    for (unsigned i = 0; i < height; i++) {
        VMfile.read((unsigned char*) &g.databuffer, elemSize);

     VMfile.write((unsigned char*) &databuffer, elemSize);
    }
    return *this;
}
```

The class destructor removes the generic stack objects by simply calling the clear member function.

The genstack class defines the protected copy member function and the = operator to copy generic stack objects that have the same client type. The copy member function performs the following tasks:

- Clears the target stack object.
- Exits if the copied stack is empty. The target stack is also empty.
- ☞ Copies each node of the source stack object into the target stack object. This step copies the nodeData members of the two stack objects; therefore the client template class T needs to declare an = operator.

The clear member function clears the stack object by invoking the pop function in a while loop, as shown earlier.

The push member function pushes the argument of parameter x into the stack. The function carries out the following tasks:

- Sets the allocateError member to false.
- If the stack is not empty (a fact determined by examining the pointer top), the function allocates the dynamic space for a new stack member using the local pointer p. If the allocation fails, the function assigns true to member allocateError and exits. If the dynamic allocation succeeds, the argument for x is assigned to the nodeData member of the newly created stack member. Finally, the function updates the pointers to make the new stack member the top of the stack.
- If the stack is empty, the function allocates dynamic space for the new stack member. The steps involved are similar to the previous task, except the function uses the pointer top instead of the local pointer p.
- Increments the height data member by 1.

The Boolean pop member function pops the top of the stack if the stack is not empty. The function returns true if it is successful, and yields false when otherwise. The pop function performs the following tasks if the value of the height member is not zero:

- Assigns the value of the nodeData member to the reference variable x.
- Assigns the current top of the stack pointer, top, to the local pointer p.
- Assigns the address of the next stack element to the pointer top.
- Deletes the current top stack member, using the pointer p. The member top now points to the new top stack member.
- Decrements the height data member by 1.
- Returns true.
- ☞ The rollDown and rollUp member functions roll the stack down and up, respectively. By simply altering the pointers to the stack elements,

these operations are performed efficiently, quickly, and without moving any data. In addition, the time required for these actions is essentially independent of the stack size.

The virtual stack class

As a class of generic stacks, instances of genstack can handle data of all sizes. When handling large nondynamic data items, a large amount of nondynamic data, or both, a file-based or *virtual-memory* stack might be more feasible. An example of this type of stack is an application that pushes in and pops off entire screens in a stack. Since file I/O with a physical disk is much slower than with heap access, you should use a RAM-disk to enhance the access speed.

You can implement a virtual-memory generic stack to perform the same functionality of a heap-based stack. The genVMstack is declared as a subclass of genAbstractStack. The following data members are needed:

- The height of the stack, used to keep track of the number of elements in the stack.
- An error message string.
- A data buffer to hold a single stack element. When the stack rolls in either direction, the buffer holds intermediate data.
- The name of the virtual file.
- The handle for the virtual file. If you use the standard C file I/O functions, then the handle is a pointer to the FILE type. If you use C++ streams, the handle is an fstream type.

The height of the stack is inherited from class genAbstractStack. The other data members must be declared. Listings 2-3 and 2-4 contain the declaration and implementation of class genVMstack, respectively.

The genVMstack class requires its own constructor and destructor. The constructor opens the stream and sets the size of the data buffer to be elementSize. The errorMessage data member reports the failure to open the designated stream. If the filename supplied to the constructor is invalid, you might want to call the function getErrorMessage after the creation of a genVMstack instance. The stream is opened using the ios::in, ios::out, and ios::binary modes to support binary random access input and output.

The class destructor invokes the genVMstack::clear member function. The clear member function simply closes the stream and sets the height data member to 0.

To support copying virtual stack objects, the genVMstack class implements a copy member function. This function has two parameters: the name of the source stack object and the name of the file that stores the data. The copy function performs the following tasks:

- Assigns the size of the client template class T to the elemSize member.
- Copies the argument for parameter filename to the VMfilename member.
- Assigns the height of the source stack object to the height member.
- Opens the stream using the I/O modes ios::in, ios::out, and ios::binary.
- Verifies that the stream is opened correctly. If not, assigns an error message to the errorMessage member and then exits.
- Moves the stream pointers for both source and target stack objects to the beginning of each stream.
- Uses a for statement to copy each stack member. The dataBuffer member is used in reading each member from the source stack object and writing it to the target stack object.

The push member function pushes a data item onto the virtual stack. The operation is a simple stream I/O using the seekp and write stream functions. The code implements the pop member function in a similar fashion using a call to function read in order to pop off data. The rollDown and rollUp member functions are implemented to match the functionality of the genstack class. However, unlike the similar member functions of genstack, these two functions are *not* quick. Instead, they resort to rather extensive stream I/O to physically move stack elements around. The following steps occur when member function RollUp is invoked:

- The top of the stack, located at record height – 1, is copied to one record past the end of the file, at record height.
- The stack elements 1 to height – 1, located at records 0 to height – 2, are moved using a downward counting loop.
- The previous topmost element is copied from record height to record 0.

The rollDown member function employs a similar scheme to move stack elements around. Each member function employs height + 1 calls to both the read and write stream I/O functions. As you can see, this is rather slow when a physical disk file is used.

Testing generic stacks

Let's look at a simple example that uses both heap-based and file-based stacks. This example pushes and pops instances of a client class, person. Listing 2-5 shows the source code for the test program and shows the declaration and implementation of class person. The person has three data members: the string80-typed name, the int-typed age, and the double-typed weight. The class has no members that are pointers to dynamic data. The absence of pointer members accommodates the use of class genVMstack.

Listing 2-5 The source code for the TSTSACK.CPP program file.

```
/*
   program to test the heap-based and disk-based generic stacks.
*/

#include <stdio.h>
#include <conio.h>
#include <dos.h>
#include <string.h>
#include <iostream.h>
#include <fstream.h>
#include "comndata.h"
#include "absstack.cpp"
#include "genstack.cpp"

// declare the sample class
class person
{
   public:
     string80 name;
     int age;

   double weight;

     person() { }
     void assign(string80 aName, int anAge, double aWeight);
     void display();
     person& operator =(person& aPerson);
};

void person::assign(string80 aName, int anAge, double aWeight)
{
    strcpy(name, aName);
    age = anAge;
    weight = aWeight;
}

person& person::operator =(person& aPerson)
{
  strcpy(name, aPerson.name);
  age = aPerson.age;
  weight = aPerson.weight;
  return *this;}

void person::display()
{
    printf("%10s", name);
    printf(" is %3u years old and weighs ", age);
    printf("%4.1lf pounds\n", weight);
}
```

Listing 2-5 Continued.

```
// declare a global function to view the heap-based stack
// that contains person objects
void viewStack(genstack<person>& stack)

{
    int i = 1;
    person p;
    genstack<person> stackCopy(stack);

    clrscr();
    while (stackCopy.pop(p)) {
      gotoxy(1, i);
      printf("%2d : ", i++);
      p.display();
    }
}

// declare a global function to view the disk-based stack
// that contains person objects
void viewVmStack(genvmstack<person>& vmStack)
{
    int i = 1;
    person p;
    genvmstack<person> stackCopy(vmStack, "VM2.DAT");

    clrscr();
    while (stackCopy.pop(p)) {
      gotoxy(1, i);
      printf("%2d : ", i++);
      p.display();
    }
}

main()
{
    genstack<person> stack;
    genvmstack<person> vmStack("VM.DAT");
    person p;

    // insert data into the stack
    p.assign("John",   20, 199.0);
    stack.push(p);
    p.assign("Samuel", 30, 190.0);
    stack.push(p);
    p.assign("Keith",  25, 160.0);
    stack.push(p);
    p.assign("Ann",    35, 180.5);
    stack.push(p);
    p.assign("Susan",  55, 128.5);

    stack.push(p);
    p.assign("May",    34, 178.0);
    stack.push(p);
```

Listing 2-5 Continued.

```
    p.assign("Daisy",  44, 182.0);
    stack.push(p);
    p.assign("Joseph", 22, 187.0);
    stack.push(p);
    p.assign("Ronald", 72, 192.0);
    stack.push(p);

  p.assign("George", 52, 194.0);
    stack.push(p);

    // view the stack
    viewStack(stack);
    printf("\npress any key to roll the stack up twice ");
    getch();

    stack.rollup();
    stack.rollup();
    viewStack(stack);
    printf("\npress any key to roll the stack down twice ");
    getch();

    stack.rolldn();
    stack.rolldn();
    viewStack(stack);
    printf("\npress any key to pop the stack until is is empty");
    getch();

    while (stack.pop(p)) {
       // push object p into virtual stack
       vmStack.push(p);
       // view the stack
       viewStack(stack);
       delay(1500);
    }

    printf("\npress any key to test the virtual stack");
    getch();

    viewVmStack(vmStack);
    printf("\npress any key to roll the virtual stack up twice ");
    getch();

    vmStack.rollup();
    vmStack.rollup();
    viewVmStack(vmStack);
   printf("\npress any key to roll the virtual stack down twice ");
    getch();

    vmStack.rolldn();
    vmStack.rolldn();
    viewVmStack(vmStack);
    printf(
      "\npress any key to pop the virtual stack until is is empty");
    getch();

    while (vmStack.pop(p)) {
```

Listing 2-5 Continued.

```
        // view the virtual stack
        viewVmStack(vmStack);
        delay(1500);
    }

    printf("\npress any key to end the program ...");
    getch();

    // clear the stack
    stack.clear();

    return 0;
}
```

The class person has a default constructor, the member functions assign and display, and the operator =. This operator is required to copy the data members between two instances of class person.

To compile and run the test program, you need the project TSSTACK.PRJ that contains the TSTSACK.CPP file. Compile and run the program. The program provides the instances of class person and performs the same set of tests on both heap-based and file-based stacks. For each stack, the program performs the following tasks:

- Pushes the various instances of class person.
- Displays the initial stack members, shown in FIG. 2-2.
- Rolls up the stack twice and then displays the current stack, shown in FIG. 2-3.
- Rolls down the stack twice and then displays the current stack.
- Pops off the top stack member and displays the remaining stack members. The program repeats this step until the stack is empty.

Listing 2-5 contains the test program. The program has a series of #include files that contain the COMNDATA.H, ABSSTACK.CPP, and GENSTACK.CPP files. The ABSSTACK.HPP and GENSTACK.HPP files need not be included, since they are included by their respective .CPP files.

The listing also declares the person class and contains the implementation for its member functions. The code for the person member function is simple and straightforward.

The program declares two global functions, viewStack and viewVmStack to view the instances of genstack<person> and gemVMstack<person>, respectively. The two stack-viewing functions are not template functions, since they specify each instantiated generic stack class. Each stack-viewing function makes a local copy of the stack parameter and then repeatedly pops of the members of the copy using a while loop. Each loop iteration assigns the popped stack member to the local instance of person, p, and then displays the members of object p. The latter task involves the person::display member function.

```
 1 :   George  is 52  years old and weighs 194.0 pounds
 2 :   Ronald  is 72  years old and weighs 192.0 pounds
 3 :   Joseph  is 22  years old and weighs 187.0 pounds
 4 :    Daisy  is 44  years old and weighs 182.0 pounds
 5 :      May  is 34  years old and weighs 178.0 pounds
 6 :    Susan  is 55  years old and weighs 128.5 pounds
 7 :      Ann  is 35  years old and weighs 180.5 pounds
 8 :    Keith  is 25  years old and weighs 160.0 pounds
 9 :   Samuel  is 30  years old and weighs 190.0 pounds
10 :     John  is 20  years old and weighs 199.0 pounds

Press any key to roll up the stack twice
```

2-2 The initial screen showing the program's data.

```
 1 :   Joseph is  22 years old and weighs 187.0 pounds
 2 :    Daisy is  44 years old and weighs 182.0 pounds
 3 :      May is  34 years old and weighs 178.0 pounds
 4 :    Susan is  55 years old and weighs 128.5 pounds
 5 :      Ann is  35 years old and weighs 180.5 pounds
 6 :    Keith is  25 years old and weighs 160.0 pounds
 7 :   Samuel is  30 years old and weighs 190.0 pounds
 8 :     John is  20 years old and weighs 199.0 pounds
 9 :   George is  52 years old and weighs 194.0 pounds
10 :   Ronald is  72 years old and weighs 192.0 pounds

Press any key to roll the stack twice
```

2-3 The program's data after rolling up the stack twice.

The program's main function declares two stack objects. The stack object is an instance of genstack<person>, the heap-based stack of person objects. It is created by the compiler by instantiating the template class genstack with the person class. The vmStack object is an instance of genVMstack<person>, the file-based stack of person objects. It is created by the compiler by instantiating the template class genVMstack with the person class. The creation of object vmStack also specifies the name of the data file, VM.DAT. The program performs the following tasks:

- Starts by inserting the sample data in the stack object. This task involves a sequence of statements that assign data to instance of class person, p, and then pushing them in the stack object.
- Once all the sample data are pushed in the stack, the program calls the global function viewStack to view the members in object stack. The program also displays a message prompting you to press any key to roll up the stack twice.
- Calls the rollUp member function twice, and then invokes the viewStack function to view the current stack. The program then displays a message prompting you to press any key to roll down the stack twice.
- Calls the rollDown member function twice, and then invokes the viewStack function to view the current stack. The program then displays a message prompting you to press any key to gradually pop the stack until it is empty.

- Uses a while loop to pop the members of the stack object and pushes them in the vmStack object. The loop calls the viewStack function in each iteration, to view the updated stack.
- When the heap-based stack is empty, the program prompts you to press a key to start a similar set of tests on the file-based stack object.

The program has code similar to that involved in performing these four tasks. The difference is that the viewVmStack function is called to view the vmStack object.

3
Generic queues

Chapter 2 presented classes for generic stacks. This chapter looks at their cousin structures, the generic queues. Like stacks, queues organize data in the order in which they enter the data structure.

Basics

In abstract terms, a *queue* arranges a collection of data according to the order in which the data are received. A queue has a front end and a tail end. There are three basic types of queues. The first is the simple queue where data is inserted at the tail end and is popped off, or dequeued, from the front end. The simple queue works on a strict first-come-first-served principle (also called first-in-first-out, or FIFO, by computer scientists). The second type of queue is the opposite of the simple queue, in that it allows you to prioritize the data going into the queue using numerical weights. Consequently, you can move a new piece of information anywhere inside the queue, including the head of the queue.

The third type of queues implements a compromise between the first two types. This kind of queues allows you to enter data from either end of the queue. Normally, data is enqueued from the tail end and dequeued from the front end. In this type of queue, you can also insert data at the tail end of the queue and dequeue it from the front end, but you cannot insert data anywhere inside the queue. In other words, data is inserted into the queue either at a normal priority or at the highest priority. Because it lets you enqueue and dequeue data from either end, this kind of queue can also double as a stack. This type of queue is implemented in this chapter.

In addition to inserting and removing data, clearing a queue is another frequent operation. Clearing a queue is essentially a repeated removal of data until the queue is empty.

Building blocks

You can implement dynamic generic queues using a linked list. The basic queue element is represented by the following structure that contains a data node, a pointer to the next element, and a pointer to the previous element. Here is the declaration of the queueRec structure which appears inside the template queue class presented in this section:

```
struct queueRec {
      T dataNode;
      queueRec *nextPtr;
      queueRec *prevPtr;
};
```

Notice that the queueRec structure declares the member dataNode as instance of the template class T and not a pointer to T. The current declaration form bypasses the explicit dynamic allocation. The class of generic heap-based queues requires data fields that define the following:

- The size of the queue, to keep track of the number of elements in it.
- A pointer to the head of the queue.
- A pointer to the tail of the queue.
- A Boolean flag, to report dynamic allocation errors.

Based on the queue functionality described in the previous paragraphs and on the data field requirements, I define the classes genAbstractQ and genque. Listing 3-1 contains the declaration of class genAbstractQ.

Listing 3-1 The source code for the ABSQUE.HPP header file.

```
/*==========================================================================

             Copyright (c) 1992 Namir Clement Shammas

   LIBRARY NAME: absque

   VERSION:  2.0.0                                       DATE 5/5/92

   PURPOSE: Implements a class of abstract queues. Queue operations
            include:

            + inserting data at either end of the queue.
            + removing data from either end of the queue.
            + clearing the queue.

   UPDATE HISTORY:
```

Listing 3-1 Continued.

```
        5/5/92    Uses templates.

=====================================================================*/

#include "comndata.h"

#ifndef _ABSQUE_HPP
#define _ABSQUE_HPP

template<class T>
class genAbstractQ{
  protected:
    unsigned qsize;  // size of queue

    /* ************** state manipulation methods ************** */
  public:

    /* ****************** state query methods ***************** */
    boolean isempty() { return (qsize == 0) ? true : false; }

    /* ************** object manipulation methods ************* */
    virtual void pushFront(T) {}
    virtual boolean popFront(T&)
      { return false; }
    virtual void pushTail(T) {}
    virtual boolean popTail(T&)
      { return false; }
    virtual void clear() {}
};

#endif
```

The class genAbstractQ represents the base class for the heap-based genque class, as well as other types that you might wish to create. The member function isempty is not an empty shell. Instead, it returns true if the qsize data member is 0; otherwise, it yields false. By contrast, the virtual member functions pushFront, popFront, pushTail, popTail, and clear are empty shells. The descendants of class genAbstractQ must declare their own versions of these virtual member functions.

Listing 3-2 contains the declaration for the genq class. The class constructor and destructor initialize and remove generic queue object variables, respectively.

Listing 3-2 The source code for the GENQUE.HPP header file.

```
/*====================================================================

                 Copyright (c) 1992 Namir Clement Shammas

   LIBRARY NAME: genque
```

Listing 3-2 Continued.

```
  VERSION:  2.0.0                                    DATE 5/5/92

   PURPOSE: Implements a generic class of queues. Queue operations
            include:

            + inserting data in the queue from either end.
            + removing data from the queue from either end.
            + clearing the queue.

   UPDATE HISTORY:

       5/5/92  Uses templates.

======================================================================*/

#include <stdlib.h>
#include "absque.hpp"

#ifndef _GENQUE_HPP
#define _GENQUE_HPP

template<class T>
class genq : public genAbstractQ<T>
{
  protected:
    struct queueRec {
       T dataNode;
       queueRec *nextPtr;
       queueRec *prevPtr;
    };

    boolean allocateError;  // dynamic allocation error flag
    queueRec *head,         // pointer to head of queue
             *tail;         // pointer to tail of queue
    genq<T>& copy(genq<T>&);

    /* ************** state manipulation methods ************** */
  public:
    genq();
    genq(genq<T>& q) { head = NULL; copy(q); }
   ~genq() { clear(); }

    /* ****************** state query methods **************** */
    boolean getAllocateError() { return allocateError; }

    /* ************** object manipulation methods ************* */
    virtual void pushFront(T& x);
    virtual boolean popFront(T& x);
    virtual void pushTail(T& x);
    virtual boolean popTail(T& x);
    virtual void clear();

    genq<T>& operator =(genq<T>& q) { copy(q); return *this; }
};

#endif
```

Generic queue object variables are manipulated by several member functions. The pushFront and pushTail member functions insert the data into the front end and tail end of the queue, respectively. The popFront and popTail member functions perform the reverse action, respectively. The Boolean results returned by the popFront and popTail functions indicate whether or not the queue contains any elements to remove. The popFront or popTail member functions can be placed inside a while loop to repeatedly access data popped off the queue, as shown here:

```
while popFront(X) {
    // display or process data accessed by X
}
```

The member function clear clears the heap-based generic queue by using a while loop, similar to the one shown here, which enables the clear function to recover the heap space previously occupied by the queue element.

Listing 3-3 shows the implementation of the genque class. The default class constructor performs the basic initialization of the data members qsize, allocateError, head, and tail. No dynamic data is created by the constructor. By contrast, the copy constructor, which creates an instance of genque using the data of another instance, performs dynamic allocation using the copy member function. The class destructor simply calls the clear member function to deallocate the dynamic data associated with the generic queue object.

Listing 3-3 The source code for the GENQUE.CPP library.

```
/*=====================================================================

                  Copyright (c) 1992 Namir Clement Shammas

   LIBRARY NAME: genque

   VERSION:  2.0.0                                    DATE 5/5/92

   PURPOSE: Implements a generic class of queues. Queue operations
            include:

            + inserting data in the queue from either end.
            + removing data from the queue from either end.
            + clearing the queue.

   UPDATE HISTORY:

       5/5/92  Uses templates.

=====================================================================*/

#include <stdio.h>
#include <string.h>
#include "genque.hpp"

//------------------ genq ---------
```

Listing 3-3 Continued.

```
template<class T>
genq<T>::genq()

/*-+-+-+-+-+-+-+-+-+-+-+-+-+-+-+-+-+-+-+-+-+-+-+-+-+-+-+-+-+-+-+-+-+-+-+-

ROUTINE PURPOSE: Constructor the initialize queue objects.

-+-+-+-+-+-+-+-+-+-+-+-+-+-+-+-+-+-+-+-+-+-+-+-+-+-+-+-+-+-+-+-+-+-+-+-*/

{
    qsize = 0;
    allocateError = false;
    head = NULL;
    tail = NULL;
}

//- - - - - - - - - - - - - - - - - -  copy - - - - - - - - -

template<class T>
genq<T>& genq<T>::copy(genq<T>& que)
/*-+-+-+-+-+-+-+-+-+-+-+-+-+-+-+-+-+-+-+-+-+-+-+-+-+-+-+-+-+-+-+-+-+-+-+-

ROUTINE PURPOSE: Copy one instance of genq to another.

PARAMETERS:

  INPUT: que - the existing queue to be copied onto the one created.

-+-+-+-+-+-+-+-+-+-+-+-+-+-+-+-+-+-+-+-+-+-+-+-+-+-+-+-+-+-+-+-+-+-+-+-*/

{
    queueRec *p, *q, *r;

    if (head)
        clear();
    qsize = que.qsize;
    allocateError = false;
    head = NULL;
    tail = NULL;
    if (!que.head)
        return *this;
    head = new queueRec;
    if (!head) {
        allocateError = true;
        return *this;
    }
    head->dataNode = que.head->dataNode;
    head->nextPtr = NULL;
    head->prevPtr = NULL;
    tail = head;
    p = head;
    r = NULL;
    q = que.head->nextPtr;
    while (q) {
        r = new queueRec;
        if (!r) {
```

Listing 3-3 Continued.

```
            allocateError = true;
            return *this;
        }
        r->dataNode = q->dataNode;
        r->nextPtr = NULL;
        r->prevPtr = p;
        p->nextPtr = r;
        tail = r;
        p = p->nextPtr;
        q = q->nextPtr;
    }
    return *this;
}

//- - - - - - - - - - - - - - - - - - -  pushFront - - - - - - - - -

template<class T>
void genq<T>::pushFront(T& x)

/*-+-+-+-+-+-+-+-+-+-+-+-+-+-+-+-+-+-+-+-+-+-+-+-+-+-+-+-+-+-+-+-+-+-+-

ROUTINE PURPOSE: Pushes the data passed by the parameter x into
the front end of the queue.

PARAMETERS:

  INPUT: x - the data pushed into the queue.

-+-+-+-+-+-+-+-+-+-+-+-+-+-+-+-+-+-+-+-+-+-+-+-+-+-+-+-+-+-+-+-+-+-+-*/

{
    queueRec *p;

    qsize++;
    p = new queueRec;
    if (!p) {
        allocateError = true;
        return;
    }
    allocateError = false;
    p->dataNode = x;
    if (head) { // insert as the new head of the queue
        p->nextPtr = head;
        head->prevPtr = p;
        p->prevPtr = NULL;
        head = p;
    }
    else { // insert first element in the queue
        p->nextPtr = NULL;
        p->prevPtr = NULL;
        head = p;
        tail = p;
    }
}

//- - - - - - - - - - - - - - - - - - -  pushTail - - - - - - - - -
```

Listing 3-3 Continued.

```
template<class T>
void genq<T>::pushTail(T& x)

/*-+-+-+-+-+-+-+-+-+-+-+-+-+-+-+-+-+-+-+-+-+-+-+-+-+-+-+-+-+-+-+-+-+-

ROUTINE PURPOSE: Pushes the data passed by the parameter x into
the tail end of the queue.
PARAMETERS:

  INPUT: x - the data pushed into the queue.

-+-+-+-+-+-+-+-+-+-+-+-+-+-+-+-+-+-+-+-+-+-+-+-+-+-+-+-+-+-+-+-+-+-*/

{
    queueRec *p;

    qsize++;
    p = new queueRec;
    if (!p) {
        allocateError = true;
        return;
    }
    allocateError = false;
    p->dataNode = x;
    if (tail) { // insert as the new tail of the queue
        p->nextPtr = NULL;
        tail->nextPtr = p;
        p->prevPtr = tail;
        tail = p;
    }
    else { // insert first element in the queue
        p->nextPtr = NULL;
        p->prevPtr = NULL;
        head = p;
        tail = p;
    }
}

//- - - - - - - - - - - - - - - - - - popFront  - - - - - - - - -

template<class T>
boolean genq<T>::popFront(T& x)

/*-+-+-+-+-+-+-+-+-+-+-+-+-+-+-+-+-+-+-+-+-+-+-+-+-+-+-+-+-+-+-+-+-+-

ROUTINE PURPOSE: Pops data from the front end of the queue.

PARAMETERS:

  INPUT: x - the reference to the data popped off the queue.

FUNCTION VALUE: Returns true if the queue was not empty, otherwise
returns false.

-+-+-+-+-+-+-+-+-+-+-+-+-+-+-+-+-+-+-+-+-+-+-+-+-+-+-+-+-+-+-+-+-+-*/
```

Listing 3-3 Continued.

```
{
    queueRec *p;

    if (head) {
        qsize—;
        x = head->dataNode;
        p = head;
        head = head->nextPtr;
        if (head)
            head->prevPtr = NULL;
        else
            tail = NULL;
        delete p;
        return true;
    }
    else
          return false;
}

//- - - - - - - - - - - - - - - - - - popTail - - - - - - - - -

template<class T>
boolean genq<T>::popTail(T& x)

/*-+-+-+-+-+-+-+-+-+-+-+-+-+-+-+-+-+-+-+-+-+-+-+-+-+-+-+-+-+-+-+-+-+-+-+-

ROUTINE PURPOSE: Pops data from the tail end of the queue.

PARAMETERS:

  INPUT: x - the reference to the data popped off the queue.

FUNCTION VALUE: Returns true if the queue was not empty, otherwise
returns false.

-+-+-+-+-+-+-+-+-+-+-+-+-+-+-+-+-+-+-+-+-+-+-+-+-+-+-+-+-+-+-+-+-+-+-*/

{
    queueRec *p;

    if (tail) {
        qsize—;
        x = tail->dataNode;
        p = tail;
        tail = tail->prevPtr;
        if (tail)
            tail->nextPtr = NULL;
        else
            head = NULL;
        delete p;
        return true;
    }
    else
        return false;
}
```

Listing 3-3 Continued.

```
//------------------- clear ---------

template<class T>
void genq<T>::clear()
/*-+-+-+-+-+-+-+-+-+-+-+-+-+-+-+-+-+-+-+-+-+-+-+-+-+-+-+-+-+-+-+-+-+-+-

ROUTINE PURPOSE: Clears the queue.

                          ROUTINE DEPENDENCIES
                          --------------------

     IDENTIFIER NAME       IDENTIFIER TYPE       SOURCE LIBRARY
     ---------------       ---------------       --------------
        popFront              function               local

-+-+-+-+-+-+-+-+-+-+-+-+-+-+-+-+-+-+-+-+-+-+-+-+-+-+-+-+-+-+-+-+-+-+-*/

{
    T p;

    allocateError = false;
    while (popFront(p))
        /*  do nothing ! */ ;
    tail = NULL;
    head = NULL;
}
```

The copy member function duplicates an existing genque instance. The function first deletes the target queue and then rebuilds it using the data from the source queue instance. This process involves copying the information stored in the dataNode member of each source queue member to the corresponding dataNode member of the target queue member.

The pushFront member function inserts data at the front end of the queue. The function performs the following tasks:

- Increments the queue size, stored in the data member qsize.
- Allocates a new queue member using the local pointer p.
- Exits if the dynamic allocation fails, after assigning true to the allocateError data member.
- Assigns false to the allocateError member.
- Copies the argument of parameter x into the dataNode member of the newly created queue member.
- If the queue is not empty, rearranges the pointer addresses to make the new queue member the new front end of the queue. Consequently, the member head now points to the newly inserted data.
- If the queue is empty, sets the head and tail pointer members to point to the newly created queue member.

The pushTail member function inserts new data at the tail of the queue. The function performs tasks that are similar to those of pushFront, but differs in that the role of the head and tail pointers are transposed.

The Boolean popFront member function dequeues data from the front end of the queue. The function returns true if it succeeds, and yields false if otherwise. The popFront function carries out the following tasks if the head pointer is not NULL:

- Decrements the size of the queue object.
- Assigns the data stored in the dataNode member to the reference parameter x.
- Assigns the head pointer to the local pointer p.
- Updates the head pointer to address the next queue member.
- Updates the head->prevPtr pointer if the head pointer is not NULL. Otherwise, the function assigns NULL to member tail, indicating that the queue is now empty.
- Deletes the data accessed by pointer p.
- Returns true.

The popTail member function dequeues data from the tail of the queue. The function performs tasks that are similar to those of popFront. The main difference is that the role of the head and tail pointers are reversed.

The clear member function clears the queue by using a while loop to repeatedly remove the queue members using function popFront (the popTail function can serve equally well). The clear function also assigns NULL pointers to the head and tail members.

Testing generic queues

Now that we have looked at the heap-based generic queue, this section presents a simple program to test the queue. Listing 3-4 contains the source code for the generic queue test program. To compile and run the program you need to create the TSQUE.PRJ file and include the TSQUE.CPP file. The program creates a queue of data containing the names, ages, and weights of various persons, using data coded in the test program. The program gradually builds the queue with ten records. Initially the queue is empty. To insert a new person to the queue, press a key. As each person is inserted to the queue, the program displays a message at the bottom of the screen to tell you the name of the inserted person and which end of the queue the person was inserted in. The program also displays an updated image of the queue. Figure 3-1 shows the full queue.

```
——————— Front end of queue ———————
 1 :  Joseph  is 22 years old and weighs 187.0 pounds
 2 :     Ann  is 35 years old and weighs 180.5 pounds
 3 :  Samuel  is 30 years old and weighs 190.0 pounds
 4 :    John  is 20 years old and weighs 199.0 pounds
 5 :   Keith  is 25 years old and weighs 160.0 pounds
 6 :   Susan  is 55 years old and weighs 178.0 pounds
 7 :     May  is 34 years old and weighs 178.0 pounds
 8 :   Daisy  is 44 years old and weighs 182.0 pounds
 9 :  Ronald  is 72 years old and weighs 192.0 pounds
10 :  George  is 52 years old and weighs 194.0 pounds
——————— Tail end of queue ———————
```

3-1 The full queue of person objects.

Listing 3-4 The source code for the TSQUE.CPP test program.

```
/*
    program to test generic queues.
*/

#include <stdio.h>
#include <conio.h>
#include <string.h>
#include "comndata.h"
#include "absque.hpp"
#include "genque.cpp"
class person
{
   public:
     string80 name;
     int age;
     double weight;
     person() {}
     void assign(string80 aName, int anAge, double aWeight);
     void display();
     person& operator =(person& aPerson);
};

void person::assign(string80 aName, int anAge, double aWeight)
{
    strcpy(name, aName);
    age = anAge;
    weight = aWeight;
}

person& person::operator =(person& aPerson)
{
    strcpy(name, aPerson.name);
    age = aPerson.age;
    weight = aPerson.weight;
    return *this;
}

void person::display()

{
```

Listing 3-4 Continued.

```
    printf("%10s", name);
    printf(" is %3u years old and weighs ", age);
    printf("%4.1lf pounds\n", weight);
}

void insertQue(person& p, genq<person>& que, boolean inFront)
{
    int i = 1;

    clrscr();
    gotoxy(1, 24);
    if (inFront) {
      que.pushFront(p);
      printf("Inserting %s at the front of the queue", p.name);
    }
    else {
      que.pushTail(p);
      printf("Inserting %s at the tail of the queue", p.name);
    }

    // make a copy of the queue object que
    genq<person> qCopy(que);
    gotoxy(1, 1);
    printf("------- Front end of queue -------");
    while (qCopy.popFront(p)) {
      gotoxy(1, i+1);
      printf("%2d : ", i++);
      p.display();
    }
    gotoxy(1, i+1);
    printf("------- Tail end  of queue -------");
    getch();
}

void popQue(genq<person>& que)
{
    int i;
    boolean fromFront = true;
    boolean popped = true;
    person p;
    while (popped) {
      clrscr();
      gotoxy(1, 24);
      if (fromFront) {
        popped = que.popFront(p);

fromFront = false;
        printf("Popping from the front end");
      }
      else {
        popped = que.popTail(p);
        fromFront = true;
        printf("Popping from the tail end");
      }

      if (popped) {
```

Listing 3-4 Continued.

```
        genq<person> qCopy(que);
        i = 1;
        gotoxy(1, 1);
        printf("——- Front end of queue ——-");
        while (qCopy.popFront(p)) {
          gotoxy(1, i+1);
          printf("%2d  : ", i++);
          p.display();
        }
        gotoxy(1, i+1);
        printf("——- Tail end  of queue ——-");
        getch();
      }
    }
}

main()
{
    genq<person> que;
    person p;

    // insert data into the queue
    p.assign("John",   20, 199.0);
    insertQue(p, que, false);
    p.assign("Samuel", 30, 190.0);
    insertQue(p, que, true);
    p.assign("Keith",  25, 160.0);
    insertQue(p, que, false);
    p.assign("Ann",    35, 180.5);
    insertQue(p, que, true);
    p.assign("Susan",  55, 128.5);
    insertQue(p, que, false);
    p.assign("May",    34, 178.0);
    insertQue(p, que, false);
    p.assign("Daisy",  44, 182.0);
    insertQue(p, que, false);
    p.assign("Joseph", 22, 187.0);
    insertQue(p, que, true);
    p.assign("Ronald", 72, 192.0);
    insertQue(p, que, false);
    p.assign("George", 52, 194.0);
    insertQue(p, que, false);

    // pop the que
    popQue(que);
    gotoxy(1, 24);
    printf("Press any key to end the program ...");
    getch();
    return 0;
}
```

Once the queue has ten members, the program starts to remove these members by alternately dequeueing from the front and tail ends of the queue. The program displays a message at the bottom of the screen to tell you which end of the queue is being used to remove data. Figure 3-2 shows the queue with half of its members removed.

```
———————— Front end of queue ————————
1 :    John  is 20 years old and weighs 199.0 pounds
2 :   Keith  is 25 years old and weighs 160.0 pounds
3 :   Susan  is 55 years old and weighs 128.5 pounds
4 :     May  is 34 years old and weighs 178.0 pounds
5 :   Daisy  is 44 years old and weighs 182.0 pounds
———————— Tail end of queue ————————

Popping from the front end
```

3-2 The queue of person objects after dequeueing half of its data.

Let's look at the code behind the test program. Listing 3-4 shows that the program declares the class person. This class is the same one used in the generic stack test program TSSTACK.CPP. The class person declares the data members name, age, and weight. It also declares the member functions assign, display, and the = operator.

The test program declares two important global functions, insertQue and popQue. The insertQue inserts instances of class person in the queue and displays the updated queue. The function has three parameters. The first parameter is p, a reference parameter to the class person. This parameter passes the inserted person object. The second parameter is a reference to the genq<person> class, created dynamically by instantiating the generic genq class with the person class. This parameter passes the queue to the function and returns the updated queue to the caller. The third parameter is a Boolean flag, inFront, that indicates whether to insert the new data at the front or tail end of the queue.

The insertQue function performs the following tasks:

- Clears the screen and moves the cursor to the bottom of the screen.
- If the inFront parameter is true, inserts the person instance p at the front of the queue using the pushFront function. In addition, the insertQue function displays a message indicating the name of the person whose data is inserted in the queue.
- If the inFront parameter is false, inserts the person instance p at the tail of the queue using the pushTail function. In addition, the function displays a message showing the name of the person whose data is inserted in the queue.
- Creates a local copy, qCopy, of the update queue instance que. This task uses the copy genq constructor.
- Moves the cursor to the upper left corner of the screen and displays a string that indicates that the queue is displayed in an upright position.
- Uses a while loop to remove and display each member of qCopy. This task uses the popFront member function.
- Displays a string to indicate that the tail of the queue is located at the bottom.

The popQue function removes the members of its parameter que, which has the type genq<person>. The function uses a local Boolean variable fromFront to alternately remove data from the front and tail ends of the queue. The function also declares the local Boolean variable popped to store the result of the last call to function popTail or to function popFront. The function initializes the popped variable with the value true. The popQue function performs the following tasks while the popped variable is true:

- Clears the screen and moves the cursor to the bottom of the screen.
- If the fromFront variable is true, calls the popFront function and uses the local instance of person, p, to store the dequeued data. The result of popFront is stored in the popped variable. In addition, the function assigns false to variable fromFront and displays a message that the data is removed from the front end of the queue.
- If the fromFront variable is false, calls the popTail function and uses the local instance of person, p, to store the dequeued data. The result of popTail is stored in the popped variable. In addition, the function assigns true to variable fromFront and displays a message that data is removed from the tail end of the queue.
- Skips the subsequent steps if the popped variable is false.
- Creates a local copy, qCopy, of instance que.
- Moves the cursor to the upper left corner of the screen.
- Displays the contents of the queue by using a while loop to repeatedly remove data from object qCopy. The data removal involves calling the popFront function.

The main function declares the que object as an instance of genq<person>, and the p object as an instance of class person. The main function inserts the data in the queue by a sequence of statements that assign data to the p object and call the insertQue function. Once the data is inserted in the queue, the main function issues a single call to popQue.

4
Generic arrays

Arrays are versatile and popular structures found in nearly all programming languages. The main feature of arrays is the ability to access their elements at random. This feature contrasts with lists, for example, where you have to scroll through each of the elements of a list to reach a particular list member. This chapter looks at a C++ class that models generic arrays. The chapter also presents three test programs, each of which illustrates an array of a different data type.

Basics

The popularity of arrays has lead to their proliferation. The following is a list of the general types of arrays:

- *Static arrays* have a compile-time fixed memory space. The program's data segment stores the elements of the static arrays.
- *Dynamic arrays* have a memory space that is determined and changed at runtime. The heap provides the space for dynamic arrays. A program might also use expanded or extended memory to store such arrays, instead of the heap. A separate set of routines are required to perform EMS memory allocation, deallocation, data storage, and data access.
- *Virtual-memory arrays* use disk storage to retain their elements. This storage scheme can implement dynamic arrays and provide them with more space, at the cost of file I/O. If a RAM-disk is used, the speed of the I/O operations is greatly enhanced. Typically, virtual-memory arrays have buffers—storing a portion of the array in the data segment or the heap for faster access.

The basic operations performed by arrays are:

- Allocating and deallocating space, in the case of dynamic arrays.
- Storing and retrieving of data from array elements.
- Reallocating dynamic storage space. Since preserving the contents of the original array is frequently preferred, a nondestructive expansion is required.

In addition to the basic array operations, these operations are frequently performed by arrays:

- Swapping two array elements.
- Sorting the array in ascending order.
- Inserting new elements and maintaining the sorted order.
- Searching the array for an element. The binary search method works with ordered arrays, whereas the linear search method work with unordered arrays.
- Reversing the order of the array elements.
- Storing and retrieving the entire array to and from a DOS file.

The various classes of generic arrays share the following properties:

- The lowest index value is 0 and the highest is 65534. The index 65535 (also defined by the NOT_FOUND constant which is declared in the COMNDATA.H file) is set aside for the sake of the search routines. These functions return the index of the matching array element. To show that no match was found, the value NOT_FOUND (that is, 65535) is returned.
- The elements of an array are initially vacant. A partition is maintained between the leading array elements that contain meaningful data and the trailing vacant elements that store garbage data. This partition is called the *working size*. Initially, the working size is 0, since the array starts up lacking any significant data. The gradual process of storing data causes the working size to increase until it reaches the maximum size of the array.
- Data can be written to locations above the working size and below the maximum size of the array. By contrast, data can be retrieved only from within the working size area.

Figure 4-1 depicts the dynamic array described in the preceding paragraphs.

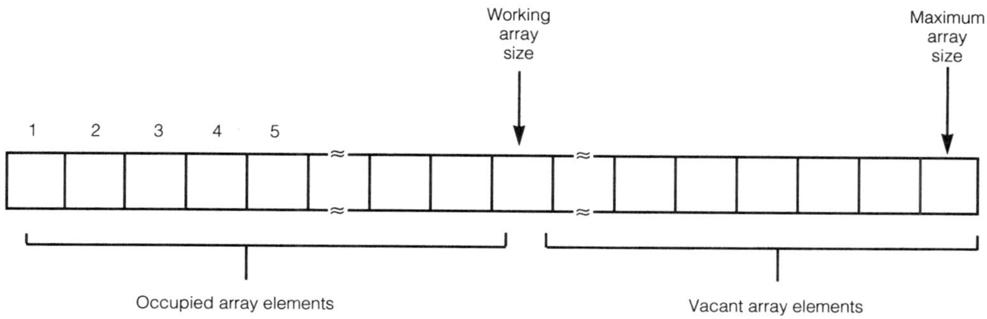

4-1 The dynamic array.

The class of abstract generic arrays

The first step in modeling classes of generic arrays handles the abstract array class. While the abstract array class will not have instances, the class can still provide their descendants with a good number of common data members and member functions. Among the common data members are the maximum number of elements and the working size of the array.

The member functions implemented for sorting and searching need the following additional data members to store the sort-order status. This can be unsorted, in ascending order, or in descending order. These states are represented by the arrayorder enumerated type declared in the COMNDATA.H file:

```
enum arrayorder { no_order, in_order, in_reverse };
```

Listing 4-1 shows the source code for the ABSARRAY.HPP which contains the declaration of the genAbstractArray class. Listing 4-2 contains the source code for the ABSARRAY.CPP module.

Listing 4-1 The source code for the ABSARRAY.HPP header file.

```
/*=====================================================================

                 Copyright (c) 1992 Namir Clement Shammas

   VERSION:  2.0.0                                   DATE 5/2/92

   PURPOSE: Implements a class of generic arrays.

   UPDATE HISTORY:

     5/2/92  Use templates.

=====================================================================*/

#include "comndata.h"
```

Listing 4-1 Continued.

```
#ifndef _ABSARRAY_HPP
#define _ABSARRAY_HPP

template<class T>
class genAbstractArray
{
  protected:
    unsigned maxSize,         // maximum number of elements
             workSize;        // working array size
    boolean insertsort;       // automatic insert-sort flag
    arrayorder inorder;       // status of the array order
    string80 errorMessage;    // error message
    T  _buf1,                 // 1st "local" buffer
       _buf2;                 // 2nd "local" buffer

  public:
    // ************ state manipulation member functions **************
    genAbstractArray() {};
    virtual boolean expand(unsigned) { return false; }

    // ***************** state query member functions *****************
    unsigned getWorkSize() { return workSize; }
    unsigned getMaxSize() { return maxSize; }
    char* getErrorMessage();
    arrayorder getArrayOrder() { return inorder; }
    void resetOrder() { inorder = no_order; }
    void setBuf1(T& newBuf1) { _buf1 = newBuf1; }
    void setBuf2(T& newBuf2) { _buf2 = newBuf2; }

    // ************* object manipulation member functions *************
    virtual void store(T, unsigned) {}
    virtual void recall(T&, unsigned) {}
    virtual void swapElem(unsigned, unsigned) {}
    virtual void sort() {}  // a better sort member function?
    // best search member function
    virtual unsigned search(T&) { return NOT_FOUND; }
    void shellSort();
    void reverseOrder();
    unsigned linSearch(T& key);
    unsigned binSearch(T& key);
};

#endif
```

Listing 4-2 The source code for the ABSARRAY.CPP module file.

```
/*=================================================================

          Copyright (c) 1992   Namir Clement Shammas

    VERSION:  2.0.0                                      DATE 5/1/92

    PURPOSE: Implements a class of abstract generic arrays.
```

Listing 4-2 Continued.

```
     UPDATE HISTORY:
       5/1/92  Use templates.
==========================================================================*
/

#include <string.h>
#include "absarray.hpp"

//- - - - - - - - - - - - - - - - - - - getErrorMessage - - - - - - - - -

template<class T>
char* genAbstractArray<T>::getErrorMessage()
{
    string80 s;
    strcpy(s, errorMessage);
    errorMessage[0] = '\0';
    return s;
}

//- - - - - - - - - - - - - - - - - - - shellSort - - - - - - - - -

template<class T>
void genAbstractArray<T>::shellSort()

/*-+-+-+-+-+-+-+-+-+-+-+-+-+-+-+-+-+-+-+-+-+-+-+-+-+-+-+-+-+-+-+-+-+-+-

ROUTINE PURPOSE: Sorts the array elements with the index range
[0..workSize-1] in an ascending order, using the Shell-Metzner sort
function. The > operator provides the required comparisons.

COMMENTS: The function checks whether or not the array is already
ordered, or is reverse order. If the array is ordered, no
action is needed and the function exits. If the array is in reverse
order, the order is reversed and then the function exits.

                              ROUTINE DEPENDENCIES
                              - - - - - - - - - - - - - -

     IDENTIFIER NAME          IDENTIFIER TYPE     SOURCE LIBRARY
     - - - - - - - - - - -    - - - - - - - - - - - -   - - - - - - - - - -
         store                  void function         subclass
         recall                 void function         subclass
         reverseorder           void function         local

-+-+-+-+-+-+-+-+-+-+-+-+-+-+-+-+-+-+-+-+-+-+-+-+-+-+-+-+-+-+-+-+-+-+-*/

{
    unsigned i, j, offset = workSize;

    // array already sorted ?
    if (inorder == in_order)
        return;
    // is array already in reverse order?
    if (inorder == in_reverse) { // reverse order and exit
        reverseOrder();
```

Listing 4-2 Continued.

```
        return;
    }
    // start shell sort algorithm
while (offset > 1) {
        offset /= 2;
        do {
            inorder = in_order;
            for (j = 0, i = offset;
                 j < (workSize - offset);
                 j++, i++) {
                recall(_buf1, i);
                recall(_buf2, j);
                if (_buf2 > _buf1) {
                    store(_buf1, j);
                    store(_buf2, i);
                    inorder = no_order;
                }
            }
        } while (inorder != in_order);
    }
}

//- - - - - - - - - - - - - - -reverseOrder - - - - - - - - - - - - - - - - - - - - - - - - -

template<class T>
void genAbstractArray<T>::reverseOrder()

/*-+-+-+-+-+-+-+-+-+-+-+-+-+-+-+-+-+-+-+-+-+-+-+-+-+-+-+-+-+-+-+-+-+-

ROUTINE PURPOSE: Reverses the order of the generic array.
COMMENTS: The inorder data field keeps tracks of whether the array
being reversed is in ascending order, descending order, or in no
order at all.

                              ROUTINE DEPENDENCIES
                              - - - - - - - - - - - - - - -

      IDENTIFIER NAME          IDENTIFIER TYPE     SOURCE LIBRARY
      - - - - - - - - - - - -  - - - - - - - - - - - -  - - - - - - - - - - -
         swapElem               void function        subclass

-+-+-+-+-+-+-+-+-+-+-+-+-+-+-+-+-+-+-+-+-+-+-+-+-+-+-+-+-+-+-+-+-+-*/

{
    if (workSize < 2) {
        strcpy(errorMessage, "array has less than 2 elements");
        return;
    }
    for(unsigned i = 0, j = workSize-1; i < j; i++, j--)
        swapElem(i, j);

    // update inorder status
    switch (inorder) {
        case in_order:
            inorder = in_reverse;
            break;
```

Listing 4-2 Continued.

```
            case in_reverse :
                inorder = in_order;
                break;

            default:
                inorder = no_order;
                break;
    }
}

//- - - - - - - - - - - - - - - - - linSearch - - - - - - - - - - - - - - - - - - - - - - -

template<class T>
unsigned genAbstractArray<T>::linSearch(T& key)

/*-+-+-+-+-+-+-+-+-+-+-+-+-+-+-+-+-+-+-+-+-+-+-+-+-+-+-+-+-+-+-+-+-+-+-+-+-

ROUTINE PURPOSE: Performs a linear search of the array elements (in
the range [0..workSize-1]), attempting to locate a match for the data
provided by the reference parameter key. A successful search causes
the matching array element to be accessed by the variable key.

PARAMETERS:

  INPUT: key - the reference to the search-key variable.
FUNCTION VALUE: returns the index of the matching element, or
NOT_FOUND if no match is found.

                         ROUTINE DEPENDENCIES
                          - - - - - - - - - - - - -

     IDENTIFIER NAME        IDENTIFIER TYPE      SOURCE LIBRARY
     - - - - - - - - - - -  - - - - - - - - - -  - - - - - - - - - -
         binSearch              function               local
         recall                 void function          subclass

-+-+-+-+-+-+-+-+-+-+-+-+-+-+-+-+-+-+-+-+-+-+-+-+-+-+-+-+-+-+-+-+-+-+-+-+-*/

{
    unsigned index = 0;
    boolean notfound = true;

    if (inorder == in_order) {
        /* resort to the more efficient binary search
          if the array is already ordered              */
        return binSearch(key);
    }

    while (index < workSize && notfound) {
        recall(_buf1, index);
        if (_buf1 != key)
            index++;
        else
            notfound = false;
    }
    if (notfound)
```

Listing 4-2 Continued.

```
        return NOT_FOUND;
    else {
        key = _buf1;
        return index;
    }
}

//- - - - - - - - - - - - - - - - - - binSearch - - - - - - - - - - - - - - - - - - - - - - -

template<class T>
unsigned genAbstractArray<T>::binSearch(T& key)

/*-+-+-+-+-+-+-+-+-+-+-+-+-+-+-+-+-+-+-+-+-+-+-+-+-+-+-+-+-+-+-+-+-+-+-+-+-

ROUTINE PURPOSE: Performs a binary search on the sorted array to
locate a match for the data accessed by reference variable key.
If the array in unordered, the function shellSort is called. A
successful search causes the matching array element to be
accessed by the variable key.
PARAMETERS:

  INPUT: key - the reference search-key variable.

FUNCTION VALUE: Returns the index of the matching element, or
NOT_FOUND if no match is found.

                                ROUTINE DEPENDENCIES
                                - - - - - - - - - - - - - - -

     IDENTIFIER NAME           IDENTIFIER TYPE      SOURCE LIBRARY
     - - - - - - - - - - - -   - - - - - - - - - -  - - - - - - - - - - -
       shellSort                void function          local
       recall                   void function          subclass
       reverseOrder             void function          local

-+-+-+-+-+-+-+-+-+-+-+-+-+-+-+-+-+-+-+-+-+-+-+-+-+-+-+-+-+-+-+-+-+-+-+-+-*/

{
    unsigned low = 0;
    unsigned high = workSize - 1;
    unsigned median;
    boolean notfound = true;

    switch (inorder) {
        case no_order:
            shellSort(); // re-sort elements
            break;

        case in_reverse:
            reverseOrder(); // just reverse ordered elements!
            break;

    }
    // start binary search loop
    while (low <= high && notfound) {
        median = (low + high) / 2;
```

Listing 4-2 Continued.

```
        recall(_buf1, median);
        if (key < _buf1)
            high = median - 1;
        else if (key > _buf1)
            low = median + 1;
        else
            notfound = false;
    }
    if (notfound)
        return NOT_FOUND;
    else {
        key = _buf1;
        return median;
    }
}
```

The data members maxSize, workSize, and inorder implement the requirements described in the preceding paragraphs. Other data members are included for design purposes. They are the errorMessage data member, which is the string that reports the error messages generated by the various member functions, and the _buf1 and _buf2 intermediate buffers. These buffers are instances of the template class T, and participate in the sorting and swapping of elements. The _buf1 member is also used by the member functions that implement linear and binary searches. Making these buffers static and available during the lifetime of an object variable eliminates the need for allocating and deallocating dynamic class instances. Consequently, heap fragmentation is reduced.

☞ The _buf1 and _buf2 data members are automatically created using the default constructor of the template class T (whatever class T turns out to be.) While default constructor initialization can be adequate for most cases, there are some cases where certain data members (those involved in relational operators, for example) require values other than those supplied by the default constructor. To allow for such values, the genAbstractArray declares the setBuf1 and setBuf2 member functions. These functions allow you to supply sample instances of class T that provide the _buf1 and _buf2 buffers with the required values for the special data members. The values for the other data members are, of course, not relevant.

The member functions getWorkSize, getMaxSize, getErrorMessage, and getArrayOrder query the state of the object variable. These member functions allows the instances of the generic arrays to access the protected data members workSize, maxSize, errorMessage, and inorder, respectively.

The store, recall, and swapElem member function are declared virtual and are empty shells. The descendants of class genAbstractArray must declare them to specify the exact mechanism for accessing data.

I have made the member functions store, recall, and swapElem virtual, since they are the most fundamental functions that manipulate instances of the descendants of genAbstractArray. Other member functions that sort and search the generic array employ these member functions rather than access the array elements directly. The price for this slight overhead is the ability to implement polymorphic subclasses that can safely inherit the sort and search member functions.

☞ The resetOrder member function is a special member function that allows you to reset the inorder data member to the no_order enumerated value. This member function allows you to declare the array as unordered when you have member functions, other than store, that access the array. Such special access member functions can be declared by the descendants of class genAbstractArray. The class genarray, which I present later in this chapter, is an example of such a class that declares the [] operator to directly access the members of the array.

The shellSort member function implements the Shell-Metzner sorting algorithm. While this member function is not as fast as the QuickSort algorithm, it does not require internal stack space. The virtual member functions store and recall are employed in the sorting process. The member functions check whether the array is already sorted in either ascending or descending order, reducing the execution time for ordered arrays.

The reverseOrder member function reverses the order of the array elements. The virtual member function swapElem is used in the process. The reverseOrder function also adjusts the value of the enumerated data member in order.

The linSearch member function performs a linear search on an unordered array. The reference parameter key passes the search data. The function returns the index of the matching array entry or NOT_FOUND if no match occurs. When a match is found, the parameter key accesses the data of the matching array element. In the case of an array of simple data types such as integers, strings, or floating-point numbers, this action is irrelevant. However, if the instantiating type of class T contains nonkey data members (that is, members that are not used in the search process), then the parameter key accesses these members. Therefore, the key parameter must access a variable that is of the same structure as the elements stored in the array.

The binSearch member function performs the more efficient binary search on an ordered array. If the binSearch member function is invoked to search an unordered array, the function first calls shellSort to order the array. Similarly, if the array is in reverse order, its elements are first reversed. The function returns the index of the matching array entry, or NOT_FOUND if no match occurs. As with member function linSearch, the same comments regarding the key parameter hold true.

The generic array class

This section presents a class of generic arrays that is dynamic and heap-based. Listing 4-3 shows the source code for file GENARRAY.HPP, which contains the declaration of genarray class modeling the heap-based generic arrays. Listing 4-4 shows the source code of file GENARRAY.CPP, which contains the implementation of class genarray.

Listing 4-3 The source code for the GENARRAY.HPP header file.

```
/*=======================================================================

              Copyright (c) 1992 Namir Clement Shammas
    VERSION:  2.0.0                                       DATE 5/1/92

    PURPOSE: Implements a class of generic heap-based
             dynamic arrays.

    UPDATE HISTORY:

      5/1/92   Uses templates.

=======================================================================*/

#include <stdlib.h>
#include <iostream.h>
#include "absarray.hpp"

#ifndef _GENARRAY_HPP
#define _GENARRAY_HPP

template<class T>
class genarray : public genAbstractArray<T>
{

  private:
    genarray<T>& copy(genarray<T>& arr);

  protected:
    boolean insertSort;  // automatic insert-sort flag
    T* dataPtr;          // pointer to the heap

  public:
    /* ************** state manipulation methods ************** */
    genarray() {}
    genarray(unsigned arraysize);
    genarray(genarray<T>& arr)
      { copy(arr);}
    ~genarray();
    boolean expand(unsigned newmaxsize);

    /* ************** object manipulation methods ************* */
    void setWorksize(unsigned i)
      { workSize = i; }
    virtual void store(T& x, unsigned index);
    virtual void recall(T& x, unsigned index);
    virtual void swapElem(unsigned i, unsigned j);
    virtual unsigned search(T& key)
      { return linSearch(key); }
    void insertData(T& x);
    genarray<T>& operator =(genarray<T>& arr)
```

Listing 4-3 Continued.

```
      { copy(arr); return *this; }
    T& operator[](const unsigned i)
  { return dataPtr[i]; }
    friend ostream& operator <<(ostream& os, genarray<T>& arr);
    friend istream& operator >>(istream& is, genarray<T>& arr);};

#endif
```

Listing 4-4 The source code for the GENARRAY.CPP file.

```
/*====================================================================

          Copyright (c) 1992   Namir Clement Shammas

    VERSION:  2.0.0                                        DATE 5/1/92

    PURPOSE: Implements a class of heap-based generic arrays.

    UPDATE HISTORY:

       5/1/92   Uses templates.

====================================================================*/

#include <stdio.h>
#include <string.h>
#include "genarray.hpp"

//- - - - - - - - - - - - - - - genarray - - - - - - - - - - - - - - - - - - - - - - - - -

template<class T>
genarray<T>::genarray(unsigned arraysize)

/*-+-+-+-+-+-+-+-+-+-+-+-+-+-+-+-+-+-+-+-+-+-+-+-+-+-+-+-+-+-+-+-+-+-+-

ROUTINE PURPOSE: Constructor to initialize instances of class
genarray.

PARAMETERS:

  INPUT: arraysize - the maximum number of elements in the array.

HANDLING BAD ARGUMENTS: The constructor checks for a request of
zero-size array.

COMMENTS: If not enough memory is available, the dataPtr is assigned
a NULL by the runtime system.

-+-+-+-+-+-+-+-+-+-+-+-+-+-+-+-+-+-+-+-+-+-+-+-+-+-+-+-+-+-+-+-+-+-+-*/

{
    maxSize = 0;
    workSize = 0;
    inorder = no_order;
    dataPtr = NULL;
    errorMessage[0] = '\0';
```

Listing 4-4 Continued.

```
    if (arraysize > 0) {
        dataPtr = new T[arraysize];
        if (dataPtr) {
            maxSize = arraysize;
            // maintain ordered array when insertdata
            // function is called
            insertSort = true;
        }
        else
            strcpy(errorMessage, ALLOCATE_ERROR);
    }
    else {
        dataPtr = NULL;
        strcpy(errorMessage, "cannot allocate 0 members!");
    }
}

//- - - - - - - - - - - - - - - - copy - - - - - - - - - - - - - - - - - - - - - - - - - -

template<class T>
genarray<T>& genarray<T>::copy(genarray<T>& arr)

/*-+-+-+-+-+-+-+-+-+-+-+-+-+-+-+-+-+-+-+-+-+-+-+-+-+-+-+-+-+-+-+-+-+-+-+-

ROUTINE PURPOSE: Copies one instance of class genarray using another
instance.

PARAMETERS:

  INPUT: arr - the instance of genarray<T> used to duplicate
             the current one.

COMMENTS: If not enough memory is available, the dataPtr is assigned
a NULL value.

-+-+-+-+-+-+-+-+-+-+-+-+-+-+-+-+-+-+-+-+-+-+-+-+-+-+-+-+-+-+-+-+-+-+-+-*/

{
    if (dataPtr)
        delete dataPtr;
    maxSize = 0;
    workSize = 0;
    inorder = arr.inorder;
    dataPtr = new T[arr.maxSize];
    if (dataPtr) {
        maxSize = arr.maxSize;
        workSize = arr.workSize;
        memmove(dataPtr, arr.dataPtr, maxSize * sizeof(T));
    }
    else
       strcpy(errorMessage, ALLOCATE_ERROR);
    return *this;
}
//- - - - - - - - - - - - - - - - - ~genarray - - - - - - - - - - - - - - - - - - - - - -

template<class T>
```

Listing 4-4 Continued.

```
genarray<T>::~genarray()

/*-+-+-+-+-+-+-+-+-+-+-+-+-+-+-+-+-+-+-+-+-+-+-+-+-+-+-+-+-+-+-+-+-+-+-
ROUTINE PURPOSE: Destructor to recuperate the dynamic memory when
an object of type genarray is no longer needed.

-+-+-+-+-+-+-+-+-+-+-+-+-+-+-+-+-+-+-+-+-+-+-+-+-+-+-+-+-+-+-+-+-+-+-*/

{
    if (dataPtr)
        delete [] dataPtr;
}

//- - - - - - - - - - - - - - - - - expand - - - - - - - - - - - - - - - - - - - - - - - - - -

template<class T>
boolean genarray<T>::expand(unsigned newMaxSize)

/*-+-+-+-+-+-+-+-+-+-+-+-+-+-+-+-+-+-+-+-+-+-+-+-+-+-+-+-+-+-+-+-+-+-+-

ROUTINE PURPOSE: Attempts to expand the generic array.

PARAMETERS:

  INPUT: newMaxSize - the new array size.

FUNCTION VALUE: Returns true if the array is expanded, else yields
false. If the allocation of the new size fails, the function attempts
to restore the old size and data. If (restore the old size and data.
if that fails, the program) halts with an error message!

HANDLING BAD ARGUMENTS:  newMaxSize must be greater than maxsize. If
not, the functions exits, returning a boolean false value.

-+-+-+-+-+-+-+-+-+-+-+-+-+-+-+-+-+-+-+-+-+-+-+-+-+-+-+-+-+-+-+-+-+-+-*/

{
    T *p, *q;

    if (newMaxSize <= maxSize) {
        strcpy(errorMessage,
               "new size is not greater than current one");
        return false; // return function value
    }
    // allocate space for new array
    p = new T[newMaxSize];
    if (!p) {
        strcpy(errorMessage, "cannot expand array");
        return false;
    }    memmove(p, dataPtr, workSize * sizeof(T));
    q = dataPtr; // q points to old array
    dataPtr = p; // dataPtr now points to the new array
    delete [] q; // deallocate old array
    maxSize = newMaxSize;
    return true;
}
```

Listing 4-4 Continued.

```
//- - - - - - - - - - - - - - - store - - - - - - - - - - - - - - - - - - - - - - - - - -

template<class T>
void genarray<T>::store(T& x, unsigned index)

/*-+-+-+-+-+-+-+-+-+-+-+-+-+-+-+-+-+-+-+-+-+-+-+-+-+-+-+-+-+-+-+-+-+-+-+-

ROUTINE PURPOSE: Stores the data provided by parameter x at the index
array element. The lowest value of index is 0.

PARAMETERS:

  INPUT: x - the input data.
         index - the index to the array element receiving the data.

HANDLING BAD ARGUMENTS: The value of the argument for index must be
in the range of [0..maxSize-1]. If index is greater than the value of
the workSize data field, the latter is assigned the value of the
former.

COMMENTS: The generic array attempts to maintain a partition between
used and unused array elements. The value of the workSize data field
keeps track of that partition.

-+-+-+-+-+-+-+-+-+-+-+-+-+-+-+-+-+-+-+-+-+-+-+-+-+-+-+-+-+-+-+-+-+-+-+-*/

{
    // index is out of range ?
    if (index >= maxSize) {
        strcpy(errorMessage, "index is out of range");
        return;
    }
    if (index >= workSize) // increase workSize
        workSize = index+1;
    *(dataPtr + index) = x;
    inorder = no_order;
}

//- - - - - - - - - - - - - - - - - recall - - - - - - - - - - - - - - - - - - - - - - -

template<class T>
void genarray<T>::recall(T& x, unsigned index)

/*-+-+-+-+-+-+-+-+-+-+-+-+-+-+-+-+-+-+-+-+-+-+-+-+-+-+-+-+-+-+-+-+-+-+-+-

ROUTINE PURPOSE: Retrieves the data in array element number i.
PARAMETERS:

  INPUT: x - the reference to the output data.
         index - the index to the accessed array element.

HANDLING BAD ARGUMENTS: The value of the argument for index must be
in the range of [0..workSize-1].

-+-+-+-+-+-+-+-+-+-+-+-+-+-+-+-+-+-+-+-+-+-+-+-+-+-+-+-+-+-+-+-+-+-+-+-*/
```

Listing 4-4 Continued.

```
{
    // index greater than working size ?
    if (index >= workSize) {
        strcpy(errorMessage, "index is out of range");
        return;
    }
    x = *(dataPtr + index);
}

//- - - - - - - - - - - - - - - - swapElem - - - - - - - - - - - - - - - - - - - - - - -

template<class T>
void genarray<T>::swapElem(unsigned i, unsigned j)

/*-+-+-+-+-+-+-+-+-+-+-+-+-+-+-+-+-+-+-+-+-+-+-+-+-+-+-+-+-+-+-+-+-+-+-+-

ROUTINE PURPOSE: Swaps the array elements at indices i and j.

PARAMETERS:

  INPUT: i, j - the indices of the swapped array elements.

HANDLING BAD ARGUMENTS: Both of the arguments for i and j must
be in the range [0..workSize-1].

-+-+-+-+-+-+-+-+-+-+-+-+-+-+-+-+-+-+-+-+-+-+-+-+-+-+-+-+-+-+-+-+-+-+-+-*/

{
    if (i >= workSize || j >= workSize)  {
       strcpy(errorMessage, "out-of-range index");
       return;
    }
    _buf1 = *(dataPtr + i);
    _buf2 = *(dataPtr + j);
    *(dataPtr + i) = _buf2;
    *(dataPtr + j) = _buf1;
    inorder = no_order;
}

//- - - - - - - - - - - - - - - - insertData - - - - - - - - - - - - - - - - - - - - - -

template<class T>
void genarray<T>::insertData(T& x)
/*-+-+-+-+-+-+-+-+-+-+-+-+-+-+-+-+-+-+-+-+-+-+-+-+-+-+-+-+-+-+-+-+-+-+-+-

ROUTINE PURPOSE: Insert an element in an array.

PARAMETERS:

  INPUT: x - the inserted data.

COMMENTS: If the array is not ordered, it is first ordered and then
the data is inserted in the appropriate location. The data field
insertSort is used to determine whether the added data is actually
"inserted" or simply appended. These mechanisms are relevant to
the subclasses of genarray.
```

Listing 4-4 Continued.

```
                         ROUTINE DEPENDENCIES
                         - - - - - - - - - - - - - -

        IDENTIFIER NAME         IDENTIFIER TYPE     SOURCE LIBRARY
        - - - - - - - - - - -   - - - - - - - - - - -   - - - - - - - - - - -
            store                  function             absarray
            shellSort              function             absarray
            recall                 function             absarray
            reverseorder           function             absarray

-+-+-+-+-+-+-+-+-+-+-+-+-+-+-+-+-+-+-+-+-+-+-+-+-+-+-+-+-+-+-+-+-+-+-+-*/
{
    unsigned i, high, low, median;
    T* p;
    T* q;
    boolean notfound = true;

    errorMessage[0] = '\0';
    // append data ?
    if (!insertSort) {
        store(x, workSize);
        return;
    }
    // is the array empty ?
    if (workSize == 0) {
        store(x, 0);
        inorder = in_order; /* override the assignment:
                                 inorder = no_order;
                               made by function store */
        return;
    }

    // is the array full ?
    if (workSize == maxSize) {
        strcpy(errorMessage, "cannot insert more data");
        return;
    }
    switch (inorder) {
        // array not sorted ?
        case no_order:
            shellSort();
            break;
        // is array already in reverse order?
        case in_reverse:
            reverseOrder();
            break;
    }
    recall(_buf1, 0);
    recall(_buf2, workSize-1);
    if (x < _buf1) {
        // insert x before first array element
        p = dataPtr;
        q = dataPtr;
        q += workSize;
```

Listing 4-4 Continued.

```
        p += workSize - 1;
        // move the array elements
        for (long ii = workSize-1; ii >= 0; ii-, p-, q-)
          *q = *p;
        *dataPtr = x; // insert x as array[0]
    }
    else if (x >= _buf2)
        *(dataPtr + workSize) = x; // insert x as array[workSize]
    else {
        low = 0;
        high = workSize - 1;
        while (low <= high && notfound) {
            median = (low + high) / 2;
            recall(_buf1, median);
            if (x < _buf1)
                high = median - 1;
            else if (x > _buf1)
                low = median + 1;
            else
                 notfound = false;
        }
        p = dataPtr;
        q = dataPtr;
        // position p to point at array[median]
        p += workSize - 1;
        // position q to point at array[median+1]
        q += workSize;
        // memmove array elements [median .. workSize-1]
        for (i = workSize-1; i >= median; i-, p-, q-)
          *q = *p;
        *(dataPtr + median) = x; // insert x as array[median]
    }
    workSize++;
}

//- - - - - - - - - - - - - - - - - - - - << - - - - - - - - - - - - - - - - - - - - - - - - - -
template<class T>
ostream& operator <<(ostream& os, genarray<T>& arr)

/*-+-+-+-+-+-+-+-+-+-+-+-+-+-+-+-+-+-+-+-+-+-+-+-+-+-+-+-+-+-+-+-+-+-+-+-+-

ROUTINE PURPOSE: Writes the generic array to a stream.

PARAMETERS:

  INPUT: os - output stream
         arr - reference to the output object

COMMENTS: This function writes the maxSize member, workSize member,
and the array elements to a stream.

-+-+-+-+-+-+-+-+-+-+-+-+-+-+-+-+-+-+-+-+-+-+-+-+-+-+-+-+-+-+-+-+-+-+-+-+-*/

{
    os << arr.maxSize << " " << arr.workSize << " ";
    // write the elements of the dynamic array
```

Listing 4-4 Continued.

```
    // object individually
    for (unsigned i = 0; i < arr.workSize; i++)
        os << arr[i];

    return os;
}

//------------------- >> --------------------------

template<class T>
istream& operator >>(istream& is, genarray<T>& arr)

/*-+-+-+-+-+-+-+-+-+-+-+-+-+-+-+-+-+-+-+-+-+-+-+-+-+-+-+-+-+-+-+-+-+-+-+-+-

ROUTINE PURPOSE: Reads generic array from a stream.

PARAMETERS:

  INPUT: is - input stream
         arr - reference to input object

HANDLING BAD ARGUMENTS: If the supplied argument for the data file
cannot be accessed the errorMessage returns the appropriate warning
to that effect.

-+-+-+-+-+-+-+-+-+-+-+-+-+-+-+-+-+-+-+-+-+-+-+-+-+-+-+-+-+-+-+-+-+-+-+-+-*/

{
    if (arr.dataPtr)
        delete [] arr.dataPtr;
    arr.dataPtr = NULL;
    is >> arr.maxSize >> arr.workSize;
    // allocate new dynamic space
    arr.dataPtr = new T[arr.maxSize];
    if (arr.dataPtr)
       // read the elements individually.
       for (unsigned i = 0; i < arr.workSize; i++)
          is >> arr[i];
    else
        strcpy(arr.errorMessage, ALLOCATE_ERROR);
    arr.inorder = no_order;

    return is;
}
```

Most required data members are inherited from the genAbstract Array class. Two additional data members are included for design purposes. They are:

- The Boolean insertSort field, which plays a special role in inserting data. While the elements of the generic array are accessed at random, they can be stored in a manner that maintains a sorted order.

- The dataPtr pointer, which is used to access the array elements stored in the heap.

The class constructor creates the instances of class genarray. The constructor performs the required initialization of data members and allocates the dynamic memory for the array. The errorMessage data member reflects any dynamic allocation error. You can use the getErrorMessage member function to access the contents of errorMessage. I recommend that client applications call the member function getErrorMessage in general, especially if insufficient heap space is suspected. Also note that the initialization includes assigning a Boolean true to the insertSort data member. This tells the insertData member function that the class instances can access their data very efficiently. Therefore, maintaining a sorted order is feasible.

The class destructor deallocates the heap space and deinitializes the data members associated with an instance of genarray.

While the argument of the class constructor assigns the maximum number of elements, expanding the dynamic array is carried out by calling the expand member function. The function preserves the data in the genarray instance. The argument for newMaxSize should have a value superior to the maxSize data member. Otherwise, the function expand takes no action and the errorMessage field reports the generated error. The member function expand works using these steps:

- Allocates the space for the new array.
- Copies the contents of the old array to the new one.
- Deallocates the space of the old array.

✱ The function expand tests against dynamic allocation error. The likelihood of such an error increases with the combined sizes of the old and new array. If the function expand fails to extend the array, it preserves the current size and the content of the array. If expanding the array is critical to a client program, then that program has reached a dead end. If this error frequently occurs, you might consider using a subclass of genarray that employs a file-based storage mechanism.

The store member function is employed in manipulating the state of an instance of genarray. This member function stores the data accessed by parameter x into the array element number index. The argument for index must be in the range of 0 to maxSize–1. A value in the range of workSize to maxSize–1 causes the workSize data member to be assigned the argument for index, which expands the partition between occupied and vacant array elements.

The recall member function retrieves the data in the index element of the dynamic array. The reference parameter x returns the accessed data. The argument for index must be in the range of 0 to workSize–1.

☞ The genarray class also declares the [] operator that allows you to store and recall members of the instances of genarray. Unlike the store and recall data members, the [] operator does not perform range checking on its index argument. This lack of range checking makes the [] operator faster than the store and recall functions, *but it is also more vulnerable to out-of-range index errors.* Use the [] operator with caution. You can certainly modify the code of the [] operator to include range checking, but the [] operator is mainly intended to be used in loops whose iteration limits are within the valid index range. Thus, repeated range checking is wasteful. When you use the [] operator to store data in a previously ordered array, you should also use the resetOrder member function (inherited from the parent class) to declare the array as unsorted, if using the [] operator corrupts the order of the array.

The swapElem member function swaps two array elements. The arguments for the indices must both be in the range of 0 to workSize-1. The buffers _buf1 and _buf2 are employed in the process of swapping array elements.

The insertData member function enables a generic array to receive new data and maintain a sorted order. In fact, if the insertData function is called with an array containing unordered elements, two steps are carried out. First, the elements are sorted. Second, the new data is inserted in its proper place. Similarly, if the array is in reverse-sorted order, the array elements are first reversed before the new information is included. The code of insertData contains the following if statement located early in the routine:

```
if (!insertSort) {
    store(x, workSize);
    return;
}
```

This if statement inspects the value of insertSort. A Boolean false causes the member functions to append the new data by storing it at index workSize, space permitting. The instances of class genarray will never execute the if statement clause, because the data member insertSort was set equal to true by the class constructor. When the insertData member function is inherited, the subclass constructor must initialize the value of the inherited data member insertSort. The assigned value depends on the storage scheme of that subclass and its ability to quickly and efficiently move array elements. In general, memory-based arrays have that capability, while disk-based arrays don't (unless the end user does not mind the waiting!).

The code for insertData tests for an empty or a full array. When the array is empty (that is, the working size data member is 0), the inserted element is located as the first array element. Also, the inorder data member is set to the enumerated value in_order, because an array with a single element is always in order. In the case of an array which is neither empty nor full, the insertion might place the new information in one of three ways:

- As the new first element.
- As the new last element.
- Anywhere in between.

The << operator writes the elements of a generic array instance to a stream. The implementation of the << operator assumes that output is a text file. The operator writes the maximum number of elements, the current working size of the array, and then the array elements. The << operator uses a for loop statement to individually write each array element. This approach ensures that the << operator of the template class T takes care of properly writing the array member to the stream. The << operator writes only the first workSize members of the array, and not the entire array.

The >> operator reads the elements of a generic array instance from a stream. The function reads the array components in the reverse order from which they were written by the << operator.

The member functions for reversing array elements, sorting, and searching are inherited from the genAbstractArray class. You can implement similar member functions to improve the performance of sorting and searching by optimizing their operations based on the storage scheme of the array elements.

Testing the generic arrays

Since arrays are among the most versatile data structures, I examine three test programs to apply generic arrays to a variety of data types. These data types are strings, user-defined classes, integers, and floating-point numbers.

The array of strings

Listing 4-5 contains a test program for the instances of class genarray that stores strings. The test program performs the tasks described in the next several paragraphs.

Listing 4-5 The source code for the TSARRAY1.CPP test program.

```
/*
    program tests the heap-based generic arrays.
*/

#include <stdio.h>
#include <stdlib.h>
#include <conio.h>
#include <dos.h>
#include <string.h>
#include <fstream.h>
#include "comndata.h"
#include "string.hpp"
#include "absarray.cpp"
#include "genarray.cpp"

const unsigned WAIT = 2000;
string PADSTRING("AAA");
const unsigned SMALL_ARRAY_SIZE = 10;
const unsigned BIG_ARRAY_SIZE = 50;
```

Listing 4-5 Continued.

```
void display_and_search(genarray<string>& Arr)

{
    const unsigned FREQUENCY = 150;
    const unsigned DURATION = 100;

    unsigned i, j, k;
    string80 ss;
    string s;

    do {
        clrscr();
        for(i = 0; i < SMALL_ARRAY_SIZE; i++) {
            Arr.recall(s, i);
            printf("  %2u : %s\n", i, s.getstr());
        }
        printf("\nSearch for [press enter to quit] : ");
        gets(ss);
        putchar('\n');
        if (*ss) {
            s = ss + PADSTRING;
            s.stringupr();
            k = Arr.linSearch(s);
            if (k != NOT_FOUND) {
              if (k < SMALL_ARRAY_SIZE) {
                gotoxy(1, k+1);
                printf("*");
                sound(FREQUENCY);
                delay(DURATION);
                nosound();
                gotoxy(1, 20);
              }
              else {
                gotoxy(1, 20);
                printf(
                    "Found a match not in the above shown selection!");
              }
            }
            else {
                gotoxy(1, 20);
                printf("Not found\n");
            }
        }
        if (*ss) {
            printf("\nPress any key ");
            getche();
            putchar('\n');
        }
    } while (*ss);
}

main()
{
    string RAM_DISK("D:\\");
    string DATA_FILE("STORE.DAT");
    string s(" " + PADSTRING);
```

Listing 4-5 Continued.

```
string filename(RAM_DISK + DATA_FILE);
string errorMessage;
genarray<string> strArr(SMALL_ARRAY_SIZE);

clrscr();
for(unsigned i = 0; i < SMALL_ARRAY_SIZE; i++) {
    s[0] = char(81 - i);
    printf("%s\n", s.getstr());
    strArr.store(s, i);
    errorMessage = strArr.getErrorMessage();
    if (errorMessage.stringlen() != 0)
        printf("%s @ i = %u\n", errorMessage.getstr(), i);
}
putchar('\n');
printf("Press any key to save array and swap elements 0 and 4");
getche(); putchar('\n');
printf("\n\nStoring array in file %s ...\n", filename.getstr());
delay(WAIT);
{
  ofstream outFile(filename.getstr(), ios::out);
  if (!outFile) {
    printf("Cannot open file %s\n\n", filename.getstr());
    exit(0);
  }
  outFile << strArr;
}
strArr.swapElem(0, 4); // swap elements
clrscr();
for(i = 0; i < SMALL_ARRAY_SIZE; i++) {
    strArr.recall(s, i);
    printf("%s\n", s.getstr());
}
printf("\nPress any key to sort array");
getche();
strArr.shellSort();
display_and_search(strArr);
printf("\nReading array from file %s ...", filename.getstr());
delay(WAIT);
{
  ifstream inFile(filename.getstr(), ios::in);
  if (!inFile) {
    printf("Cannot open file %s\n\n", filename.getstr());
    exit(0);
  }
  inFile >> strArr;
}
display_and_search(strArr);
if (!strArr.expand(BIG_ARRAY_SIZE)) {
    printf("\n%s\n", strArr.getErrorMessage());
    exit(1);
}
clrscr();
printf("Expanded array to %u elements\n\n", BIG_ARRAY_SIZE);
delay(WAIT);
for(i = 0; i < BIG_ARRAY_SIZE; i++) {
    s[0] = char(81 - i);
```

Listing 4-5 Continued.

```
        printf("%s ", s.getstr());
        strArr.store(s, i);
        errorMessage = strArr.getErrorMessage();
        if (errorMessage.stringlen() != 0)
            printf("%s @ i = %u\n", errorMessage.getstr(), i);
    }
    printf("\n\nPress any key ");
    getche();
    printf("\n\nSorting array ...\n");
    strArr.shellSort();
    display_and_search(strArr);
    printf("\nPress any key to end the test program ...");
    getche();
    return 0;
}
```

The program declares the instance strArr of genarray<string>. The instantiating class is the class string presented in Chapter 1. The code initializes the array object as a dynamic array of 10 strings. The program next assigns four-character strings to the array elements. The strings are created by appending AAA to different characters, ranging from O to F. This creates the set of strings that is displayed by the program, as shown in FIG. 4-2.

```
QAAA
PAAA
OAAA
NAAA
MAAA
LAAA
KAAA
JAAA
IAAA
HAAA

Press any key to save array and swap elements 0 and 4
```

4-2 The initial screen of program TSARRAY1.EXE.

Next the program stores the array in file STORE.DAT on drive D:, which is the RAM-disk. If you have a RAM-disk installed as a drive other than D:, change the constant RAM_DISK in file TSARRAY1.CPP to the drive letter that you use. If you have no RAM-disk, and worse yet, no drive D: in your system, change the value of the constant RAM_DISK to an empty string or to \\. A message that confirms that the array has been written to a file appears on the screen for about two seconds. The array is then displayed on the screen with elements 0 and 4 swapped, as shown in FIG. 4-3.

The program then sorts the array strArr by calling the shellSort member function. It displays the elements of the ordered array, shown in FIG. 4-4, while conducting a search operation. The display_and_search function creates the screen image of FIG. 4-4. In that routine, the parameter arr calls the function linSearch. Since the array is sorted, the linSearch member function internally calls the binSearch function to perform a binary search. The

```
MAAA
PAAA
OAAA
NAAA
QAAA
LAAA
KAAA
JAAA
IAAA
HAAA

Press any key to sort array
```

4-3 The second screen showing the first and fifth elements swapped.

```
   0 : HAAA
   1 : IAAA
   2 : JAAA
   3 : KAAA
*  4 : LAAA
   5 : MAAA
   6 : NAAA
   7 : OAAA
   8 : PAAA
   9 : QAAA

Search for [press enter to quit] : L


Press any key
```

4-4 The screen displaying the sorted array.

screen shows a test feature of the program. You type the first letter and the program appends the string AAA to your input before using it to search for a match. Once the program finds a match, an asterisk appears in front of the matching element. The program prompts you repeatedly for input. This process stops when you press the Enter key. If you press a letter outside the range of characters F to O, a Not found message appears at the bottom of the screen.

When the search through the sorted array ends, the program reads the original unsorted array back from file STORE.DAT. The program calls function display_and_search once more to allow you to search through the unordered array elements. Since the array is not sorted, the function linSearch performs a linear search.

When you have finished searching through the unordered array elements, the program expands the array from 10 to 50 elements. New data are stored in all of the 50 elements. The program displays the 50 new elements of the expanded array, as shown in FIG. 4-5 (the screen image for this figure was edited to fit on the page).

In the final step, the program sorts the expanded array and invokes the display_and_search function to show ten elements of the ordered array, as shown in FIG. 4-6.

The code for the test program TSARRAY1.CPP appears in Listing 4-5.

The array of a user-defined class

The program TSARRAY1.CPP illustrated how arrays of simple classes are

```
Expanded array to 50 elements

QAAA   PAAA   OAAA   NAAA   MAAA   LAAA   KAAA   JAAA   IAAA
DAAA   CAAA   BAAA   AAAA   @AAA   ?AAA   >AAA   =AAA   <AAA
7AAA   6AAA   5AAA   4AAA   3AAA   2AAA   1AAA   0AAA   /AAA
*AAA   )AAA   (AAA   'AAA   &AAA   %AAA   $AAA   #AAA   "AAA

Press any key
```

4-5 The screen displaying the 50 new elements of the expanded array.

```
   0 : :AAA
   1 : !AAA
   2 : "AAA
*  3 : #AAA
   4 : $AAA
   5 : %AAA
   6 : &AAA
   7 : 'AAA
   8 : (AAA
   9 : )AAA

Search for [press enter to quit] : #

Press any key
```

4-6 The first 10 sorted elements of the expanded array.

managed by an instance of genarray. Listing 4-6 shows the next program, TSARRAY2.CPP, which handles an array of a sample user-defined class. The class contains data members that are more elaborate than the ones in file TSARRAY1.CPP. The program presents the following user-defined class:

```
class person {
    public:
        string name;
        int age;
        double weight;
        static fieldSelect compareField;

        person() { }
        void assign(string aName, int anAge, double aWeight);
        void display();
        person& operator =(person& aPerson);
        int operator <(person& aPerson);
        int operator <=(person& aPerson);
        int operator >(person& aPerson);
        int operator >=(person& aPerson);
        int operator ==(person& aPerson);
        int operator !=(person& aPerson);
        friend ostream& operator <<(ostream& os, person& aPerson);
        friend istream& operator >>(istream& is, person& aPerson);
};
```

Listing 4-6 The source code for TSARRAY2.CPP test program.

```
/*
    another program to test the heap-based generic arrays.
*/

#include <stdio.h>
#include <conio.h>
#include <dos.h>
#include <string.h>
#include <ctype.h>
#include <iostream.h>
#include "comndata.h"
#include "string.hpp"
#include "absarray.cpp"
#include "genarray.cpp"

const unsigned wait = 2000;
const unsigned xpos = 60;
enum fieldSelect { selName, selAge, selWeight };

class person
{
   public:
     string name;
     int age;
     double weight;
     static fieldSelect compareField;

     person() { }
     void assign(string aName, int anAge, double aWeight);
     void display();
     person& operator =(person& aPerson);
     int operator <(person& aPerson);
     int operator <=(person& aPerson);
     int operator >(person& aPerson);
     int operator >=(person& aPerson);
     int operator ==(person& aPerson);
     int operator !=(person& aPerson);
     friend ostream& operator <<(ostream& os, person& aPerson);
     friend istream& operator >>(istream& is, person& aPerson);
};

void person::assign(string aName, int anAge, double aWeight)
{
    name = aName;
    age = anAge;
    weight = aWeight;
}
person& person::operator =(person& aPerson)
{
  name = aPerson.name;
  age = aPerson.age;
  weight = aPerson.weight;
  return *this;
}

int person::operator <(person& aPerson)
{
```

Listing 4-6 Continued.

```
  int result = 0;

  switch (compareField) {
    case selName:
      result =  name < aPerson.name;
      break;
    case selAge:
      result =  age < aPerson.age;
      break;
    case selWeight:
      result =  weight < aPerson.weight;
      break;
  }
  return result;
}

int person::operator <=(person& aPerson)
{
  int result = 0;

  switch (compareField) {
    case selName:
      result = name <= aPerson.name;
      break;
    case selAge:
      result = age <= aPerson.age;
      break;
    case selWeight:
      result = weight <= aPerson.weight;
      break;
  }
  return result;
}

int person::operator >(person& aPerson)
{
  int result = 0;

  switch (compareField) {
    case selName:
      result = name > aPerson.name;
      break;
    case selAge:
      result = age > aPerson.age;
      break;
    case selWeight:
      result = weight > aPerson.weight;
      break;
  }
  return result;
}

int person::operator >=(person& aPerson)
{
  int result = 0;
```

Listing 4-6 Continued.

```
  switch (compareField) {
    case selName:
      result = name >= aPerson.name;
      break;
    case selAge:
      result = age >= aPerson.age;
      break;
    case selWeight:
      result = weight >= aPerson.weight;
      break;
  }
  return result;
}

int person::operator ==(person& aPerson)
{
  int result = 0;

  switch (compareField) {
    case selName:
      result = name == aPerson.name;
      break;
    case selAge:
      result = age == aPerson.age;
      break;
    case selWeight:
    result = weight == aPerson.weight;
      break;
  }
  return result;
}

int person::operator !=(person& aPerson)
{
  int result = 0;

  switch (compareField) {
    case selName:
    result = name != aPerson.name;
      break;
    case selAge:
      result = age != aPerson.age;
      break;
    case selWeight:
      result = weight != aPerson.weight;
      break;
  }
  return result;
}

void person::display()
{
    printf("%10s", name.getstr());
    printf(" is %3u years old and weighs ", age);
    printf("%4.1lf pounds\n", weight);
}
```

Listing 4-6 Continued.

```
ostream& operator <<(ostream& os, person& aPerson)
{
  os << aPerson.age << " " << aPerson.weight << aPerson.name;
  return os;
}

istream& operator >>(istream& is, person& aPerson)
{
  is >> aPerson.age >> aPerson.weight >> aPerson.name;
  return is;
}

fieldSelect person::compareField = selName;

main()
{
    genarray<person> arrA(10);
    genarray<person> arrB(10);
    person p;
    unsigned i, j, waitvar;
    string80 errorMessage;
    char akey;

    // initialize the array of person objects, arrB
    p.assign(string("John"),   20, 199.0); arrB.store(p, 0);
    p.assign(string("Samuel"), 30, 190.0); arrB.store(p, 1);
    p.assign(string("Keith"),  25, 160.0); arrB.store(p, 2);
    p.assign(string("Ann"),    35, 180.5); arrB.store(p, 3);
    p.assign(string("Susan"),  55, 128.5); arrB.store(p, 4);
    p.assign(string("May"),    34, 178.0); arrB.store(p, 5);
    p.assign(string("Daisy"),  44, 182.0); arrB.store(p, 6);
    p.assign(string("Joseph"), 22, 187.0); arrB.store(p, 7);
    p.assign(string("Ronald"), 72, 192.0); arrB.store(p, 8);
    p.assign(string("George"), 52, 194.0); arrB.store(p, 9);

    clrscr();
    waitvar = wait;
    for(i = 0; i < 10; i++) {
        printf("%d : ", i);
        arrB[i].display();
        arrA.store(arrB[i], i);
        strcpy(errorMessage, arrA.getErrorMessage());
        if (errorMessage[0] != '\0')
            printf("%s @ i = %d\n", errorMessage, i);
    }

    printf("\nPress any key to sort array\n");
    printf("press the [f] key to go faster, ");
    printf("or the [s] key to go slower");
    getch(); putchar('\n');

    arrA.shellSort();

    clrscr();
    for(i = 0; i < 10; i++) {
```

Listing 4-6 Continued.

```
        printf("   %d : ", i);
        arrA[i].display();
    }
    putchar('\n');
  for(i = 0; i < 10; i++) {
        gotoxy(1, 24);
        clreol();
        printf("Searching for %s\n", arrB[i].name.getstr());
        delay(waitvar);
        j = arrA.binSearch(arrB[i]);
        if (j != NOT_FOUND) {
            j++;
            gotoxy(1, j);  printf("*");
            gotoxy(xpos, j); printf("<-- found here");
            delay(waitvar); gotoxy(xpos, j); clreol();
        }
        else {
            gotoxy(1, 24); clreol();
            printf("No match found!");
            delay(waitvar);
            gotoxy(1, 24); clreol();
        }
        while (kbhit() != 0) {
            akey = toupper(getch());
            switch (akey) {
                case 'F':
                    if (waitvar > 100)
                         waitvar -= 100;
                    break;
                case 'S':
                    waitvar += 100;
                    break;
             }
        }
    }
    while (kbhit() != 0) // empty keyboard buffer
          getch();
    gotoxy(1, 24);
    printf("Press any key to sort array by age ...");
    getch();
    // change the compareField of arrays arrA and arrB
    person::compareField = selAge;
   // declare the array out of order
   arrA.resetOrder();
   arrA.shellSort();
   clrscr();
   for(i = 0; i < 10; i++) {
       printf("   %d : ", i);
       arrA[i].display();
   }
   putchar('\n');

   for(i = 0; i < 10; i++) {
         gotoxy(1, 24);
         clreol();
        printf("Searching for person who is %u years old", arrB[i].age);
```

Listing 4-6 Continued.

```
            delay(waitvar);
            j = arrA.binSearch(arrB[i]);
            if (j != NOT_FOUND) {
                j++;
                gotoxy(1, j);  printf("*");
                gotoxy(xpos, j); printf("<-- found here");
                delay(waitvar);
                gotoxy(xpos, j); clreol();
        }
        else {
            gotoxy(1, 24); clreol();
            printf("no match found!");
            delay(waitvar);
        }
        while (kbhit() != 0) {
             akey = toupper(getch());
             switch (akey) {
                 case 'F':
                     if (waitvar > 100)
                          waitvar -= 100;
                     break;
                 case 'S':
                     waitvar += 100;
                     break;
             }
         }
    }
    while (kbhit() != 0) // empty keyboard buffer
        getch();

    gotoxy(1, 24);
    clreol();
    printf("Press any key to end the test program ...");
    getch();
    return 0;
}
```

This version of class person has the name data member as an instance of class string. The class also declares the static data member compareField (which has the enumerated type fieldSelect) to select the data member name, age, or weight in the relational operators <, <=, >, >=, ==, and !=. The class declares these relational operators to support the inherited search and sort member functions. While not all of the relational operators are actually used, it is a good practice to systematically declare these operators.

☞ Each relational operator uses the static member fieldSelect to determine which data member to use for comparison. Since the compare Field member is static, there is only one copy for all of the instances genarray<person>. Consequently, changing the value of compareField impacts all of these instances. The enumerated values of type fieldSelect are selName, selAge, and selWeight. Here is the code for the < operator (the other relational operators are coded in a very similar fashion):

```
int person::operator <(person& aPerson)
{
        int result = 0;

                switch (compareField) {
                        case selName:
                                result = name < aPerson.name;
                                break;
                        case selAge:
                                result = age < aPerson.age;
                                break;
                        case selWeight:
                                result = weight < aPerson.weight;
                                break;
                }
                return result;
}
```

As this code shows, the < operator uses a switch statement to examine the value of the static member compareField and to determine which data members to compare. The code uses the local variable result to return the outcome of the comparison.

To compile and run the test program, you must create the TSARRAY2.PRJ project file and include the files TSARRAY2.CPP and STRING.CPP.

The program performs the tasks described next. First it creates the arrays arrA and arrB as instances of genarray<person>. Each instance has 10 members. The program also creates an instance of class person, p. The program then uses a sequence of statements to assign data to the object p and then store that same information in array arrB. This task uses the store function, not the [] operator, to store the data and implicitly update the workSize data member.

Next the program uses a for loop to display the contents of array arrB and to store the members of arrB into arrA. This task uses the [ ] operator

```
 1     John is  20 years old and weighs 199.0 pounds
 2   Samuel is  30 years old and weighs 190.0 pounds
 3    Keith is  25 years old and weighs 160.0 pounds
 4      Ann is  35 years old and weighs 180.5 pounds
 5    Susan is  55 years old and weighs 128.5 pounds
 6      May is  34 years old and weighs 178.0 pounds
 7    Daisy is  44 years old and weighs 182.0 pounds
 8   Joseph is  22 years old and weighs 187.0 pounds
 9   Ronald is  72 years old and weighs 192.0 pounds
10   George is  52 years old and weighs 194.0 pounds

Press any key to sort array

Press the [F] key to go faster, or the [S] key to go slow
```

4-7 The screen image showing the unordered elements of the array object.

to access the members of array arrB, and uses the store function to store data in the array arrA. Figure 4-7 shows the first program screen displaying the unordered array elements.

At this point the program calls the shellSort function to order the arrA array object. The elements are ordered according to the name data member of class person. Then the program displays the ordered elements and performs an automatic search for the elements of the array object variable using data from the array arrB. The program uses the [ ] operator to access the elements of arrays arrA and arrB. Figure 4-8 shows a snapshot of the screen while the automatic search test is being conducted. Pressing the F key causes the test to proceed faster, while pressing the S key slows it down.

The program next assigns the selAge enumerated value to the person ::compareField data member. The new value causes the array to be sorted using the age member of class person. The program calls the resetOrder function to declare the array unsorted (with respect to the age member). A subsequent call to function shellSort rearranges the elements of the array arrA by age.

```
    1      Ann is  35 years old and weighs 180.5 pounds
    2    Daisy is  44 years old and weighs 182.0 pounds
    3   George is  52 years old and weighs 194.0 pounds
  * 4     John is  20 years old and weighs 199.0 pounds
    5   Joseph is  22 years old and weighs 187.0 pounds
  * 6    Keith is  25 years old and weighs 160.0 pounds <— found here
    7      May is  34 years old and weighs 178.0 pounds
    8   Ronald is  72 years old and weighs 192.0 pounds
  * 9   Samuel is  30 years old and weighs 190.0 pounds
   10    Susan is  55 years old and weighs 128.5 pounds

  Searching for Keith for the elements of the
```

4-8 A snapshot of the screen while the program is performing an automatic search.

```
  * 1     John is  20 years old and weighs 199.0 pounds
    2   Joseph is  22 years old and weighs 187.0 pounds
  * 3    Keith is  25 years old and weighs 160.0 pounds <— found here
  * 4   Samuel is  30 years old and weighs 190.0 pounds
    5      May is  34 years old and weighs 178.0 pounds
    6      Ann is  35 years old and weighs 180.5 pounds
    7    Daisy is  44 years old and weighs 182.0 pounds
    8   George is  52 years old and weighs 194.0 pounds
    9    Susan is  55 years old and weighs 128.5 pounds
   10   Ronald iS  72 years old and weighs 192.0 pounds

  Searching for person who is 25 years old
```

4-9 A snapshot of the screen while the program is performing an automatic search.

Finally the program displays the array elements sorted by age and performs an automatic search, similar to the previous one. Figure 4-9 shows a snapshot of this process.

The numeric arrays

The third test program performs simple manipulations of floating-point and integer arrays. The code for program TSARRAY3.CPP is shown in Listing 4-7. The test program creates a dynamic array of double and int types, named dblArr and intArr, respectively. The two arrays are tested in a different manner.

Listing 4-7 The source code for the TSARRAY3.CPP test program.

```
/*
   program tests the heap-based generic arrays.
*/

#include <stdio.h>
#include <conio.h>
#include "absarray.cpp"
#include "genarray.cpp"

const unsigned ARRAY_SIZE = 10;

main()
{
    genarray<double> dblArr(ARRAY_SIZE);
    genarray<int> intArr(ARRAY_SIZE);
    unsigned i, highVal = 30000;

    clrscr();
    dblArr.store(100.0, 0);
    printf("dblArr[0] = %lg\n", dblArr[0]);
    for (i = 1; i < ARRAY_SIZE ; i++) {
        dblArr.store(dblArr[i-1] / 1.5, i);
        printf("dblArr[%u] = %lg\n", i, dblArr[i]);
    }
    printf("Press any key to sort the array ...");
    getch();
    putchar('\n');
    putchar('\n');
    dblArr.shellSort();
    printf("There are %u elements in the array\n",
           dblArr.getWorkSize());
    for (i = 0; i < dblArr.getWorkSize(); i++)
        printf("dblArr[%u] = %lg\n", i, dblArr[i]);
    printf("Press any key to test an integer array");
    getch();
    clrscr();
    intArr.store(highVal, 0);
    printf("Inserted value = %d\n", highVal);
    for (i = 1; i < ARRAY_SIZE ; i++) {
        highVal /= 2;
```

Listing 4-7 Continued.

```
        printf("Inserted value = %d\n", highVal);
        intArr.insertData(highVal);
    }
    printf("Press any key to display the sorted array ...");
    getch();
    putchar('\n');
    putchar('\n');
    printf("There are %u elements in the array\n",
           intArr.getWorkSize());
    for (i = 0; i < intArr.getWorkSize(); i++)
        printf("intArr[%u] = %d\n", i, intArr[i]);
    printf("\nPress any key to end the test program ...");
    getch();
    return 0;
}
```

The program manipulates the array of doubles by performing the following steps. First, the program fills and displays the elements of array dblArr with numbers that are in decreasing order. This task assigns a high value to the first element of dblArr. Then, the program uses a for loop statement to assign smaller values to member dblArr[i] based on the value already in member dblArr[i–1]. The program uses the store function to store new data into the array dblArr and uses the [] operator to recall existing values in the same array.

Next the program invokes the shellSort function to order the array dblArr, and displays the sorted array using a for loop statement. The program uses the [ ] operator to recall the various members of array dblArr. Figure 4-10 shows the screen images that contain the array dblArr before and after sorting.

```
dblArr[0] = 100
dblArr[1] = 66.6667
dblArr[2] = 44.4444
dblArr[3] = 29.6296
dblArr[4] = 19.7531
dblArr[5] = 13.1687
dblArr[6] = 8.77915
dblArr[7] = 5.85277
dblArr[8] = 3.90184
dblArr[9] = 2.60123
Press any key to sort the array ...

There are 10 elements in the array
dblArr[0] = 2.60123
dblArr[1] = 3.90184
dblArr[2] = 5.85277
dblArr[3] = 8.77915
dblArr[4] = 13.1687
dblArr[5] = 19.7531
dblArr[6] = 29.6296
dblArr[7] = 44.4444
dblArr[8] = 66.6667
dblArr[9] = 100
Press any key to test an integer array
```

4-10 The first screen generated by the TSARRAY3.EXE program.

The program manipulates the arrays of integers intArr in a different fashion. The program applies the genarray<T>::insertData function to the integer array using the following steps. First, it assigns and displays the value stored in the variable highVal (which is initialized with the value of 30000) to the first member of array intArr. Then the program uses a loop to halve the value stored in highVal and inserts it in the intArr array. This insertion involves the function insertData. Consequently, the array intArr is maintained as an ordered array.

The program displays the ordered array int using a for loop. This step uses the [ ] operator to recall the various members of the array. Figure 4-11 shows the screen image containing the sequence of inserted values and the members of the ordered array intArr.

```
Inserted value = 30000
Inserted value = 15000
Inserted value = 7500
Inserted value = 3750
Inserted value = 1875
Inserted value = 937
Inserted value = 468
Inserted value = 234
Inserted value = 117
Inserted value = 58
Press any key to display the sorted array ...

There are 10 elements in the array
intArr[0] = 58
intArr[1] = 117
intArr[2] = 234
intArr[3] = 468
intArr[4] = 937
intArr[5] = 1875
intArr[6] = 3750
intArr[7] = 7500
intArr[8] = 15000
intArr[9] = 30000
Press any key to end the test program ...
```

4-11 The second screen generated by the TSARRAY3.EXE program.

5
Generic matrices

Mention the word matrix and the first image that comes to mind is a two-dimensional array structure used for numerical computations. This stereotype is somewhat justified, because mathematicians do widely use numerical matrices. However, this chapter presents generic matrices—two-dimensional arrays that can accommodate any predefined types or user-defined classes. No mathematical aspects are associated with the generic matrix.

Figure 5-1 shows a typical generic matrix. Such a matrix has a uniform number of rows and columns. There are three types of matrices: rectangular, square, and jagged. These matrices differ in the number of rows and columns. The square matrix has an equal number of rows and columns. It is a special case of the rectangular matrix, which usually has a different number of rows and columns. The jagged matrix has rows that vary in size. Chapter 11 presents generic classes for the jagged matrix.

5-1 The generic matrix.

```
a00 a01 .........................a0n
a10 a11 .........................a1n
a20 a21 .........................a2n
.........................................
am0 am1 ........................amn
```

Basics

The basic functionality of rectangular generic matrix objects, shown in FIG. 5-1, involves the following set of tasks, presented in the order of importance:

- Dynamic allocation and reallocation for heap-based rectangular generic matrices.

- Storing, retrieving, and swapping of individual matrix elements.
- Storing, retrieving, and swapping of matrix rows.
- Storing, retrieving, and swapping of matrix columns.
- Sorting and searching for data in the matrix.
- Reading and writing a matrix to and from a data file.

Pointers are used to manipulate dynamic matrices that employ the heap or EMS memory. The simplest storage scheme uses a single pointer to access the entire matrix. The pointer contains the address of the first matrix element. All other elements reside at some offset from that address. To map the row and column matrix coordinates onto a contiguous memory space, the matrix is unwrapped into a one-dimensional array by chaining either the rows or the columns. The choice for chaining either rows or columns depends on which is more suitable to the specific implementation. For example, if the rows are chained, the index and offset of element (I, J) is:

Array Index = I * RowSize + J
Byte offset = (I * RowSize + J) * ElementSize

These equations assume that 0 is the lowest matrix row index and column index. In general, if the lowest matrix indices are LowRow and LowCol, these equations are written as:

Array Index = (I – LowRow) * RowSize + J – LowCol
Byte offset = ((I – LowRow) * RowSize + J – LowCol) * ElementSize

☞ Remember:

The number of rows = the size of a column

The number of columns = the size of a row

Of particular interest is the sorting and searching of matrix elements. If the rows represent sets of data and the columns represent variables, then sorting a matrix arranges its rows based on the values of a specific column. A binary search can be used only on the sort-key column. A linear search must be used on nonindex columns, and will work with all of the columns of an unordered matrix.

Implementation

This section looks at the design of the generic matrix class. The first issue involved deals with the scheme of accessing the matrix elements. I chose the scheme that unwraps the matrix by chaining its rows.

The second aspect of the matrix relates to vacant spaces. Like the generic arrays presented in Chapter 4, the space of the rectangular generic matrix is divided into occupied and vacant. Figure 5-2 shows how a matrix is partitioned into these two areas. The region with meaningful data occu-

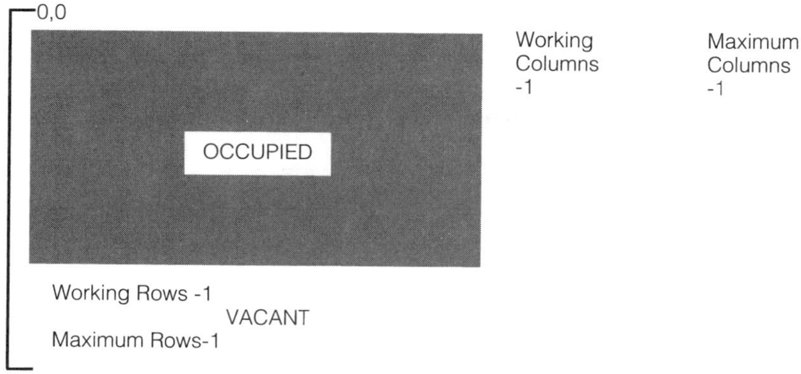

5-2 The rectangular generic matrix with occupied and vacant members.

pies a submatrix that has from 0 to Size of Working Rows – 1 rows and 0 to Size of Working Columns – 1 columns. Conceptually, this submatrix grows from the coordinates (0, 0) toward the maximum limits. To implement this occupancy/vacancy scheme, the generic matrix class must maintain the maximum and working sizes for the rows and columns.

The sorting of the matrix elements requires data members for the sort-key column and the sort-order status. The sort-key column monitors and maintains the sort-order state. This state includes unordered, ordered, and reverse-order.

Most of the basic member functions involved in the operation of a generic matrix class were discussed in earlier chapters. I have added a few more member functions for reversing the matrix order, expanding the matrix order, and querying the various data members.

The abstract generic matrix

Listing 5-1 shows the source code for the ABSMAT.HPP header file. This file has the declaration of the abstract template class genAbstractMatrix. Listing 5-2 contains the source code for file ABSMAT.CPP, which has the implementation of the abstract template matrix class.

Listing 5-1 The source code for the ABSMAT.HPP header file.

```
/*====================================================================

           Copyright (c) 1992   Namir Clement Shammas

  VERSION:  2.0.0                                          DATE 5/5/1992

  PURPOSE: Implements a class of abstract generic matrices.
```

Listing 5-1 Continued.

```
    UPDATE HISTORY:

       5/5/92    Uses templates.

=====================================================================*/

#include "genarray.hpp"
#include <stdio.h>
#include <stdlib.h>
#include <string.h>

#ifndef _ABSMAT_HPP
#define _ABSMAT_HPP

template<class T>
class genAbstractMatrix
{
  protected:
    unsigned maxRow,          // maximum size of rows
             maxCol,          // maximum size of cols
             workRow,         // working size of rows
             workCol,         // working size of columns
             sortColIndex;    // index of sort-key column
    arrayorder inorder;       // status of the matrix order
    string80 errorMessage;    // error message
    T    _buf1,               // 1st "local" buffer
         _buf2;               // 2nd "local" buffer


public:
    // ************** state manipulation methods **************
    genAbstractMatrix() { }

    virtual boolean expand(unsigned newMaxRow,
                           unsigned newMaxCol) { return false; }

    // ****************** state query methods *****************
    unsigned getWorkRow() { return workRow; }
    unsigned getWorkCol() { return workCol; }
    char* getErrorMessage();
    void setBuf1(T& newBuf1) { _buf1 = newBuf1; }
    void setBuf2(T& newBuf2) { _buf2 = newBuf2; }


    // ************** object manipulation methods *************
    virtual void store(T, unsigned, unsigned) {}
    virtual void recall(T&, unsigned, unsigned) {}
    virtual void swapElem(unsigned, unsigned,
                          unsigned, unsigned) {}
    virtual void storeRow(genarray<T>&, unsigned) {}
    virtual void storeCol(genarray<T>&, unsigned) {}
    virtual void recallRow(genarray<T>&, unsigned) {}
    virtual void recallCol(genarray<T>&, unsigned) {}
    virtual void swapRows(unsigned, unsigned) {}
```

Listing 5-1 Continued.

```
    virtual void swapCols(unsigned, unsigned) {}
    void shellSort(unsigned col);
    void reverseOrder();
    unsigned linSearch(T& key, unsigned col);
    unsigned binSearch(T& key, unsigned col);
};

#endif
```

Listing 5-2 The source code for the ABSMAT.CPP library.

```
/*==========================================================================

             Copyright (c) 1992  Namir Clement Shammas

    VERSION: 2.0.0                    DATE 5/5/92

    PURPOSE: Implements a class of abstract generic matrices.

    UPDATE HISTORY:

    5/5/92 Uses templates.

==========================================================================*/

#include "absmat.hpp"
#include <stdio.h>
#include <stdlib.h>
#include <string.h>

//- - - - - - - - -  getErrorMessage - - - - - -
template<class T>
char* genAbstractMatrix<T>::getErrorMessage()

/*-+-+-+-+-+-+-+-+-+-+-+-+-+-+-+-+-+-+-+-+-+-+-+-+-+-+-+-+-+-+-+-+-+-+-+-

ROUTINE PURPOSE: Returns the contents of the errorMessage data
member. The errorMessage member is cleared by this function.

-+-+-+-+-+-+-+-+-+-+-+-+-+-+-+-+-+-+-+-+-+-+-+-+-+-+-+-+-+-+-+-+-+-+-+-*/
{
    string80 s;
    strcpy(s, errorMessage);
    errorMessage[0] = '\0';
    return s;
}

- - - - - - - - -  shellSort - - - - - -
template<class T>
void genAbstractMatrix<T>::shellSort(unsigned col)

/*-+-+-+-+-+-+-+-+-+-+-+-+-+-+-+-+-+-+-+-+-+-+-+-+-+-+-+-+-+-+-+-+-+-+-+-

ROUTINE PURPOSE: Sorts the matrix elements with the index range
[0..workRow-1] in an ascending order, using the Shell-Metzner sort
function.
```

Listing 5-2 Continued.

```
                         ROUTINE DEPENDENCIES
                         - - - - - - - - - - - - - -

      identifier name          identifier type      source library
      - - - - - - - - - -      - - - - - - - - - - -    - - - - - - - - - - -
        recall                   function              local
        store                    function              local
        swapRows                 function              local

-+-+-+-+-+-+-+-+-+-+-+-+-+-+-+-+-+-+-+-+-+-+-+-+-+-+-+-+-+-+-+-+-+-+-*/

{
  unsigned i, j, offset = workRow;

  if (col >= workCol) {
    strcpy(errorMessage, "column index is out of range");
    inorder = no_order;
    return;
  }
  sortColIndex = col;
  while (offset > 1) {
      offset /= 2;
      do {
      inorder = in_order;
      for(j = 0, i = offset;
          j < (workRow - offset);
          j++, i++) {
          recall(_buf1, i, col);
          recall(_buf2, j, col);
          if (_buf2 > _buf1) {
              swapRows(i, j);
              inorder = no_order;
          }
      }
    } while (inorder != in_order);
  }
}

//- - - - - - - - - - - - - - - - - - - reverseOrder - - - - - -
template<class T>
void genAbstractMatrix<T>::reverseOrder()

/*-+-+-+-+-+-+-+-+-+-+-+-+-+-+-+-+-+-+-+-+-+-+-+-+-+-+-+-+-+-+-+-+-+-+-

ROUTINE PURPOSE: Reverses the order of the generic matrix.

COMMENTS: The inorder data field keeps tracks of whether the matrix
being reversed is in ascending order, descending order, or in no
order at all.

                         ROUTINE DEPENDENCIES
                         - - - - - - - - - - - - - -

      identifier name          identifier type      source library
      - - - - - - - - - -      - - - - - - - - - - -    - - - - - - - - - - -
```

Listing 5-2 Continued.

```
            swapRows                    function                  local

-+-+-+-+-+-+-+-+-+-+-+-+-+-+-+-+-+-+-+-+-+-+-+-+-+-+-+-+-+-+-+-+-+-+-+-*/

{
   unsigned i, j;

   if (workRow < 2) {
     strcpy(errorMessage, "matrix has less than 2 elements");
     return;
   }

   for(i = 0, j = workRow-1; i < j; i++, j--)
       swapRows(i, j);
   // update inorder status
   switch (inorder) {
      case in_order:
          inorder = in_reverse;
          break;
      case in_reverse:
          inorder = in_order;
          break;
      default:
          inorder = no_order;
          break;
   }
}

//- - - - - - - - - - - - - - - - - - linSearch - - - - - -

template<class T>
unsigned genAbstractMatrix<T>::linSearch(T& key, unsigned col)

/*-+-+-+-+-+-+-+-+-+-+-+-+-+-+-+-+-+-+-+-+-+-+-+-+-+-+-+-+-+-+-+-+-+-+-+-
ROUTINE PURPOSE: Performs a linear search of the matrix elements (in
the range [0..workRow-1]), attempting to locate a match for the data
passed by the reference parameter key.

PARAMETERS:

 INPUT: key - the reference to the search-key data.
        col - index of the searched column.

FUNCTION VALUE: Returns the index of the matching element, or
NOT_FOUND if no match is found.

                      ROUTINE DEPENDENCIES
                      - - - - - - - - - - - - - -


      identifier name        identifier type      source library
      - - - - - - - - - - -  - - - - - - - - - -  - - - - - - - - - -
          recall                function              local

-+-+-+-+-+-+-+-+-+-+-+-+-+-+-+-+-+-+-+-+-+-+-+-+-+-+-+-+-+-+-+-+-+-+-+-*/
```

Listing 5-2 Continued.

```
{
   unsigned index = 0;
   boolean notfound = true;

   if (inorder == in_order &&
       col == sortColIndex)
       return binSearch(key, col);

   while (index < workRow && notfound) {
        recall(_buf1, index, col);
        if (_buf1 != key)
          index++;
        else
          notfound = false;
  }
  if (notfound)
      return NOT_FOUND;
  else {
      key = _buf1;
      return index;
   }
}

//- - - - - - - - - - - - - - - - - - - binSearch - - - - - - - - -


template<class T>
unsigned genAbstractMatrix<T>::binSearch(T& key, unsigned col)

/*-+-+-+-+-+-+-+-+-+-+-+-+-+-+-+-+-+-+-+-+-+-+-+-+-+-+-+-+-+-+-+-+-+-+-

ROUTINE PURPOSE: Perform a binary search on the sorted matrix to
locate a match for the data passed by parameter key. If the
matrix is unordered, the function calls shellSort is first sort
the matrix.

PARAMETERS:
  INPUT: key - the reference to the search-key data.
         col - index of the searched column.

FUNCTION VALUE: Returns the index of the matching element, or
NOT_FOUND if no match is found.

HANDLING BAD ARGUMENTS: If the matrix is not in order or the
selected column is not sortColIndex, the linear search function is
invoked.

                       ROUTINE DEPENDENCIES
                       - - - - - - - - - - - - - -

        identifier name      identifier type       source library
        - - - - - - - - - -   - - - - - - - - - - -  - - - - - - - - - -
          linSearch           function                  local
          recall              void function             local
          reverseOrder        void function             local
-+-+-+-+-+-+-+-+-+-+-+-+-+-+-+-+-+-+-+-+-+-+-+-+-+-+-+-+-+-+-+-+-+-+-*/
```

```
{
    unsigned high = workRow-1, low = 0, median;
    boolean notfound = true;

    if (inorder == no_order ||
        col != sortColIndex)
        return linSearch(key, col);
    else if (inorder == in_reverse)
        reverseOrder();

    while (low <= high && notfound) {
         median = (low + high) / 2;
         recall(_buf1, median, col);
         if (key < _buf1)
             high = median - 1;
    else if (key > _buf1)
         low = median + 1;
    else
         notfound = false;
   }
   if (notfound)
       return NOT_FOUND;
   else {
       key = _buf1;
       return median;
   }
}
```

The maxRow and maxCol data members store the maximum number of rows (which is also the size of a rectangular matrix column) and the maximum number of columns (which is also the size of a rectangular matrix row). The data members workRow and workCol represent the number of rows and columns, respectively, that contain meaningful data. The submatrix (0...workRow – 1, 0...workCol – 1] is occupied by meaningful information.

The sortColIndex data member represents the sort-key column. The arrayorder-type inorder data member is an enumerated variable whose type is declared in the COMNDATA.H header file.

Several additional data members are included in the implementation process. The errorMessage data member is employed by the various member functions to report any error. Client programs should call the getErrorMessage function to retrieve the contents of the errorMessage data member. A null string indicates that the last member function was successfully executed. The _buf1 and _buf2 data members are buffers used by the various member functions. These buffers are utilized in swapping data, sorting, and searching. The setBuf1 and setBuf2 member functions allow you to assign new values to the _buf1 and _buf2 members, respectively. This assignment usually target special data members of the template class T that are involved in the relational operators of class T. The relational operators are critical in sorting and searching the instances of the matrix class.

The member functions getWorkRow, getWorkCol, and getErrorMessage query the values stored in the workRow, workCol, and errorMessage data members, respectively.

The shellSort member function uses the Shell-Metzner algorithm to sort the rows of the matrix. The index to the sort-key column is supplied to the member function as an argument. The value of that argument is stored in the sortColIndex data member. The buffers _buf1 and _buf2 are used in retrieving and comparing the elements of the sort-key column. The shellSort function calls the swapRows function to perform the required row swapping.

The member function reverseOrder reverses the rows of a matrix object variable. Matrices that are ordered wind up with their elements in reverse order. The member function updates the inorder data member. For an ordered matrix, the value of inorder toggles between the enumerated values in_order and in_reverse.

The linSearch member function carries out linear search for a matrix element in a specified column. The linSearch function calls the function binSearch to invoke the more efficient binary search algorithm if two conditions exist: first, the matrix instance is ordered; second, the argument for the search column is equal to the sort-key column. The linSearch function returns the value of the matching row index, or NOT_FOUND if no match was found. The search data is supplied by the reference parameter key.

The binSearch member function performs binary search for a matrix element in a specified column. This function calls the function linSearch (to invoke the linear search algorithm) if one of the two following conditions are true: first, if the matrix instance is not ordered; second, if the argument for the search column is not equal to the sort-key column. The binSearch function returns the value of the matching row index, or NOT_FOUND if no match was found. The search data is supplied by the reference parameter key.

The other member functions of class genAbstractMatrix are empty shells, or stubs, if you prefer. The descendants of the genAbstractMatrix class must declare and fully define their own versions of these function to support the required set of operations.

The heap-based generic matrix

The implementation of a heap-based generic matrix class involves the following:

- Adding the required data member.
- Defining working versions of the inherited empty shell functions.
- Adding new member functions that are suitable for the heap-based storage scheme.

Listing 5-3 shows the source code for the GENMAT.HPP header file. This file has the declaration of the template class genmatrix. Listing 5-4 contains the source code for file GENMAT.CPP, which has the implementation of the template matrix class.

Listing 5-3 The source code for the GENMAT.HPP header file.

```
/*======================================================================

              Copyright (c) 1992  Namir Clement Shammas

   VERSION:  2.0.0                                       DATE 5/5/1992
   PURPOSE: Implements a class of heap-based generic matrices.
   UPDATE HISTORY:

     5/5/92  Uses templates.

======================================================================*/

#include "absmat.hpp"
#include <stdio.h>
#include <stdlib.h>
#include <string.h>

#ifndef _GENMAT_HPP
#define _GENMAT_HPP

template<class T>
class genmatrix : public genAbstractMatrix<T>
{
  private:
    genmatrix<T>& copy(genmatrix<T>&);

  protected:
    T *dataPtr;  // pointer to the heap

  public:
    // ************** state manipulation methods **************
    genmatrix() { }
    genmatrix(unsigned matrixRows, unsigned matrixCols);
    genmatrix(genmatrix<T>& m) { copy(m); }
    ~genmatrix();
    virtual boolean expand(unsigned newMaxRow, unsigned newMaxCol);

    // ************** object manipulation methods *************
    virtual void store(T& x, unsigned row, unsigned col);
    virtual void recall(T& x, unsigned row, unsigned col);
    T& operator ()(unsigned row, unsigned col)
      { return *(dataPtr + row * maxCol + col); }
    virtual void swapElem(unsigned row1, unsigned col1,
                          unsigned row2, unsigned col2);
    virtual void storeRow(genarray<T>& vector, unsigned row);
    virtual void storeCol(genarray<T>& vector, unsigned col);
    virtual void recallRow(genarray<T>& vector, unsigned row);
    virtual void recallCol(genarray<T>& vector, unsigned col);
    virtual void swapRows(unsigned row1, unsigned row2);
    virtual void swapCols(unsigned col1, unsigned col2);
    genmatrix<T>& operator = (genmatrix<T>& m)
      { copy(m); return *this; }
```

Listing 5-3 Continued.

```
   friend ostream& operator <<(ostream& os, genmatrix<T>& m);
   friend istream& operator >>(istream& is, genmatrix<T>& m);

};

#endif
```

Listing 5-4 The source code for the GENMAT.CPP library file.

```
/*=======================================================================

                 Copyright (c) 1992   Namir Clement Shammas

    VERSION:  2.0.0                                          DATE 5/5/1992

    PURPOSE: Implements a class of heap-based dynamic generic
             matrices.

    UPDATE HISTORY:

      5/5/92   Uses templates.

=======================================================================*/


#include "genmat.hpp"
#include <stdio.h>
#include <stdlib.h>
#include <string.h>

//- - - - - - - - - - - - - - - - - - genmatrix - - - - - - - - -


template<class T>
genmatrix<T>::genmatrix(unsigned matrixRows, unsigned matrixCols)

/*-+-+-+-+-+-+-+-+-+-+-+-+-+-+-+-+-+-+-+-+-+-+-+-+-+-+-+-+-+-+-+-+-+-+-

ROUTINE PURPOSE: Constructor to initialize instances of class
genmatrix::

PARAMETERS:

  INPUT: matrixRows - the maximum number of rows in the dynamic
           matrix.
         matrixCols - the maximum number of columns in the dynamic
           matrix.

HANDLING BAD ARGUMENTS: The constructor checks for a request of
zero-size matrix.
COMMENTS: If not enough memory is available, the dataPtr is assigned
a NULL value.

-+-+-+-+-+-+-+-+-+-+-+-+-+-+-+-+-+-+-+-+-+-+-+-+-+-+-+-+-+-+-+-+-+-+-*/
```

Listing 5-4 Continued.

```
{
    maxRow = 0;
    maxCol = 0;
    workRow = 0;
    workCol = 0;
    sortColIndex = 0xffff;
    inorder = no_order;
    dataPtr = NULL;
    if ((matrixRows * matrixCols) > 0) {
        dataPtr = new T[matrixRows * matrixCols];
        if (dataPtr) {
            maxRow = matrixRows;
            maxCol = matrixCols;
            errorMessage[0] = '\0';
        }
        else
            strcpy(errorMessage, "failure to allocate dynamic memory");
    }
    else {
        dataPtr = NULL;
        strcpy(errorMessage, "cannot allocate 0 bytes!");
    }
}

//- - - - - - - - - - - - - - - - - - copy - - - - - - - - -

template<class T>
genmatrix<T>& genmatrix<T>::copy(genmatrix<T>& m)

/*-+-+-+-+-+-+-+-+-+-+-+-+-+-+-+-+-+-+-+-+-+-+-+-+-+-+-+-+-+-+-+-+-+-+-

ROUTINE PURPOSE: Copies generic matrix objects.

PARAMETERS:

  INPUT: m - the reference to the source matrix.

-+-+-+-+-+-+-+-+-+-+-+-+-+-+-+-+-+-+-+-+-+-+-+-+-+-+-+-+-+-+-+-+-+-+-*/

{
    if (dataPtr)
        delete dataPtr;
    maxRow = 0;
    maxCol = 0;
    workRow = 0;
    workCol = 0;
    sortColIndex = 0xffff;
    inorder = m.inorder;
    dataPtr = new T[m.maxRow * m.maxCol];
    if (dataPtr) {
        maxRow = m.maxRow;
        maxCol = m.maxCol;
        workRow = m.workRow;
        workCol = m.workCol;
        sortColIndex = m.sortColIndex;
```

Listing 5-4 Continued.

```
        for (unsigned row = 0; row < workRow; row++)
          for (unsigned col = 0; col < workCol; col++)
            *(dataPtr + row * maxCol + col) =
              *(m.dataPtr + row * maxCol + col);
    }
    else
        strcpy(errorMessage, ALLOCATE_ERROR);
    return *this;
}

//- - - - - - - - - - - - - - - - - - -~genmatrix - - - - - - - - -

template<class T>
genmatrix<T>::~genmatrix()

/*-+-+-+-+-+-+-+-+-+-+-+-+-+-+-+-+-+-+-+-+-+-+-+-+-+-+-+-+-+-+-+-+-+-+-+-

ROUTINE PURPOSE: Destructor to recuperate the dynamic memory when
an object of type genmatrix is no longer needed.

-+-+-+-+-+-+-+-+-+-+-+-+-+-+-+-+-+-+-+-+-+-+-+-+-+-+-+-+-+-+-+-+-+-+-+-*/

{
    if (dataPtr)
        delete dataPtr;
    inorder = no_order;
    maxRow = 0;
    maxCol = 0;
    workRow = 0;
    workCol = 0;
    sortColIndex = 0xffff;
    dataPtr = NULL;
}

//- - - - - - - - - - - - - - - - - - - expand - - - - - - - - -

template<class T>
boolean genmatrix<T>::expand(unsigned newMaxRow, unsigned newMaxCol)

/*-+-+-+-+-+-+-+-+-+-+-+-+-+-+-+-+-+-+-+-+-+-+-+-+-+-+-+-+-+-+-+-+-+-+-+-

ROUTINE PURPOSE: Attempts to expand the generic matrix.

PARAMETERS:

  INPUT: newMaxRow - the new maximum number of matrix rows.
         newMaxCol - the new maximum number of matrix columns.

FUNCTION VALUE: Returns true if the matrix is expanded, else yields
False. If the allocation of the new size fails, the function attempts
to restore the old size and data. If that fails, the program halts
with an error message!

HANDLING BAD ARGUMENTS:  newMaxRow and newMaxCol must be greater than
```

Listing 5-4 Continued.

```
ol, respectively. If not, the function exits,
returning a boolean false value.

-+-+-+-+-+-+-+-+-+-+-+-+-+-+-+-+-+-+-+-+-+-+-+-+-+-+-+-+-+-+-+-+-+-+-+-*/

{
    T *p, *q;

    if ((newMaxRow == maxRow  &&
         newMaxCol == maxCol) ||
         newMaxRow < maxRow   ||
         newMaxCol < maxCol)     {
        strcpy(errorMessage, "new matrix dimensions are not ");
        strcat(errorMessage, "greater than the current one");
        return false; // return function value
    }
    // allocate space for new matrix
    p = new T[newMaxRow * newMaxCol];
    if (!p) {
        strcpy(errorMessage, ALLOCATE_ERROR);
        return false; // return function value
    }
    // copy old elements
    for(unsigned row = 0; row < workRow; row++)
      for (unsigned col = 0; col < workCol; col++)
        *(p + row + maxRow * col) = *(dataPtr + row + maxRow * col);
    q = dataPtr;
    dataPtr = p;
    delete q;
    // adjust maxRow and maxCol
    maxRow = newMaxRow;
    maxCol = newMaxCol;
    errorMessage[0] = '\0';
    return true; // return function value
}

//- - - - - - - - - - - - - - - - - - - store - - - - - - - - -

template<class T>
void genmatrix<T>::store(T& x, unsigned row, unsigned col)

/*-+-+-+-+-+-+-+-+-+-+-+-+-+-+-+-+-+-+-+-+-+-+-+-+-+-+-+-+-+-+-+-+-+-+-+-

ROUTINE PURPOSE: Stores the datum accessed by pointer x at the index
matrix element. The lowest indices are 0.

PARAMETERS:

  INPUT: x - the parameter for the input data.
         row - the row index to the matrix element receiving the data.
         col - the column index to the matrix element receiving the
           data.

HANDLING BAD ARGUMENTS: The value of the argument for row must be
in the range of [0..maxRow-1], and that for col in [0..maxCol-1].
```

Listing 5-4 Continued.

```
If row is greater than the value of the workRow data field, the latter
is assigned the value of the former. The same relation between col
and workCol holds true.

COMMENTS: The generic matrix attempts to maintain a partition between
used and unused matrix elements. The value of the workRow and workCol
data fields keep track of that partition.

-+-+-+-+-+-+-+-+-+-+-+-+-+-+-+-+-+-+-+-+-+-+-+-+-+-+-+-+-+-+-+-+-+-+-*/

{
    // row or col are out of range ?
    if (row >= maxRow || col >= maxCol)  {
        strcpy(errorMessage, "row or col is out of range");
        return;
    }
    if (row >= workRow) // increase workRow
        workRow = row+1;
    if (col > workCol) // increase workCol
        workCol = col+1;
    *(dataPtr + row * maxCol + col) = x;
    inorder = no_order;
}

//- - - - - - - - - - - - - - - - - - recall - - - - - - - - -
template<class T>
void genmatrix<T>::recall(T& x, unsigned row, unsigned col)

/*-+-+-+-+-+-+-+-+-+-+-+-+-+-+-+-+-+-+-+-+-+-+-+-+-+-+-+-+-+-+-+-+-+-+-

ROUTINE PURPOSE: Retrieves the data in the row"th matrix element.

PARAMETERS:

  INPUT: x - the reference to the output data.
         row - the row index to the accessed matrix element.
         col - the column index to the accessed matrix element.

HANDLING BAD ARGUMENTS: The values of the argument for row and col must
be in the range of [0..workRow-1] and [0..workCol-1], respectively.

-+-+-+-+-+-+-+-+-+-+-+-+-+-+-+-+-+-+-+-+-+-+-+-+-+-+-+-+-+-+-+-+-+-+-*/

{
    // row or col greater than working size ?
    if (row >= workRow || col >= workCol)  {
        strcpy(errorMessage, "row or col is out of range");
        return;
    }
    x = *(dataPtr + row * maxCol + col);
}

//- - - - - - - - - - - - - - - - - - swapElem - - - - - - - - -

template<class T>
void genmatrix<T>::swapElem(unsigned row1, unsigned col1,
```

Listing 5-4 Continued.

```
                                unsigned row2, unsigned col2)

/*-+-+-+-+-+-+-+-+-+-+-+-+-+-+-+-+-+-+-+-+-+-+-+-+-+-+-+-+-+-+-+-+-+-+-+-

ROUTINE PURPOSE: Swaps two matrix elements.

PARAMETERS:

  INPUT: row1, col1, row2, col2 - the indices of the swapped matrix
         elements.

HANDLING BAD ARGUMENTS: The arguments for row1 and row2 must be in
the range [0..workRow-1]. Similarly, the arguments for col1 and col2
must be in the range [0..workCol-1]

-+-+-+-+-+-+-+-+-+-+-+-+-+-+-+-+-+-+-+-+-+-+-+-+-+-+-+-+-+-+-+-+-+-+-*/

{
    T *ptr1 = dataPtr;
    T *ptr2 = dataPtr;

    if (row1 >= workRow || row2 >= workRow ||
        col1 >= workCol || col2 >= workCol)  {
       strcpy(errorMessage, "out-of-range matrix index");
       return;
    }
    ptr1 += row1 * maxCol + col1;
    ptr2 += row2 * maxCol + col2;
    // swap elements using _buf1 as a swap-buffer
    _buf1 = *ptr1;
    *ptr1 = *ptr2;
    *ptr2 = _buf1;
    if (sortColIndex != 0xffff) {
        if (col1 == sortColIndex ||
            col2 == sortColIndex)
           inorder = no_order;
    }
    else
        inorder = no_order;
}

//- - - - - - - - - - - - - - - - - - storeRow - - - - - - - - -
template<class T>
void genmatrix<T>::storeRow(genarray<T>& vector, unsigned row)

/*-+-+-+-+-+-+-+-+-+-+-+-+-+-+-+-+-+-+-+-+-+-+-+-+-+-+-+-+-+-+-+-+-+-+-+-

ROUTINE PURPOSE: Stores a row of data into the matrix object. The
source of data is a generic array object.

PARAMETERS:

  INPUT: vector - the array object supplying data to the matrix.
         row - the matrix row receiving the data.
```

Listing 5-4 Continued.

```
HANDLING BAD ARGUMENTS: The following conditions are verified before
the elements of the array are copied into the designated row:

1) The workSize of the array must be equal to workCol.
2) The value of row must be valid.

-+-+-+-+-+-+-+-+-+-+-+-+-+-+-+-+-+-+-+-+-+-+-+-+-+-+-+-+-+-+-+-+-+-+-*/

{
    T *p = dataPtr;

    // row is out of range ?
    if (row >= maxRow) {
        strcpy(errorMessage, "row is out of range");
        return;
    }

    if (workCol != vector.getWorkSize()) {
        strcpy(errorMessage, "vector is too short or too long");
        return;
    }
    if (row >= workRow) // increase workRow
        workRow = row+1;
   p += (row - 1) * maxCol;
    for (unsigned col = 0; col < workCol; col++)
      *(p + col) = vector[col];
    inorder = no_order;
}

//- - - - - - - - - - - - - - - - - storeCol - - - - - - - -

template<class T>
void genmatrix<T>::storeCol(genarray<T>& vector, unsigned col)

/*-+-+-+-+-+-+-+-+-+-+-+-+-+-+-+-+-+-+-+-+-+-+-+-+-+-+-+-+-+-+-+-+-+-+-

ROUTINE PURPOSE: Stores a column of data into the matrix object. The
source of data is a generic array object.

PARAMETERS:

  INPUT: vector - the array object supplying data to the matrix.
         col - the matrix column receiving the data.


HANDLING BAD ARGUMENTS: The following conditions are verified before
the elements of the array are copied into the designated column:

1) The workSize of the array must be equal to workRow.
2) The value of col must be valid.

-+-+-+-+-+-+-+-+-+-+-+-+-+-+-+-+-+-+-+-+-+-+-+-+-+-+-+-+-+-+-+-+-+-+-*/

{
    // col is out of range ?
    if (col >= maxCol) {
```

Listing 5-4 Continued.

```
strcpy(errorMessage, "col is out of range");
        return;
    }

    if (workRow != vector.getWorkSize()) {
        strcpy(errorMessage, "vector is too long or too short");
        return;
    }
    if (col >= workCol) // increase workCol
        workCol = col+1;
    for(unsigned row = 0; row < workRow; row++)
        *(dataPtr + row * maxCol + col) = vector[row];
    inorder = no_order;
}

//- - - - - - - - - - - - - - - - recallRow - - - - - - - -
template<class T>
void genmatrix<T>::recallRow(genarray<T>& vector, unsigned row)

/*-+-+-+-+-+-+-+-+-+-+-+-+-+-+-+-+-+-+-+-+-+-+-+-+-+-+-+-+-+-+-+-+-+-+-+-
ROUTINE PURPOSE: Recalls a row of data from the matrix object. The
data is copied to a generic array object.
PARAMETERS:

  INPUT: vector - the array object receiving data from the matrix.
         row - the matrix row supplying the data.

HANDLING BAD ARGUMENTS: The following conditions are verified before
the elements of the matrix are copied into the designated array:

1) The workSize of the array must be equal to workCol.
2) The value of row must be valid.

-+-+-+-+-+-+-+-+-+-+-+-+-+-+-+-+-+-+-+-+-+-+-+-+-+-+-+-+-+-+-+-+-+-+-+-*/
{
    T *p= dataPtr;

    // row is out of range ?
    if (row >= workRow) {
        strcpy(errorMessage, "row is out of range");
        return;
    }

    if (workCol > vector.getMaxSize()) {
        strcpy(errorMessage, "vector is too small");
        return;
    }
    p += row * maxCol;
    for (unsigned col = 0; col < workCol; col++)
        vector[col] = *(p + col);
    // adjust the working size of the vector
    vector.setWorkSize(workCol);
}

//- - - - - - - - - - - - - - - - recallCol - - - - - - - -
```

Listing 5-4 Continued.

```
template<class T>
void genmatrix<T>::recallCol(genarray<T>& vector, unsigned col)

/*-+-+-+-+-+-+-+-+-+-+-+-+-+-+-+-+-+-+-+-+-+-+-+-+-+-+-+-+-+-+-+-+-+-+-

ROUTINE PURPOSE: Recalls a column of data from the matrix object. The
source of data is a generic array object.

PARAMETERS:

  INPUT: vector - the array object receiving data from the matrix.
         col - the matrix column supplying the data.

HANDLING BAD ARGUMENTS: The following conditions are verified before
the elements of the matrix are copied into the designated array:

1) The workSize of the array must be equal to workRow.
2) The value of col must be valid.

-+-+-+-+-+-+-+-+-+-+-+-+-+-+-+-+-+-+-+-+-+-+-+-+-+-+-+-+-+-+-+-+-+-+-*/

{
   // col is out of range ?
    if (col >= workCol) {
        strcpy(errorMessage, "col is out of range");
        return;
    }

    if (workRow > vector.getMaxSize()) {
        strcpy(errorMessage, "vector is too small");
        return;
    }
    for(unsigned row = 0; row < workRow; row++)
        vector[row] = *(dataPtr + row * maxCol + col);
    // adjust the working size of the vector
    vector.setWorkSize(workRow);
}

//- - - - - - - - - - - - - - - - - - - swapRows - - - - - - - - -
template<class T>
void genmatrix<T>::swapRows(unsigned row1, unsigned row2)

/*-+-+-+-+-+-+-+-+-+-+-+-+-+-+-+-+-+-+-+-+-+-+-+-+-+-+-+-+-+-+-+-+-+-+-

ROUTINE PURPOSE: Swaps two matrix rows.

PARAMETERS:

  INPUT: row1, row2, - the indices of the swapped matrix rows.

HANDLING BAD ARGUMENTS: The arguments for row1 and row2 must be in
the range [0..workRow-1].

-+-+-+-+-+-+-+-+-+-+-+-+-+-+-+-+-+-+-+-+-+-+-+-+-+-+-+-+-+-+-+-+-+-+-*/
{
```

Listing 5-4 Continued.

```
   T *ptr1 = dataPtr;
    T *ptr2 = dataPtr;

    if (row1 > workRow || row2 >= workRow)  {
       strcpy(errorMessage, "out-of-range matrix index");
       return;
    }
    ptr1 += row1 * maxCol;
    ptr2 += row2 * maxCol;
    // swap elements using _buf1 as a swap-buffer
    for (unsigned col = 0; col < workCol; col++) {
      _buf1 = *(ptr1 + col);
      *(ptr1 + col) = *(ptr2 + col);
      *(ptr2 + col) = _buf1;
    }
    inorder = no_order;
}

//- - - - - - - - - - - - - - - - - - - swapCols - - - - - - - - -


template<class T>
void genmatrix<T>::swapCols(unsigned col1, unsigned col2)
/*-+-+-+-+-+-+-+-+-+-+-+-+-+-+-+-+-+-+-+-+-+-+-+-+-+-+-+-+-+-+-+-+-+-+-

ROUTINE PURPOSE: Swaps two matrix columns.

PARAMETERS:

  INPUT: col1, col2, - the indices of the swapped matrix rows.

HANDLING BAD ARGUMENTS: The arguments for col1 and col2 must be in
the range [0..workCol-1].

-+-+-+-+-+-+-+-+-+-+-+-+-+-+-+-+-+-+-+-+-+-+-+-+-+-+-+-+-+-+-+-+-+-*/

{
    T *ptr1, *ptr2;

    if (col1 >= workCol || col2 >= workCol)  {
       strcpy(errorMessage, "out-of-range matrix index");
       return;
    }
    for(unsigned row = 0; row < workRow; row++) {
        ptr1 = dataPtr;
        ptr2 = dataPtr;
        ptr1 += row * maxCol + col1;
        ptr2 += row * maxCol + col2;
       // swap elements using _buf1 as a swap-buffer
       _buf1 = *ptr1;
       *ptr1 = *ptr2;
       *ptr2 = _buf1;
    }
    if (sortColIndex != 0xffff) {
        if (col1 == sortColIndex ||
```

Listing 5-4 Continued.

```
            col2 == sortColIndex)
            inorder = no_order;
    }
    else
        inorder = no_order;
}

//- - - - - - - - - - - - - - - - - - - << - - - - - - - - -
template<class T>
ostream& operator <<(ostream& os, genmatrix<T>& m)

/*-+-+-+-+-+-+-+-+-+-+-+-+-+-+-+-+-+-+-+-+-+-+-+-+-+-+-+-+-+-+-+-+-+-+-+-

ROUTINE PURPOSE: Writes the generic matrix to a stream.

PARAMETERS:

  INPUT: os - output stream
         m - reference to the output object

COMMENTS: This function writes the members maxRow, maxCol, workRow,
workCol, and the matrix elements to a stream.

-+-+-+-+-+-+-+-+-+-+-+-+-+-+-+-+-+-+-+-+-+-+-+-+-+-+-+-+-+-+-+-+-+-+-*/

{
    os << m.maxRow << " " << m.maxCol << " " <<
          m.workRow << " " << m.workCol << " " <<
          m.inorder << endl;
    // write the elements of the dynamic matrix
    // object individually
    for (unsigned row = 0; row < m.workRow; row++)
      for (unsigned col = 0; col < m.workCol; col++)
        os << m(row, col) << endl;

    return os;
}

//- - - - - - - - - - - - - - - - - - - >> - - - - - - - - -

template<class T>
istream& operator >>(istream& is, genmatrix<T>& m)

/*-+-+-+-+-+-+-+-+-+-+-+-+-+-+-+-+-+-+-+-+-+-+-+-+-+-+-+-+-+-+-+-+-+-+-+-

ROUTINE PURPOSE: Reads generic matrix from a stream.

PARAMETERS:

  INPUT: is - input stream
         m - reference to input object

HANDLING BAD ARGUMENTS: If the supplied argument for the data file
cannot be accessed the errorMessage returns the appropriate warning
to that effect.
```

Listing 5-4 Continued.

```
-+-+-+-+-+-+-+-+-+-+-+-+-+-+-+-+-+-+-+-+-+-+-+-+-+-+-+-+-+-+-+-+-+-+-+-*/
{
    if (m.dataPtr)
        delete [] m.dataPtr;
    m.dataPtr = NULL;
    is >> m.maxRow >> m.workCol >> m.workRow
       >> m.workCol >> m.inorder;
    // allocate new dynamic space
    m.dataPtr = new T[m.maxRow * m.maxRow];
    if (m.dataPtr)
       // read the elements individually.
       for (unsigned row = 0; row < m.workRow; row++)
         for (unsigned col = 0; col < m.workCol; col++)
          is >> m(row, col);
    else
        strcpy(m.errorMessage, ALLOCATE_ERROR);

    return is;
}
```

The genmatrix class declares one additional data member, dataPtr. This member is a pointer to the template class T. The class constructors and member function use the dataPtr member to create and access the members of the dynamic matrix instances.

The genmatrix class has three constructors: the default constructor, the copy constructor, and the customizing constructor. The latter constructor creates the instances of class genmatrix by specifying the maximum number of rows and columns. The constructor checks for zero-size parameters and verifies the success of the dynamic allocation.

The copy constructor allows you to create an instance of genmatrix using an existing instance. This constructor simply calls the copy member function.

The class destructor deletes the instances of class genmatrix and recovers the dynamic space of the matrix elements.

The copy member function duplicates an instance of genmatrix. The function first deletes any dynamic space allocated to the target matrix instance. Then, the function proceeds to copy the source matrix into the target matrix. This process involves copying the data members as well as the dynamic matrix members. The copy function assigns an error message to the errorMessage member if the dynamic allocation fails.

The expand member functions enlarges the limits of a matrix object variable, while preserving the contents of the matrix instance. As the name suggests, the expand member function serves to increase the size of the matrix object variable, but not shrink it. Thus, the new matrix must have at least one of its dimensions expanded. The process of expanding the matrix involves dynamic allocation and deallocation. It might be a delicate operation if heap space is scarce and if the current or new matrix sizes are large. The member function tries to safely fall back to the older matrix size if dynamic allocation error occurs.

The store member function stores data in a specific matrix element. The function checks the validity of the supplied row and column indices. The errorMessage data member is used to report out-of-range indices. The member function also checks whether these same indices are greater than or equal to the values of the working number of rows and columns, and also whether they are less than the maximum dimensions of the matrix. If the latter condition is true, the working number of rows and/or columns is increased accordingly. The parameter x supplies the data to the targeted matrix element.

The recall member function retrieves individual matrix elements by specifying the row and column indices. The reference parameter x receives data from the targeted matrix element. The recall member function verifies that the arguments for the row and column are within the working number of rows and columns, respectively. The errorMessage data member flags out-of-range indices.

☞ The genmatrix class declares the () operator to allow you to store and recall a matrix element directly by specifying the indices for the row and column. The () operator is faster than the store and recall functions, because it performs no range checking on the row and column indices. Therefore, use () with care. The () operator is primarily for use inside a loop whose indices are validated by the loop clauses.

The member function swapElem swaps two matrix elements. The member function verifies that the row and column indices for both elements are within the working row and column bounds. The member function uses the _buf1 buffer as a temporary storage of data during the swap. The member function also checks if one or both of the swapped elements lie in the sort-key column. If so, the inorder data member is assigned the enumerated value no_order, since such swapping has corrupted the order of the matrix.

The storeRow and storeCol member functions store data from an instance of class genarray to a row or a column in the matrix object variable, respectively. Both member functions check whether or not the array object variable is compatible with the matrix row or column, including matching working sizes for both the array and the matrix objects. Both functions use a for loop statement to individually copy the row or column elements. Consequently, the = operator of the template class T is responsible for correctly copying the individual matrix members.

The recallRow and recallCol member functions are similar, in most aspects, to the storeRow and storeCol member functions. They transfer data in the reverse direction—from a matrix row or column to an array. These member functions assign the working number of rows or columns to the working size of the array object variable.

The swapRows and swapCols member functions swap rows and columns within the matrix. These member functions verify that the indices for the swapped rows or columns fall in the working bounds. The swapRows member function automatically assigns the enumerated value no_order to the inorder data member, since swapping any two rows corrupts the sorted order. The swapCols member function determines whether one of the swapped columns is the sort-key column. If this condition is true, the inorder data member is assigned the enumerated value no_order. Otherwise, the value of inorder remains unchanged.

The genmatrix class adds the << and >> operators. These operators are coded assuming that the input and output stream is in text mode. The << operator writes the maximum number of rows, the maximum number of columns, the working number of rows, the working number of columns, the inorder member, and the individual matrix members. The >> operator extracts the stored matrix object from the input stream in the same order used to write it to the stream. The >> operator also deallocates the dynamic space for the old matrix and reallocates space for the instance extracted from the stream. If the dynamic allocation fails, the operator writes an error message to the data member errorMessage.

Testing generic matrices

Now let's test the generic matrix class. This section presents the test program TSMAT.CPP, shown in Listing 5-5, to manipulate an instance of genmatrix<int>. This program performs the functions described in the following paragraphs.

Listing 5-5 The source code for the TSMAT.CPP test program.

```
/*    program tests the class of generic matrices.
*/
#include <stdio.h>
#include <stdlib.h>
#include <conio.h>
#include <dos.h>
#include <string.h>
#include <ctype.h>
#include <fstream.h>
#include "absarray.cpp"
#include "genarray.cpp"
#include "absmat.cpp"
#include "genmat.cpp"

const char data_file[] = "MAT.DAT";

boolean autoMode;
unsigned delayTime;

void wait()

{
    gotoxy(1, 25);
    if (autoMode)
        delay(delayTime);
    else {
        printf("Press any key to continue ...");
        getch();
    }
```

Listing 5-5 Continued.

```
}

void showmat(genmatrix<int>& intMat,
             int startrow,
             int startcol,
             char* message)

{
    int i, j, k, siderows = 2 * intMat.getWorkRow() - 1;

    clrscr();
    if (*message)
        puts(message);

    // draw special mathematical frame used for matrices
    gotoxy(startcol, startrow);
    putchar(218);
    for(i = 0; i < siderows; i++) {
        gotoxy(wherex()-1, wherey()+1);
        putchar(179);
    }
    gotoxy(wherex()-1, wherey()+1);
    putchar(192);
    gotoxy(startcol + 3 * intMat.getWorkRow() + 2, startrow);
    putchar(191);

    for(i = 0; i < siderows; i++) {
        gotoxy(wherex()-1, wherey()+1);
        putchar(179);
    }
    gotoxy(wherex()-1, wherey()+1);
    putchar(217);

    for(i = 0; i < intMat.getWorkRow(); i++)
        for(j = 0; j < intMat.getWorkCol(); j++) {
            intMat.recall(k, i, j);
            gotoxy(startcol + 3 * j + 1,
                   startrow + 2 * i + 1);
            printf("%3d", k);
        }
    wait();
}

main()
{
    int i, j, k, currentrows = 2, currentcols = 2;
    unsigned ii;
    genmatrix<int> intMat(currentcols, currentrows);
    genarray<int> intArr(4);
    char akey;

    do {
        clrscr();
        printf("Do you want to use time-delayed pauses (y/n) ? ");
        akey = toupper(getch()); putchar(akey);
    } while (akey != 'Y' && akey != 'N');
```

Listing 5-5 Continued.

```
autoMode = (akey == 'Y') ? true : false;
 if (autoMode) {
     putchar('\n');
     do {
         printf("Enter delay time (milliseconds) : ");
         scanf("%u", &delayTime); putchar('\n');
     } while (delayTime == 0);
 }
 for(i = 0; i < currentrows; i++)
     for(j = 0; j < currentcols; j++) {
         k = 10 * (i+1) + j + 1;
         intMat.store(k, i, j) ;
     }
 showmat(intMat, 3, 3,  "Initial matrix is:");
 intMat.swapElem(0, 0, 1, 1);
 showmat(intMat, 3, 3,
         "After swapping the diagonal elements, matrix is:");
 currentrows = 4;
 currentcols = 4;
 if (! intMat.expand(currentrows, currentcols)) {
     printf("\nError in expanding the matrix\n");
     exit(1);    }

 for(i = 0; i < currentrows; i++)
     for(j = 0; j < currentcols; j++) {
         k = 10 * (i+1) + (j+1);
         intMat.store(k, i, j);
     }
 showmat(intMat, 3, 3,
         "After expanding matrix to 4 by 4, the matrix is:");
genmatrix<int> mImage(intMat); // copy matrix intMat into matrix mImage
 intMat.swapRows(0, 3);
 showmat(intMat, 3, 3,
         "After swapping rows 0 and 3, the matrix is:");
 intMat.swapCols(0, 3);
 showmat(intMat, 3, 3,
         "After swapping columns 0 and 3, the matrix is:");

 // sort matrix using data of the 2nd column as the key
 intMat.shellSort(1);
 showmat(intMat, 3, 3,
         "After sorting with 2nd column, the matrix is:');
 // test binary search on data in the sort-index column
 gotoxy(1, 20);
 j = 1;
 k = 32;
 ii = intMat.binSearch(k, j);
 if (ii != NOT_FOUND)
     printf("intMat[%1d][%1d] = %2d using sort column index\n",
              ii, j, k);
 else
     printf("%d is not in column %d\n", k, j);
 // test linear search on data in intArr non-sort-index column
 gotoxy(1, 22);
 j = 2;
 k = 33;
```

Listing 5-5 Continued.

```
   ii = intMat.linSearch(k, j);
   if (ii != NOT_FOUND)
       printf("intMat[%1u][%1u] = %2u using non-sort column index\n",
               ii, j, k);
   else
       printf("%d is not in column %d\n", k, j);
   wait();
   intMat.reverseOrder();
   showmat(intMat, 3, 3,
           "After reversing the sort order, the matrix is:");
   intMat.reverseOrder();
   clrscr();
   printf("Storing ordered matrix in file %s\n\n", data_file);
   {
     ofstream os(data_file, ios::out);
     os << intMat;
   }
   puts("Filling the matrix with zeros");
   delay(2000);
   for(i = 0; i < currentrows; i++)
       for(j = 0; j < currentcols; j++) {
           k = 0;
           intMat(i, j) = k;
       }
   showmat(intMat, 3, 3,
           "After assigning zero to the elements, the matrix is:");
   clrscr();
   printf("Reading the matrix from file %s\n", data_file);

  delay(2000);
   {
     ifstream is(data_file, ios::in);
     is >> intMat;
   }
   showmat(intMat, 3, 3,
           "The stored matrix is:");
   // use the array object to copy column 1 into column 2
   intMat.recallCol(intArr, 1);
   intMat.storeCol(intArr, 2);
   showmat(intMat, 3, 3,
           "After copying column 1 into column 2, matrix is:");
   // use the array object to copy row 0 into row 3
   intMat.recallRow(intArr, 0);
   intMat.storeRow(intArr, 3);
   showmat(intMat, 3, 3,
           "After copying row 0 into row 3, matrix is:");
   showmat(mImage, 3, 3, "The original 4x4 matrix was:");
   gotoxy(1, 25);
   printf(  "Press any key to end the program ...");
   getch();
   return 0;
}
```

The program offers you two modes for viewing the output. The first is a time-delay member function in which the program pauses at each screen for a user-specified time. The second member function requires you to press a key to view the next screen. The program requests that you choose between either methods. If you select the time-delay member function, the program also asks you to enter the number of milliseconds of pause between two successive screens.

Next the program creates instance intMat of the genmatrix<int> class. The matrix object variable has two rows and two columns and stores ints. Then the program fills the four-element matrix with data by calling the store function in a nested for loop statement. The stored values are based on the following equation:

value = 10 * row index + column index

The calculated values are stored in the int variable k. This variable is the first argument for the store function.

The program invokes the global function showmat to display the current matrix. Figure 5-3 shows the displayed matrix. Then the program calls the swapElem function to swap the diagonal elements of matrix intMat, and calls the function showmat to display the updated matrix elements, as shown in FIG. 5-4.

```
Initial matrix is:
[11 12]
[21 22]
```

5-3 The initial 2 by 2 matrix.

```
After swapping the diagonal elements, the matrix is:
[22 12]
[21 11]
```

5-4 The matrix intMat after swapping the diagonal elements.

At this point the program calls the function expand to enlarge the matrix intMat to four rows and four columns. The program assigns new values to the matrix elements, using the following equation:

value = 10 *row index + column index

Figure 5-5 shows the contents of the new matrix, shown by calling function showmat.

```
After expanding matrix to 4 by 4, the matrix is:
[11 12 13 14]
[21 22 23 24]
[31 32 33 34]
[41 42 43 44]
```

5-5 The matrix intMat after expanding it to 4 rows and 4 columns.

Row numbers 0 and 3 of matrix intMat are swapped by calling the function swapRows. Figure 5-6 shows the output of the updated matrix. Then the program invokes the function swapCols to swap columns 0 and 3 of matrix intMat. Figure 5-7 shows the resulting matrix.

After swapping rows 0 and 3, the matrix is:

$$\begin{bmatrix} 41 & 42 & 43 & 44 \\ 21 & 22 & 23 & 24 \\ 31 & 32 & 33 & 34 \\ 11 & 12 & 13 & 14 \end{bmatrix}$$

5-6 The matrix intMat after swapping rows 0 and 3.

After swapping columns 0 and 3, the matrix is:

$$\begin{bmatrix} 44 & 42 & 43 & 41 \\ 24 & 22 & 23 & 21 \\ 34 & 32 & 33 & 31 \\ 14 & 12 & 13 & 11 \end{bmatrix}$$

5-7 The matrix intMat after swapping columns 0 and 3.

The matrix is then sorted using the data in the second column. This step involves calling function shellSort with an argument of 1. Figure 5-8 shows the ordered matrix intMat.

After sorting with 2nd column, the matrix is:

$$\begin{bmatrix} 14 & 12 & 13 & 11 \\ 24 & 22 & 23 & 21 \\ 34 & 32 & 33 & 31 \\ 44 & 42 & 43 & 41 \end{bmatrix}$$

5-8 The matrix intMat after sorting its row with the data of the second column.

With the ordered matrix still in display, the program tests the two searching member functions. The program calls function binSearch to search for 32 (assigned to variable k) in the second column (assigned to the variable j), the sort-key column. The result 2 is assigned to variable i. The data in variables i, j, and k are used to display:

Mat[2,1] = 32 using sort column index

The program also calls function linSearch to search for 33 (assigned to variable k) in the third column (assigned to variable j). The result 2 is assigned to variable i. The data in variables i, j, and k are used to display the following output:

Mat[2,2] = 33 using non-sort column index

Figure 5-9 shows the program output at this stage.

After sorting with 2nd column, the matrix is:

$$\begin{bmatrix} 14 & 12 & 13 & 11 \\ 24 & 22 & 23 & 21 \\ 34 & 32 & 33 & 31 \\ 44 & 42 & 43 & 41 \end{bmatrix}$$

Mat[2,1] = 32 using sort column index

Mat[2,2] = 33 using non-sort column index

5-9 The screen image after searching for two data elements by using the binary and linear methods.

The program reverses the rows of the matrix intMat by calling the reverseOrder function. Figure 5-10 shows the matrix intMat as revealed by the showmat function. After the matrix is displayed, its rows are reversed again.

To test the storage of the matrix intMat, the program writes the matrix to a stream. The matrix is saved in file MAT.DAT. The program assigns zeros to the matrix elements and displays the new values, as shown in FIG. 5-11. The program next extracts the matrix back from the MAT.DAT data file using the >> operator. The extracted matrix is shown in FIG. 5-12.

After reversing the sort order, the matrix is:

$$\begin{bmatrix} 44 & 42 & 43 & 41 \\ 34 & 32 & 33 & 31 \\ 24 & 22 & 23 & 21 \\ 14 & 12 & 13 & 11 \end{bmatrix}$$

5-10 Matrix intMat after reversing its rows.

After assigning zero to the elements, the matrix is:

$$\begin{bmatrix} 0 & 0 & 0 & 0 \\ 0 & 0 & 0 & 0 \\ 0 & 0 & 0 & 0 \\ 0 & 0 & 0 & 0 \end{bmatrix}$$

5-11 Matrix intMat after its data was stored in a file and each of its of its member is assigned 0.

The stored matrix is:

$$\begin{bmatrix} 14 & 12 & 13 & 11 \\ 24 & 22 & 23 & 21 \\ 34 & 32 & 33 & 31 \\ 44 & 42 & 43 & 41 \end{bmatrix}$$

5-12 Matrix intMat after reading its data from file MAT.DAT.

The program copies one column onto another by calling functions storeCol and recallCol. Using these functions requires the involvement of an instance of class genarray<int>, intArr. The program creates the intArr object with 4 elements. The expression

```
intMat.recallCol(intArr, 1)
```

stores the second column into the object intArr. The expression

```
intMat.storeCol(intArr, 2)
```

copies the contents of object intArr into the third column of matrix intMat. Figure 5-13 shows the updated matrix elements.

After copying column 1 into column 2, the matrix is:

$$\begin{bmatrix} 14 & 12 & 12 & 11 \\ 24 & 22 & 22 & 21 \\ 34 & 32 & 32 & 31 \\ 44 & 42 & 42 & 41 \end{bmatrix}$$

5-13 Matrix intMat after copying column 1 into column 2

Finally, the program copies one row onto another by calling the functions storeRow and recallRow. Using these functions also requires object intArr. The expression

```
intMat.recallRow(intArr, 0)
```

stores the first row into the object variable A. The expression

```
intMat.storeRow(intArr, 3)
```

copies the contents of object intArr onto the fourth column of matrix intMat. Figure 5-14 shows the updated matrix elements.

After copying row 0 into row 3, the matrix is:

$$\begin{bmatrix} 14 & 12 & 12 & 11 \\ 24 & 22 & 22 & 21 \\ 34 & 32 & 32 & 31 \\ 14 & 12 & 12 & 11 \end{bmatrix}$$

5-14 Matrix intMat after copying row 0 into row 3.

6
Generic singly-linked lists

The next three chapters look at various types of linked lists. This chapter presents ordered and unordered singly-linked lists. Ordered lists have their nodes arranged in ascending order based on the values of a key data item. Unordered lists simply append any incoming information to the tail of the list.

Basics

A *linked list* is a data structure made up of connected data nodes. Since linked lists are typically implemented as dynamic structures, pointers are used to establish the links between any two nodes. A linked list has a head pointer that accesses the first list element. Traversal through singly-linked lists is strictly one-directional and irreversible, proceeding from the head of the list to the tail. Figure 6-1 shows a sample ordered linked list containing a small set of C++ keywords.

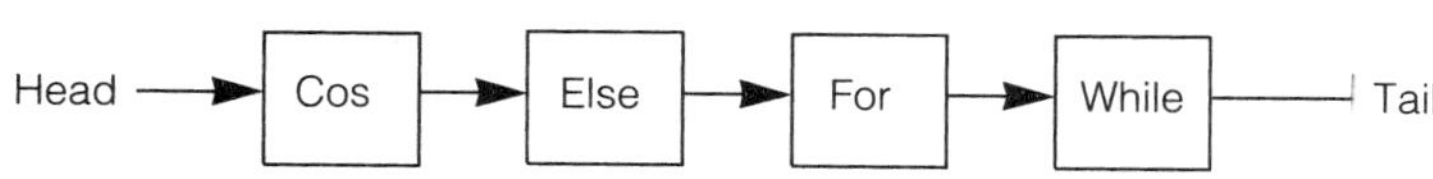

6-1 An ordered singly-linked list containing a few C++ keywords

Dynamic linked lists often compete with arrays. Their advantage over both static and dynamic arrays is that the nodes of a list are both allocated and deallocated on demand. There is no wasted space, as is the case with oversized arrays. The disadvantage of lists compared with arrays is the lack of random access for the list nodes. Scrolling through the list is required for each data search.

The typical operations of a singly-linked list are data insertion, data deletion, data search, list traversal, and list removal. Ordered singly-linked lists maintain the nodes in an order based on a search key. Thus, new data is inserted in the appropriate location, reducing the effort employed in data search—the search starts at the head of the list and stops at the node where the search key is greater than or equal to the data key of that node. Unordered singly-linked lists simply append new data to the end of the list. Since information is placed in the list in a chronological order, the worst-case data searches end up scanning the entire list.

Implementation

The description of singly-linked lists presented in the last section spoke in general terms. The implementation of a class of singly-linked lists, be it generic or specific, often requires more details. The first step deals with the definition of the data types representing the list nodes. This definition typically involves a structure type and its pointer. The structure declares at least two data members—one for the node data and one for the pointer to the next node. In Listing 6-2 I declare the template structure sListNode as follows:

```
template<class T>
struct sListNode
{
    T dataNode;
    sListNode<T> *nextPtr;
};
```

The other design aspects of a class of generic singly-linked list require data members to watch the following information:

- The size of the list.
- The pointer to the list head.
- The ability to overwrite data of existing nodes with new information that has the same key data but different nonkey information.
- The ability to maintain multiple nodes with the same key data.

The last two pieces of information are maintained by Boolean flags. The features associated with these flags provide a greater control over data insertion. The overwrite feature is disabled if multiple nodes with the same key data are allowed.

The functionality of the sought class of lists is the same as the one mentioned in the last section. Listing 6-1 shows the source code of file ABSLIST.HPP which contains the declaration of the abstract generic class genAbstractList. Listing 6-2 shows the source code of the GENSLIST.HPP file, which contains the declaration of classes genOsList and genUsList that model generic ordered and unordered singly-linked lists, respectively. Listing 6-2 contains the source code for the GENSLIST.CPP file that includes the implementation of the genOsList class.

Listing 6-1 The source code for the ABSLIST.HPP header file.

```
/*=====================================================================

               Copyright (c) 1992   Namir Clement Shammas

    VERSION:  2.0.0                                      DATE 5/5/92

    PURPOSE: Implements an abstract class of linked lists with
             the following operations and features:

               + nodes with duplicate keys can be allowed.
               + insert new node.
               + search for a node with a specific occurrence
                 of a key.
               + delete a node with a specific occurrence of a key.
               + traverse the nodes of the lists.

    UPDATE HISTORY:

=====================================================================*/

#include "comndata.h"
#include <string.h>

#ifndef _ABSLIST_HPP
#define _ABSLIST_HPP

template<class T>
class genAbstractList
{
  protected:
    unsigned listSize;       // number of nodes
    boolean overwrite;       // overwrite data flag
    boolean hasDuplicate;    // duplicate-key flag
    string80 errorMessage;   // error message

  public:
    // ****************** state query methods *****************
    boolean isEmpty()
      { return (listSize == 0) ? true : false; }
    unsigned getListSize()
      { return listSize; }
    char* getErrorMessage()
      {
         string80 s;

         strcpy(s, errorMessage);
         errorMessage[0] = '\0';
         return s;
      }
    // ************** object manipulation methods *************
    genAbstractList() {}
```

Listing 6-1 Continued.

```
 virtual boolean insert(T)
      { return false; }
    virtual boolean remove(T, unsigned occur = 1)
      { return false; }
    virtual boolean search(T&, unsigned occur = 1)
      { return false; }
    virtual boolean visitFirstNode(T&)
      { return false; }
    virtual boolean visitNextNode(T&)
      { return false; }
    virtual void clear() {}
};

#endif
```

Listing 6-2 The source code for the GENSLIST.HPP header file.

```
/*====================================================================

                  Copyright (c) 1992 Namir Clement Shammas

    VERSION:  2.0.0                                         DATE 5/5/92

    PURPOSE: Implements a class of ordered and unordered
             singly-linked lists with the following operations
             and features:

               + nodes with duplicate keys can be allowed.
               + insert new node.
               + search for a node with a specific occurrence
                 of a key.
               + delete a node with a specific occurrence of a key.
               + traverse the nodes of the lists.

    UPDATE HISTORY:

      5/5/92   Uses templates.

====================================================================*/

#include "abslist.hpp"

#ifndef _GENSLIST_HPP
#define _GENSLIST_HPP

// declare template list node structure
template<class T>
struct sListNode
{
  T dataNode;
  sListNode<T> *nextPtr;
};
template<class T>
class genOsList : public genAbstractList<T>
```

Listing 6-2 Continued.

```
{
  protected:
    sListNode<T> *nodePtr;     // node-visit pointer
    sListNode<T> *head;        // pointer to head of list
    T _buf1;                   // data buffer

    genOsList<T>& copy(genOsList<T>&);

  public:
    // ************** state manipulation methods **************
    genOsList() { }
    genOsList(boolean canOverwrite, boolean allowDuplicate);
    genOsList(genOsList<T>& sl)
      { head = NULL; copy(sl); }
    ~genOsList()
      { clear(); }
    void setNodePtr(sListNode<T> *listPtr);
    void setBuf1(T& newBuf1)
      { _buf1 = newBuf1; }

    // ****************** state query methods *****************
    sListNode<T>* getNodePtr()
      { return nodePtr; }

    // ************** object manipulation methods *************
    virtual boolean insert(T& x);
    virtual boolean remove(T& x, unsigned occur = 1);
    virtual boolean search(T& x, unsigned occur = 1)
    {
        sListNode<T> *p, *q;
        return search(p, q, x, occur);
    }
    virtual boolean search(sListNode<T>* &thisptr, // output
                           sListNode<T>* &prevPtr, // output
                           T& x,
                           unsigned occur);

    virtual boolean visitFirstNode(T& x);
    virtual boolean visitNextNode(T& x);
    virtual void clear();
    genOsList<T>& operator =(genOsList<T>& sl)
    {
      copy(sl);
      return *this;
    }
};

template<class T>
class genUsList : public genOsList<T>
{
 public:
      //  **************  object  manipulation  methods  *************
genUsList() { }
    genUsList(boolean canOverwrite, boolean allowDuplicate);
    genUsList(genUsList<T>& sl)
      { copy(sl); }
    ~genUsList()
      { clear(); }
```

Listing 6-2 Continued.

```
  boolean insert(T);
    virtual boolean search(sListNode<T>* &thisptr, // output
                           sListNode<T>* &prevPtr, // output
                           T& x,
                           unsigned occur = 1);
};

#endif
```

The abstract list class genAbstractList declares all of the required data members, except the pointer to the head of the list. The declaration of this member is left to the descendants of class genAbstractList.

The genAbstractList class declares a set of member functions. Most of these functions are declared as virtual and are empty shells. Making these functions virtual ensures that the descendant class's versions will have the same declaration.

The abstract generic list class does implement three member functions. The isempty function returns true if the list is empty, and false if it is not. The getListSize function returns the value stored by the protected listSize member. The getErrorMessage member function returns the string stored by the protected errorMessage data member.

Listing 6-3 declares the structure sListNode presented earlier. Note that this structure is declared outside the genOsList and genUsList classes, because the pointers to sListNode appear as parameters in the member functions of the two generic list classes. Therefore, the client application must have access to the sListNode structure to declare arguments for the sListNode<T>* parameters. The sListNode is declared as a template structure to enable its use by the generic list classes.

Listing 6-3 The source code for the GENSLIST.CPP library file.

```
/*==================================================================

                 Copyright (c) 1992   Namir Clement Shammas

    VERSION:  2.0.0                                    DATE 5/5/92

    PURPOSE: Implements a classes of ordered and unordered
             singly-linked lists with the following operations
             and features:

               + nodes with duplicate keys can be allowed.
               + insert new node.
               + search for a node with a specific occurrence
                 of a key.
               + delete a node with a specific occurrence of a key.
               + traverse the nodes of the lists.

    UPDATE HISTORY:
```

Listing 6-3 Continued.

```
     5/5/92   Uses templates.

=======================================================================*/

#include <string.h>
#include "genslist.hpp"

//- - - - - - - - - - - - - - - - - - -genOsList - - - - - - - - -

template<class T>
genOsList<T>::genOsList(boolean canOverwrite,
                          boolean allowDuplicate)

/*-+-+-+-+-+-+-+-+-+-+-+-+-+-+-+-+-+-+-+-+-+-+-+-+-+-+-+-+-+-+-+-+-+-+-

ROUTINE PURPOSE: Initializes a linked list object.

PARAMETERS:

  INPUT: canOverwrite - flag to indicate whether or not a current
           node can be overwritten with new data.  this parameter is
           significant if allowDuplicate is false.
         allowDuplicate - flag to signal whether or not nodes
           with duplicate keys can be inserted.

-+-+-+-+-+-+-+-+-+-+-+-+-+-+-+-+-+-+-+-+-+-+-+-+-+-+-+-+-+-+-+-+-+-+-*/

{
    hasDuplicate = allowDuplicate;
    overwrite = ((!hasDuplicate) && canOverwrite) ? true : false;
    listSize = 0;
    nodePtr = NULL;
    head = NULL;
    errorMessage[0] = '\0';
}

//- - - - - - - - - - - - - - - - - - - copy - - - - - - - - -

template<class T>
genOsList<T>& genOsList<T>::copy(genOsList<T>& sl)

/*-+-+-+-+-+-+-+-+-+-+-+-+-+-+-+-+-+-+-+-+-+-+-+-+-+-+-+-+-+-+-+-+-+-+-

ROUTINE PURPOSE: Copies one instance of a linked list into another.

PARAMETERS:

  INPUT: sl - the source linked list.

-+-+-+-+-+-+-+-+-+-+-+-+-+-+-+-+-+-+-+-+-+-+-+-+-+-+-+-+-+-+-+-+-+-+-*/

{
    sListNode<T> *p, *q, *r;
    boolean ok;

    if (head)
```

Listing 6-3 Continued.

```
        clear();
    hasDuplicate = sl.hasDuplicate;
    overwrite = sl.overwrite;
    listSize = sl.listSize;
    nodePtr = NULL;
    head = NULL;
    if (!sl.head)
        return *this;
    head = new sListNode<T>;
    if (!head) {
        strcpy(errorMessage, ALLOCATE_ERROR);
        return *this;
    }
    head->nextPtr = NULL;
    q = sl.head;
    head->dataNode = q->dataNode;
    q = q->nextPtr;
    p = head;
    // copy the list nodes
    while (q) {
        r = new sListNode<T>;
        if (!r) {
            strcpy(errorMessage, ALLOCATE_ERROR);
            return *this;
        }
        r->dataNode = q->dataNode;
        r->nextPtr = NULL;
        p->nextPtr = r;
        p = p->nextPtr;
        q = q->nextPtr;
    }
    return *this;
}

//- - - - - - - - - - - - - - - - - - -setNodePtr - - - - - - - - -

template<class T>
void genOsList<T>::setNodePtr(sListNode<T> *listPtr)

/*-+-+-+-+-+-+-+-+-+-+-+-+-+-+-+-+-+-+-+-+-+-+-+-+-+-+-+-+-+-+-+-+-+-+-

ROUTINE PURPOSE: Assigns a new value to the nodePtr data field.
This causes subsequent calls to visitNextNode to start at the
new address.

PARAMETERS:

  INPUT: listPtr - the new value for nodePtr.

HANDLING BAD ARGUMENTS: listPtr must be a copy the current list node!

-+-+-+-+-+-+-+-+-+-+-+-+-+-+-+-+-+-+-+-+-+-+-+-+-+-+-+-+-+-+-+-+-+-+-*/
{
    errorMessage[0] = '\0';
    if (listPtr)
```

Listing 6-3 Continued.

```
if (listPtr)
        nodePtr = listPtr;
    else
        strcpy(errorMessage, "cannot assign NULL to nodePtr");
}

//- - - - - - - - - - - - - - - - - - -insert - - - - - - - - -

template<class T>
boolean genOsList<T>::insert(T& x)

/*-+-+-+-+-+-+-+-+-+-+-+-+-+-+-+-+-+-+-+-+-+-+-+-+-+-+-+-+-+-+-+-+-+-+-+-

ROUTINE PURPOSE: Performs ordered list insertion.

PARAMETERS:

  INPUT: x - the data item inserted in the list.

FUNCTION VALUE: Returns true if the insertion has taken place.  When
the hasDuplicate is true, the function result is always true.  By
contrast, if the data fields hasDuplicate and overwrite are false,
the function result is false when an attempt to enter a node with
a duplicate key is made.

                           ROUTINE DEPENDENCIES
                           - - - - - - - - - - - -

      IDENTIFIER NAME      IDENTIFIER TYPE      SOURCE LIBRARY
      - - - - - - - -      - - - - - - - -      - - - - - - - -
         search               function              local

-+-+-+-+-+-+-+-+-+-+-+-+-+-+-+-+-+-+-+-+-+-+-+-+-+-+-+-+-+-+-+-+-+-+-*/

{
    sListNode<T> *thisPtr, *prevPtr, *p;
    boolean match;

    _buf1 = x;
    match = search(thisPtr, prevPtr, _buf1, 1);

    if ((! hasDuplicate) &&
        (!overwrite)     &&
        match)           {
        strcpy(errorMessage, "cannot insert node with duplicate keys");
        return false;
    }

    if (match && overwrite) {
        // copy new data to existing node
        thisPtr->dataNode = x;
        return true;
    }

    if (!prevPtr) {
```

Listing 6-3 Continued.

```
      p = new sListNode<T>;
        if (!p) {
            strcpy(errorMessage, ALLOCATE_ERROR);
            return false;
        }
        p->nextPtr = head;
        // assign key and other fields
        p->dataNode = x;
        head = p; // assign new pointer to the head of the list
    }
    else { // insert new item inside the list or at its tail
        p = new sListNode<T>;
        if (!p) {
            strcpy(errorMessage, ALLOCATE_ERROR);
            return false;
        }
        // link ahead with the "current" node
        p->nextPtr = prevPtr->nextPtr;
        // link back with the "previous" node
        prevPtr->nextPtr = p;
        // assign key and other fields
        p->dataNode = x;
    }
    listSize++;
    errorMessage[0] = '\0';
    return true;
}

//- - - - - - - - - - - - - - - - - - -search - - - - - - - - -

template<class T>
boolean genOsList<T>::search(sListNode<T>* &thisPtr,    // output
                             sListNode<T>* &prevPtr, // output
                             T& x,
                             unsigned occur)

/*-+-+-+-+-+-+-+-+-+-+-+-+-+-+-+-+-+-+-+-+-+-+-+-+-+-+-+-+-+-+-+-+-+-+-+-

ROUTINE PURPOSE: Searches for x in the sorted list starting at the
head of the list.  The current and previous pointers are returned
in the argument lists.  The complete data of the matching node
is accessed by parameter x.

PARAMETERS:

  INPUT: x - the sought data element.
         occur - the sought occurrence of a search key.

  OUTPUT: thisPtr - the pointer to the sought list element.
          prevPtr - the pointer to the element prior to the sought
             one.

FUNCTION VALUE: Returns true if the search data is located in the
list, otherwise returns false.

-+-+-+-+-+-+-+-+-+-+-+-+-+-+-+-+-+-+-+-+-+-+-+-+-+-+-+-+-+-+-+-+-+-+-*/
```

Listing 6-3 Continued.

```
{
    occur = (!hasDuplicate) ? 1 : occur;
    occur = (occur == 0) ? 1 : occur;
    prevPtr = NULL;
    thisPtr = head;
    errorMessage[0] = '\0';

    while (thisPtr && occur > 0) {
        // element might be in the list ?
        if (x <= thisPtr->dataNode)
            occur—;
        if (occur > 0) {
            prevPtr = thisPtr;
            thisPtr = thisPtr->nextPtr;
        }
    }

    if (x == thisPtr->dataNode) // copy data to pointer x
        x = thisPtr->dataNode;
    return (x == thisPtr->dataNode) ? true : false;
}

//- - - - - - - - - - - - - - - - - - -remove - - - - - - - - -

template<class T>
boolean genOsList<T>::remove(T& x, unsigned occur)

/*-+-+-+-+-+-+-+-+-+-+-+-+-+-+-+-+-+-+-+-+-+-+-+-+-+-+-+-+-+-+-+-+-+-+-+-+-

ROUTINE PURPOSE: Attempts to delete an item from an ordered list.
The boolean function result confirms the deletion process.

PARAMETERS:

  INPUT: x - the reference to the data element to be deleted from
             the list.
         occur - the sought occurrence of a search key.

FUNCTION VALUE: Returns true if a match is found (and at the
specified occurrence), otherwise returns false.

                         ROUTINE DEPENDENCIES
                         - - - - - - - - - - - - - - - -

     IDENTIFIER NAME        IDENTIFIER TYPE        SOURCE LIBRARY
     - - - - - - - - - -    - - - - - - - - - - -  - - - - - - - - - - -
         search                function               local

-+-+-+-+-+-+-+-+-+-+-+-+-+-+-+-+-+-+-+-+-+-+-+-+-+-+-+-+-+-+-+-+-+-+-+-*/

{
    sListNode<T> *thisPtr, *prevPtr;
    boolean match;

    occur = (! hasDuplicate) ? 1 : occur;
    occur = (occur == 0) ? 1 : occur;
```

Listing 6-3 Continued

```
    // search for item to delete
    match = search(thisPtr, prevPtr, x, occur);
    if (match) {
        if (listSize == 1) {
            // delete the last node
            delete head;
            head = NULL;
        }
        else if (!prevPtr) {
            // delete the head of the list
            prevPtr = head->nextPtr;
            delete head;
            head = prevPtr;
        }
        else {
            prevPtr->nextPtr = thisPtr->nextPtr;
            delete thisPtr;
        }
        listSize—;
    }
    return match; // return function value
}

//- - - - - - - - - - - - - - - - - - -visitFirstNode - - - - - - - - -

template<class T>
boolean genOsList<T>::visitFirstNode(T& x)

/*-+-+-+-+-+-+-+-+-+-+-+-+-+-+-+-+-+-+-+-+-+-+-+-+-+-+-+-+-+-+-+-+-+-+-

ROUTINE PURPOSE: Visits the first node of the generic linked list.

PARAMETERS:

  INPUT: x - the reference to the data stored obtained from the
             first list node.

FUNCTION VALUE: Returns true if the list is not empty, otherwise
yields false.

-+-+-+-+-+-+-+-+-+-+-+-+-+-+-+-+-+-+-+-+-+-+-+-+-+-+-+-+-+-+-+-+-+-+-*/

{
    if (head) {
        x = head->dataNode;
        nodePtr = head->nextPtr;
        return true;
    }
    else
        return false;
}

//- - - - - - - - - - - - - - - - - - -visitNextNode - - - - - - - - -

template<class T>
boolean genOsList<T>::visitNextNode(T& x)
```

Listing 6-3 Continued

```
/*-+-+-+-+-+-+-+-+-+-+-+-+-+-+-+-+-+-+-+-+-+-+-+-+-+-+-+-+-+-+-+-+-+-+-+-
ROUTINE PURPOSE: Visits the next node in the generic list.

PARAMETERS:

  INPUT: x - the reference to the data obtained from the next list
         node.

FUNCTION VALUE: Returns false if an attempt is made to read beyond
the tail of the list, otherwise yields true.

COMMENTS: The function search and setNodePtr help function
visitNextNode to start traversing the list from any node.  Thus,
using "index" pointers (that are copy of certain list node
pointers) you can zoom in on specific list nodes.  These index
pointers are a good cure to the not-so-efficient "scrolling"
nature of list traversal.

-+-+-+-+-+-+-+-+-+-+-+-+-+-+-+-+-+-+-+-+-+-+-+-+-+-+-+-+-+-+-+-+-+-+-+-*/

{
    if (nodePtr) {
        x = nodePtr->dataNode;
        nodePtr = nodePtr->nextPtr;
        return true;
    }
    else
        return false;
}

//- - - - - - - - - - - - - - - - - - -clear - - - - - - - - -

template<class T>
void genOsList<T>::clear()

/*-+-+-+-+-+-+-+-+-+-+-+-+-+-+-+-+-+-+-+-+-+-+-+-+-+-+-+-+-+-+-+-+-+-+-+-

ROUTINE PURPOSE: Clears the generic linked list.

-+-+-+-+-+-+-+-+-+-+-+-+-+-+-+-+-+-+-+-+-+-+-+-+-+-+-+-+-+-+-+-+-+-+-+-*/

{
s sListNode<T> *p;

    while (head) {
        p = head;
        head = head->nextPtr;
        delete p;
    }
    listSize = 0;
    nodePtr = NULL;
}

//- - - - - - - - - - - - - - - - - - -genUsList - - - - - - - - -
```

Listing 6-3 Continued.

```
template<class T>
genUsList<T>::genUsList(boolean canOverwrite,
                        boolean allowDuplicate)

/*-+-+-+-+-+-+-+-+-+-+-+-+-+-+-+-+-+-+-+-+-+-+-+-+-+-+-+-+-+-+-+-+-+-+-+-

ROUTINE PURPOSE: Initializes an unordered linked list object.

PARAMETERS:

  INPUT: canOverwrite - flag to indicate whether or not a current
           node can be overwritten with new data.  This parameter is
           significant if allowDuplicate is false.
         allowDuplicate - flag to signal whether or not nodes
           with duplicate keys can be inserted.

-+-+-+-+-+-+-+-+-+-+-+-+-+-+-+-+-+-+-+-+-+-+-+-+-+-+-+-+-+-+-+-+-+-+-*/

{
    hasDuplicate = allowDuplicate;
    overwrite = ((!hasDuplicate)  && canOverwrite) ? true : false;
    listSize = 0;
    nodePtr = NULL;
    head = NULL;
    errorMessage[0] = '\0';
}

//- - - - - - - - - - - - - - - - - - -search - - - - - - - - -

template<class T>
boolean genUsList<T>::search(sListNode<T>* &thisPtr, // output
                              sListNode<T>* &prevPtr, // output
                             T& x,
                             unsigned occur)
/*-+-+-+-+-+-+-+-+-+-+-+-+-+-+-+-+-+-+-+-+-+-+-+-+-+-+-+-+-+-+-+-+-+-+-+-

ROUTINE PURPOSE: Searches for x in the unordered list starting at the
head of the list.  The current and previous pointers are returned
in the argument lists.  The complete data of the matching node
is accessed by parameter x (this is relevant only for structured
data).

PARAMETERS:

  INPUT: x - the reference to the sought data element.
         occur - the sought occurrence of a search key.

  OUTPUT: thisPtr - the pointer to the sought list element.
          prevPtr - the pointer to the element prior to the sought
             one.

FUNCTION VALUE: Returns true if the search data is located in the
list, otherwise returns false.

-+-+-+-+-+-+-+-+-+-+-+-+-+-+-+-+-+-+-+-+-+-+-+-+-+-+-+-+-+-+-+-+-+-+-*/
```

Listing 6-3 Continued

```
{

    prevPtr = NULL;
    thisPtr = head;
    while (thisPtr && occur > 0) {
        if (x == thisPtr->dataNode)
            occur—;
        if (occur > 0) {
            prevPtr = thisPtr;
            thisPtr = thisPtr->nextPtr;
        }
    }

    if (occur == 0) // copy data to pointer x
        x = thisPtr->dataNode;

    return (occur == 0) ? true : false;

}

//- - - - - - - - - - - - - - - - - -insert - - - - - - - - -

template<class T>
boolean genUsList<T>::insert(T& x)

/*-+-+-+-+-+-+-+-+-+-+-+-+-+-+-+-+-+-+-+-+-+-+-+-+-+-+-+-+-+-+-+-+-+-

ROUTINE PURPOSE: Performs unordered list insertion.  Each new
element becomes the last one in the list.

PARAMETERS:

  INPUT: x - the data item inserted in the list.

FUNCTION VALUE: Returns true if the insertion has taken place.  When
the hasDuplicate is true, the function result is always true.  By
contrast, if the hasDuplicate and overwrite data fields are false,
the function result is false when an attempt to enter a node with
a duplicate key is made.

-+-+-+-+-+-+-+-+-+-+-+-+-+-+-+-+-+-+-+-+-+-+-+-+-+-+-+-+-+-+-+-+-+-*/

{
    sListNode<T> *thisPtr, *prevPtr;

    thisPtr = head;
    prevPtr = NULL;
    // traverse to the end of the list
    while (thisPtr) {
        if (x == thisPtr->dataNode) {
            /* guard against duplicate keys when hasDuplicate and
              overwrite is are both false */
            if (!(hasDuplicate || overwrite)) {
               strcpy(errorMessage,
                    "attempt to insert node with duplicate key");
```

Listing 6-3 Continued.

```
                return false;
            }
            // overwrite data ?
            else if (overwrite) {
                thisPtr->dataNode = x;
                return true;
            }
        }
        prevPtr = thisPtr;
        thisPtr = thisPtr->nextPtr;
    }

    thisPtr = new sListNode<T>;
    if (!thisPtr) {
        strcpy(errorMessage, ALLOCATE_ERROR);
        return false;
    }

    thisPtr->nextPtr = NULL; // new node is the new list tail
    // link back with the "previous" node
    prevPtr->nextPtr = thisPtr;
    // assign key and other fields
    thisPtr->dataNode = x;
    if (!head)
        head = thisPtr;
    listSize++;
    return true;
}
```

The class genOsList is declared as a descendant of genAbstractList class. The genOsList class declares three additional data members: nodePtr, head, and _buf1. The nodePtr is a special pointer to the currently visited list node. The head member is the pointer to the head of the linked list. The _buf1 member is a buffer that is an instance of the template class T. The genOsList class declares the setBuf1 member function to enable you to assign values to any special members of template class T. Without this function, the data members of the _buf1 member are exclusively determined by the default constructor of the template class T. This limitation can be a dead end in certain cases.

The declaration of class genOsList includes some in-line member functions. They include the following:

- The default and copy constructors.
- The class destructor, which calls the clear member function.
- The getNodePtr member function which returns the nodePtr pointer.
- The first version of the overloaded search member function. This function calls the second version of function search. Your application will use the first version of search most of the times. The second ver-

sion is more suitable for searching that also requires the pointers to the matching node and the node just before it.

- The = operator, which invokes the copy member function.

The GENSLIST.HPP file also contains the declaration of the generic unordered singly-linked list class, genUsList. This class is declared as a descendant of genOsList and inherits all of the data members and most of the member functions. The declaration of class genUsList contains the following set of in-line functions:

- The default and copy constructors.
- The class destructor, which calls the inherited clear member function.

The genUsList inherits all of the member functions of class genOsList and genAbstractList, except the functions insert and search (the second overloaded version). All of the inherited functions work appropriately with the instances of genUsList. The genUsList class needs a new version of the insert function, since it uses a radically different list insertion mechanism than class genOsList. Likewise, searching in an unordered lists involves a different algorithm than that of ordered lists. This difference dictates the declaration of a new version of the function search. Also notice that the search functions are declared as virtual. This declaration guarantees that inherited functions, such as remove, end up calling the genUsList::search function and not the genOsList::search function.

Let's look at the detailed implementation of classes genOsList and genUsList. The genOsList class has three constructors, as stated earlier. The customizing constructor is coded in Listing 6-3. The constructor initializes the data members of the genOsList instances, but performs no dynamic allocation. The parameter canOverWrite has no effect when the parameter allowDuplicate is true. When you can insert multiple nodes with the same key data, the overwriting feature is disabled.

The copy member function duplicates the instances of genOsList. This function is called by the copy constructor and by the = operator. The function first clears the target list, then proceeds to make a duplicate of the source list sl. This process starts with copying the values of the various data members in the source list. The next phase is to create the new list nodes of the target list and copy the data of the dataNode member. If dynamic allocation fails at any stage of this process, the function assigns an error message string to member errorMessage and then exits.

The setNodePtr member function sets the nodePtr member. The function assigns the argument listPtr to nodePtr only if the argument is not NULL. The setNodePtr and getNodePtr functions allow you to mark a list node and revisit it later, using the visitNextNode function.

✱ The argument for listPtr *must be* a pointer to an *existing* list node. Otherwise, the vistNextNode function will not work properly.

The insert member function inserts new data in the list. The function searches a list by calling the search member function to determine two things: the appropriate place for insertion, and whether another node exists with the same key data. The outcome of the search, along with the values of the data members overWrite and hasDuplicate, determine one of the following actions:

- No insertion is carried out when data member hasDuplicate is false, data member overWrite is false, and the Boolean value returned by function search is true. The member function returns a false result.
- The information accessed by the parameter x overwrites the existing data if the data member overWrite and the search result are both true. The function yields a true result.
- The insertion occurs placing the new data at its appropriate place in the list. The function returns a true result.

The remove member function deletes the specified occurrence of an existing node. If the hasDuplicate data member is false, the function automatically assigns 1 to the argument for the occur parameter. The Boolean result of this member function signals whether or not the sought node was deleted.

The second version of the search member function is perhaps the most important member function. The insert and remove member functions call this version of search. For this reason, it is declared as a virtual member function to support the polymorphic behavior of the subclasses of genUsList. The member function searches for a node with key data that matches the search key, accessed by the reference parameter x, accessing a variable that represents the complete structure, not just the search key. The occur parameter is employed to access a specific occurrence of a key data in the list nodes. When the hasDuplicate data member is false, the argument for occur is assigned 1. The function returns the pointers to the current and previous nodes. These two pointers define a location where a new link is established or where an existing one is removed. Consequently, these pointers are used by the insert and remove functions. When a client program calls the search function to locate the data in a node, the argument x accesses that data if the search is successful. The function caller accesses the nonkey data for the matching list node.

Traversal of a list object variable occurs by first calling the visitFirstNode member function, and then repeatedly calling the visitNextNode member function. The member function sets the nodePtr data member to access the first node in the list. The subsequent calls to the visitNextNode function advance the current node pointer to the other list nodes. When visitFirstNode or visitNextNode return true values, the argument for the reference parameter x accesses the sought data. These two Boolean member functions can be used to traverse the list nodes using a while loop as follows:

```
ok = visitFirstNode(myData);
while ok {
    // manipulate data members of myData
    ok = visitNextNode(myData);
}
```

The clear member function is employed to delete all of the list nodes.

The class of unordered singly-linked lists

Ordered lists are more efficient than unordered lists in data search. However, some applications require maintaining the data in a chronological order using unordered lists. For example, when a list is used to implement a stack or a queue, sorting the data is never done. In fact, in the cases of stacks and queues, the search member function is not even used.

The creation of a class of generic unordered singly-linked lists, genUsList, is facilitated by making it a subclass of genOsList. The two types of lists have much in common; the only difference is the data insertion and search. The subclass of genUsList inherits all of the data members, the constructor, the destructor, and most of the member functions. Listing 6-2 shows the declaration of the genUsList and Listing 6-3 shows the implementation of the insert and search member functions.

The genUsList::insert member function overrides the inherited one. In theory, the data insertion of unordered lists only requires appending the new data to the end of the list. However, the duplicate-node and overwrite features require that the list node be scanned to support these features.

The genUsList::search member function generally performs a more exhaustive search than does function genOsList::search. The reason is the unordered data maintained by instances of genUsList. The search function must search the entire list, if need be, because it has no way of knowing when to stop inside the list.

Testing generic singly-linked lists

Let's look at a program to test the ordered and unordered generic singly-linked classes. This simple program inserts, deletes, and displays a list of strings, in this case names of programming languages. The names are displayed in both an ordered and an unordered list.

To compile and run the program you need to create the project file TSLIST.PRJ and include the files TSLIST.CPP (Listing 6-4) and STRING.CPP. The latter file supplies the code for implementing the string class presented in Chapter 1.

Listing 6-4 The source code for the TSLIST.CPP test program.

```
/*

   Program to test generic singly-linked lists

*/

#include <stdio.h>
#include <conio.h>
#include <string.h>
#include "string.hpp"
#include "genslist.cpp"

void view_list(genOsList<string>& ls, string msg, boolean last)
{
    boolean ok;
    unsigned i = 0;
    string aString;

    clrscr();
    printf("%s\n", msg.getstr());
    ok = ls.visitFirstNode(aString);
    while (ok) {
        printf("%2u : %s\n", ++i, aString.getstr());
        ok = ls.visitNextNode(aString);
    }
    if (!last)
      printf("\n\nPress any key . . . ");
    else
      printf("\n\nPress any key to end the program ...");
    getch();
}

main()
{
    genOsList<string> olist(false, false),
                      olist2(false, false);
    genUsList<string> ulist(false, false);
    string msg;
    string aString[8] = { string("COBOL"), string("C++"),
                          string("BASIC"), string("Pascal"),
                          string("FORTRAN"), string("Ada"),
                          string("Modula-2"), string("Oberon") };

    unsigned count = sizeof(aString) / sizeof(string);
    for (unsigned i = 0; i < count ; i++)
        olist.insert(aString[i]);
    olist2 = olist;
    view_list(olist, "Sorted list is:", false);

    for (i = 0; i < (count / 2); i++) {
        olist.remove(aString[i], 1);
        msg = "After removing " + aString[i];
        view_list(olist, msg, false);
    }
    // view the updated list
```

Listing 6-4 Continued.

```
    view_list(olist, string("New list is:"), false);
    // view the original list
    view_list(olist2, string("Original list was:"), false);

    // insert strings in the unordered list
    for (i = 0; i < count ; i++)
        ulist.insert(aString[i]);

    view_list(ulist, string("Unsorted list is:"), false);

    // remove half of the list members
    for (i = 0; i < (count / 2); i++) {
        ulist.remove(aString[i], 1);
        msg = "After removing " + aString[i];
        view_list(ulist, msg, false);
    }

    // view the list
    view_list(ulist, string("New list is:"), true);

    return 0;
}
```

The test program declares the global function view_list to display the members of the list parameter ls. The msg parameter passes a string that contains a comment on the state of the list argument. The Boolean parameter last indicates whether or not this is the last screen output. The argument of parameter last influences the prompting text. The view_list function visits the nodes of the list ls by first calling the visitFirstNode member function. This call obtains the string in the first list node (if the list is not empty) and returns a Boolean value to indicate the outcome of the function call. The function result is stored in the local variable ok. The visited list nodes are stored in the local string instance aString. The view_list function uses a while loop statement to iterate as long as the local variable ok is true. In each iteration, the loop statement performs the following:

- Displays the string in the local variable aString.
- Visits the next list node by calling the visitNextNode function.

The view_list function works with instances of both genOsList<string> and genUsList<string>. The reason for this is that class genUsList is a descendant of class genOsList.

When executed, the test program first creates two instances of class genOsList<string>, olist and olist2. These classes are string objects. The arguments for the custom creation constructor are false for both instances. These arguments prevent the lists from having nodes with duplicate key data and the nodes from being overwritten.

The program creates an instance of class genUsList<string>, ulist. This one is also a class of string objects. It also creates string instances msg and aString. The aString instance is an initialized array of strings.

Next, the program inserts the members of array aString in the olist object using the genOsList::insert member function. The program uses a for loop statement to insert the members of array aString. Then it copies the olist object into the olist2 object. This step tests the = operator declared in class genOsList.

The program displays the ordered list olist by calling the global function view_list. Figure 6-2 shows the screen output generated by the view_list function call.

```
Sorted list is:

1 : Ada
2 : BASIC
3 : C++
4 : COBOL
5 : FORTRAN
6 : Modula-2
7 : Oberon
8 : Pascal

Press any key . . .
```

6-2 The complete ordered list of strings.

Now the program removes half of the olist members. This task involves a for loop statement and the genOsList::remove member function. The program calls the view_list function in each iteration to display the updated list object olist, and eventually displays the final form of the olist object. Figure 6-3 shows the screen output for this step.

```
New list is:

1 : Ada
2 : FORTRAN
3 : Modula-2
4 : Oberon
```

6-3 The trimmed ordered list of strings.

To test the unordered list operation, the program first views the original ordered list (stored in object olist2) by calling the view_list function. This function calls specifies the olist2 as the argument for ls. The program then inserts the members of array aString in the unordered list instance ulist. This task involves a for loop statement that calls the function genUsList::insert.

The program displays the complete unordered list object ulist by calling the view_list function. Figure 6-4 shows the output of the view_list call. Then it removes half of the ulist members, using a for loop statement and the inherited genOsList::remove member function. The program calls the view_list function in each iteration to display the updated list object ulist. Eventually the program displays the final form of the ulist object using the view_list function, as shown in FIG. 6-5.

6-4 The complete unordered list of strings.

```
Unsorted list is:

1 : COBOL
2 : C++
3 : BASIC
4 : Pascal
5 : FORTRAN
6 : Ada
7 : Modula-2
8 : Oberon

Press any key . . .
```

6-5 The trimmed unordered list of strings.

```
New list is:

1 : FORTRAN
2 : Ada
3 : Modula-2
4 : Oberon

Press any key to end the program ...
```

7
Generic doubly-linked lists

This chapter carries on the discussion of linked lists begun in Chapter 6. It presents the classes for generic doubly-linked lists, including ordered and unordered lists. In addition, the chapter presents a special class of DOS file lists. Since doubly-linked lists are extensions of the singly-linked lists, the two have much in common. Consequently, the material in this chapter is similar to that of the last chapter. If you have already read Chapter 6, then you can quickly move through this chapter. Likewise, if you read this chapter before Chapter 6, then you can also read quickly through Chapter 6.

Basics

A linked list is a data structure made up of connected data nodes. Since linked lists are typically implemented as dynamic structures, pointers are used to establish the links between any two nodes. A doubly-linked list possesses a head pointer and a tail pointer to access the first and last list elements, respectively. Traversal of doubly-linked lists is both bidirectional and reversible. You can start from either end of the list, and change the traversal direction at will. Figure 7-1 shows a sample ordered doubly-linked list containing a selection of C++ keywords.

The typical operations of a doubly-linked list are data insertion, data deletion, data search, list traversal, and list removal. Ordered doubly-linked lists maintain the nodes in an order based on a search key. Thus, new data are inserted in the appropriate location, reducing the effort employed in data search—the search starts at the head of the list and stops at the node where the search key is greater than or equal to the data key of that node. Unordered doubly-linked lists simply append new data to the end of the list. Since information is placed in the list based on a chronological order, the worst-case data searches end up scanning the entire list.

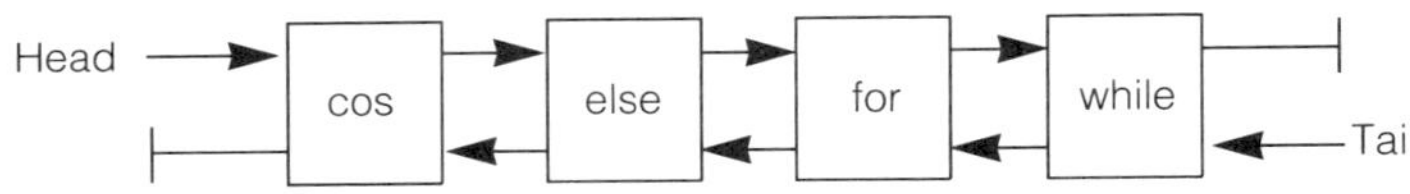

7-1 An ordered doubly-linked list containing a few C++ keywords.

Implementation

The description of doubly-linked lists presented in the last section spoke in general terms. The implementation of a class of doubly-linked lists, either generic or specific, frequently demands more details. The first step deals with the definition of the data types representing the list nodes. This step typically involves a record type and its pointer. The record declares at least three data members—one for the key data and two for the pointers to the next and previous nodes. Listing 7-1 contains the source code for the GENDLIST.HPP header file, which declares the dListNode structure as follows:

```
template<class T>
struct dListNode {
    T dataNode;
    dListNode<T> *prevPtr;
    dListNode<T> *nextPtr;
};
```

Listing 7-1 The source code for the GENDLIST.HPP header file.

```
/*=====================================================================

                Copyright (c) 1992   Namir Clement Shammas

    VERSION:  2.0.0                                        DATE 5/5/92

    PURPOSE: Implements a class of ordered and unordered
             doubly-linked lists with the following operations
             and features:

               + nodes with duplicate keys can be allowed.
               + insert new node.
               + search for a node with a specific occurrence
                 of a key.
               + delete a node with a specific occurrence of a key.
               + traverse the nodes of the lists.

    UPDATE HISTORY:
```

Listing 7-1 Continued.

```
      5/5/92   Uses templates.
==================================================================*/

#include "abslist.hpp"

#ifndef _GENDLIST_HPP
#define _GENDLIST_HPP

template<class T>
struct dListNode {
   T data
Node;
   dListNode<T> *prevPtr;
   dListNode<T> *nextPtr;
};


template<class T>
class genOdList : public genAbstractList<T>
{
  protected:
    dListNode<T> *nodePtr, // node-visitation pointer
                 *tail,    // pointer to the tail of list
                 *head;    // pointer to head of list
    T            _buf1;    // buffer

    genOdList<T>& copy(genOdList<T>&);

  public:
    // ************** state manipulation methods **************
    genOdList() {}
    genOdList(boolean canoverwrite,
              boolean allowduplicate);
    genOdList(genOdList<T>& dl) { head = NULL; copy(dl); }
    ~genOdList()
      { clear(); }
    void setNodePtr(dListNode<T>* listPtr);
    void setBuf1(T& newBuf1) { _buf1 = newBuf1; }

    // ****************** state query methods *****************
    dListNode<T>* getNodePtr() { return nodePtr; }

    // ************** object manipulation methods *************
    virtual boolean insert(T&);
    virtual boolean remove(T& x, unsigned occur = 1);
    virtual boolean search(T& x, unsigned occur = 1)
      {
        dListNode<T> *p;
        return search(p, x, occur);
      }
    virtual boolean search(dListNode<T>* &thisptr,
                           T& x,
                           unsigned occur = 1);

    virtual boolean visitFirstNode(T& x);
```

Listing 7-1 Continued.

```
    boolean visitPrevNode(T& x);
    virtual boolean visitNextNode(T& x);
    boolean visitLastNode(T& x);
   virtual void clear();
    genOdList<T>& operator =(genOdList<T>& dl)
      { copy(dl); return *this; }
};

template<class T>
class genUdList : public genOdList<T>

  public:
    // ************** state manipulation methods **************
    genUdList() {}
    genUdList(boolean canoverwrite,
              boolean allowduplicate) :
         genOdList<T>(canoverwrite, allowduplicate) {}

    genUdList(genUdList<T>& dl) { head = NULL; copy(dl); }

    // ************** object manipulation methods *************
    virtual boolean insert(T&);
    virtual boolean search(dListNode<T>* &thisptr,
                           T& x,
                           unsigned occur = 1);

    genUdList<T>& operator =(genUdList<T>& dl)
      { copy(dl); return *this; }
};

#endif
```

The dataNode member stores the node's data. This data is an instance of the template class T, which includes the data key as well as possibly nonkey information.

The other design aspects of a class of generic doubly-linked list require data members to monitor the following information:

- The size of the list.
- The pointer to the list head.
- The pointer to the list tail.
- The ability to overwrite existing nodes with new information. Note that the new information has the same key data but different nonkey information.
- The ability to maintain multiple nodes with the same key data.

The last two pieces of information are maintained by Boolean flags. The features associated with these flags provide greater control over data insertion. Keep in mind that the overwrite feature is disabled if multiple nodes with the same key data are allowed.

The functionality of the sought class of lists is the same as the one mentioned in the last section. The GENDLIST.HPP header file contains the following declaration of the class genOdList modeling generic ordered doubly-linked lists. Notice that the GENDLIST.HPP header file includes the ABSLIST.HPP header file. This inclusion is required, since class genOdList is a descendant of class genAbstractList, declared in file ABSLIST.HPP.

Listing 7-1 declares the structure dListNode, which was presented earlier. This structure is declared outside the genOdList and genJdList classes; this is because the pointers to dListNode appear as parameters in the member functions of the two generic list classes. Therefore, the client application must know about the dListNode structure in order to declare arguments for the dListNode<T>* parameters. The dListNode is declared as a template structure to enable its use by the generic list classes.

The class genOdList is declared as a descendant of genAbstractList class. The genOdList class declares four additional data members: nodePtr, tail, head, and _buf1. The nodePtr is a special pointer to the currently visited list node. The tail and head members are the pointers to the tail and head of the linked list. The _buf1 member is a buffer that is an instance of the template class T. The genOdList class declares the setBuf1 member function to enable you to assign values to any special members of template class T. Without this function, the data members of the _buf1 member are exclusively determined by the default constructor of the template class T. This limitation can be a dead end in certain cases, such as selecting a specific data member for comparing template class instances.

The declaration of class genOdList includes several in-line member functions. Among them are:

- The default and copy constructors.
- The class destructor, which calls the clear member function.
- The getNodePtr member function which returns the nodePtr pointer.
- The first version of the overloaded search member function. This function calls the second version of function search. Your application will use the first version of search most of the time. The second version is more suitable for searching that also requires the pointers to the matching node and the node that comes right before it.
- The = operator which invokes the copy member function.

The GENDLIST.HPP file also contains the declaration of the generic unordered doubly-linked list class genUdList. This class is declared as a descendant of genOdList and inherits all of the data members and most of the member functions. The declaration of class genUdList contains the following set of in-line functions:

- The default and copy constructors.
- The class destructor, which calls the inherited clear member function.

The genUdList inherits all of the member functions of class genOdList and genAbstractList, except the functions insert and search (the overloaded version). All of the inherited functions work appropriately with the instances of genUdList. The genUdList class needs a new version of the insert function since it uses a radically different list insertion mechanism than class genOdList. Likewise, searching in an unordered lists involves a different algorithm than that of ordered lists. This difference dictates the declaration of a new version of the function search. Also notice that the search functions are declared as virtual. This declaration guarantees that inherited functions, such as remove, end up calling the genUdList::search function and not the genOdList::search function.

Let's look at the detailed implementation of classes genOdList and genUdList. The genOdList class has three constructors, as stated earlier. The custom creation constructor is coded in Listing 7-2. The constructor initializes the data members of the genOdList instances, but performs no dynamic allocation. The parameter canOverWrite has no effect when the parameter allowDuplicate is true—when you can insert multiple nodes with the same key data, the overwriting feature is disabled.

Listing 7-2 The source code for the GENDLIST.CPP library file.

```
/*====================================================================

                Copyright (c) 1992   Namir clement shammas

    LIBRARY NAME: gendlist

    VERSION:  2.0.0                                      DATE 5/5/92

    PURPOSE: Implements a class of ordered and unordered
             doubly-linked lists with the following operations
             and features:

               + nodes with duplicate keys can be allowed.
               + insert new node.
               + search for a node with a specific occurrence
                 of a key.
               + delete a node with a specific occurrence of a key.
               + traverse the nodes of the lists.

    UPDATE HISTORY:

      5/5/92  Uses templates.

====================================================================*/

#include "gendlist.hpp"

//- - - - - - - - - - - - - - - - genOdList - - - -

template<class T>
genOdList<T>::genOdList(boolean canOverwrite, boolean allowDuplicate)
```

Listing 7-2 Continued.

```
/*-+-+-+-+-+-+-+-+-+-+-+-+-+-+-+-+-+-+-+-+-+-+-+-+-+-+-+-+-+-+-+-+-+-+-+-

ROUTINE PURPOSE: Initializes a linked list object.

PARAMETERS:

  INPUT: canOverwrite - flag to indicate whether or not a current
           node can be overwritten with new data.  This parameter is
           significant if allowduplicate is false.
         allowduplicate - flag to signal whether or not nodes
           with duplicate keys can be inserted.

-+-+-+-+-+-+-+-+-+-+-+-+-+-+-+-+-+-+-+-+-+-+-+-+-+-+-+-+-+-+-+-+-+-+-+-*/
{
    hasDuplicate = allowDuplicate;
    overwrite = (!hasDuplicate && canOverwrite) ? true : false;
    listSize = 0;
    nodePtr = NULL;
    head = NULL;
    tail = NULL;
    strcpy(errorMessage, "");
}

//- - - - - - - - - - - - - - - - - copy - - - -

template<class T>
genOdList<T>& genOdList<T>::copy(genOdList<T>&  dl)

/*-+-+-+-+-+-+-+-+-+-+-+-+-+-+-+-+-+-+-+-+-+-+-+-+-+-+-+-+-+-+-+-+-+-+-+-

ROUTINE PURPOSE: Copies a generic doubly-linked linked.

PARAMETERS:

  INPUT: dl - the list to be copied.

-+-+-+-+-+-+-+-+-+-+-+-+-+-+-+-+-+-+-+-+-+-+-+-+-+-+-+-+-+-+-+-+-+-+-+-*/

{
    dListNode<T> *p, *q, *r;

    if (head)
        clear();
    hasDuplicate = dl.hasDuplicate;
    overwrite = dl.overwrite;
    listSize = dl.listSize;
    nodePtr = NULL;
    head = NULL;
    tail = NULL;
    strcpy(errorMessage, "");
    if (!dl.head)
        return *this;
    head = new dListNode<T>>;
    if (!head) {
        strcpy(errorMessage, ALLOCATE_ERROR);
        return *this;
```

Listing 7-2 Continued.

```
    }
    head->dataNode = dl.head->dataNode;
    head->nextPtr = NULL;
    head->prevPtr = NULL;
    tail = head;
    p = head;
    r = NULL;
    q = dl.head->nextPtr;
    while (q) {
        r = new dListNode<T>;
        if (!r) {
            strcpy(errorMessage, ALLOCATE_ERROR);
            return *this;
        }
        r->dataNode = q->dataNode;
        r->nextPtr = NULL;
        r->prevPtr = p;
        p->nextPtr = r;
        tail = r;
        p = p->nextPtr;
        q = q->nextPtr;
    }
    return *this;
}

//- - - - - - - - - - - - - setNodePtr - - - - -

template<class T>
void genOdList<T>::setNodePtr(dListNode<T>* listPtr)
/*-+-+-+-+-+-+-+-+-+-+-+-+-+-+-+-+-+-+-+-+-+-+-+-+-+-+-+-+-+-+-+-+-+-+-

ROUTINE PURPOSE: Assigns a new value to the nodePtr data member.
This causes subsequent calls to visitNextNode to start at the
new address.

PARAMETERS:

  INPUT: listPtr - the new value for nodePtr.


HANDLING BAD ARGUMENTS: listPtr must be a copy of a current
list node!

-+-+-+-+-+-+-+-+-+-+-+-+-+-+-+-+-+-+-+-+-+-+-+-+-+-+-+-+-+-+-+-+-+-+-*/

{
    if (listPtr)
        nodePtr = listPtr;
    else
        strcpy(errorMessage, "cannot assign NULL to nodePtr");
}

//- - - - - - - - - - - - - - - - insert - - - -

template<class T>
boolean genOdList<T>::insert(T& x)
```

Listing 7-2 Continued.

```
/*-+-+-+-+-+-+-+-+-+-+-+-+-+-+-+-+-+-+-+-+-+-+-+-+-+-+-+-+-+-+-+-+-+-+-+-+-
ROUTINE PURPOSE: Performs ordered list insertion.

PARAMETERS:

  INPUT: x - the pointer to the data item inserted in the list.

FUNCTION VALUE: Returns true if the insertion has taken place.  When
the hasDuplicate is true, the function result is always true.  By
contrast, if the data members hasDuplicate and overwrite are false,the
function result is false when an attempt to enter a node with
a duplicate key is made.


                         ROUTINE DEPENDENCIES
                         - - - - - - - - - -

       IDENTIFIER NAME       IDENTIFIER TYPE        SOURCE LIBRARY
       - - - - - - - -       - - - - - - - -        - - - - - - -
           search               function                local

-+-+-+-+-+-+-+-+-+-+-+-+-+-+-+-+-+-+-+-+-+-+-+-+-+-+-+-+-+-+-+-+-+-+-+-*/

{
    dListNode<T> *thisptr, *p;
    boolean match;

    _buf1 = x;
    match = search(thisptr, _buf1, 1);

    if (!hasDuplicate && !overwrite && match) {
        strcpy(errorMessage, "cannot insert node with duplicate keys");
        return false;
    }

    if (match && overwrite) {
        // copy new data to existing node
        thisptr->dataNode = x;
        return true;
    }

    if (!thisptr) {
        // new item inserted at the tail of the list
        p = new dListNode<T>;
        if (!p) {
            strcpy(errorMessage, ALLOCATE_ERROR);
            return false;
        }
        // assign key and other members
        p->dataNode = x;
        if (head) {
            tail->nextPtr = p;
            p->prevPtr = tail;
            p->nextPtr = NULL;
            tail = p;
        }
```

Listing 7-2 Continued.

```
        else {
         head = p;
         head->nextPtr = NULL;
         head->prevPtr = NULL;
         tail = p;
        }
    }
    else if (!thisptr->prevPtr) {
        // new item is the new list head
        p = new dListNode<T>;
        if (!p) {
            strcpy(errorMessage, ALLOCATE_ERROR);
            return false;
        }
        // assign key and other members
        p->nextPtr = head;
        p->prevPtr = NULL;
        head->prevPtr = p;
        p->dataNode = x;
        head = p; // assign new pointer to the head of the list
    }
    else {
        // insert new item inside the list or at its tail
        p = new dListNode<T>;
        if (!p) {
            strcpy(errorMessage, ALLOCATE_ERROR);
            return false;
        }
        // link ahead with the "current" node
        p->nextPtr = thisptr;
        // link back with the "previous" node
        p->prevPtr = thisptr->prevPtr;
        thisptr->prevPtr->nextPtr = p;
        thisptr->prevPtr = p;
        // assign key and other members
        p->dataNode = x;
    }
    listSize++;
    errorMessage[0] = '\0';
    return true; // return function value
}

//- - - - - - - - - - - - - - - - - - search - - - -
template<class T>
boolean genOdList<T>::search(dListNode<T>* &thisptr, // output
                             T& x,
                             unsigned occur)

/*-+-+-+-+-+-+-+-+-+-+-+-+-+-+-+-+-+-+-+-+-+-+-+-+-+-+-+-+-+-+-+-+-+-

ROUTINE PURPOSE: Searches for x in the sorted list starting at the
head of the list.  The pointer to the current node is returned
in the argument list.   The complete data of the matching node
is accessed by parameter x (this is relevant only for structured data).

PARAMETERS:
```

Listing 7-2 Continued.

```
  INPUT: x - the sought data element.
         occur - the sought occurrence of a search key.

  OUTPUT: thisptr - the pointer to the sought list element.

FUNCTION VALUE: Returns true if the search data is located in the
         list, otherwise returns false.

-+-+-+-+-+-+-+-+-+-+-+-+-+-+-+-+-+-+-+-+-+-+-+-+-+-+-+-+-+-+-+-+-+-*/

{
    errorMessage[0] = '\0';
    occur = (occur > 0) ? occur : 1;
    occur = (!hasDuplicate) ? 1 : occur;
    thisptr = head;

    while (thisptr && occur > 0) {
        // element might be in the list ?
        if (x <= thisptr->dataNode)
            occur- -;
        if (occur > 0)
            thisptr = thisptr->nextPtr;
    }

    if (x == thisptr->dataNode) // copy data to pointer x
        x = thisptr->dataNode;

    // return function value
    return (x == thisptr->dataNode) ? true : false;

}

//- - - - - - - - - - - - - - remove - - - -

template<class T>
boolean genOdList<T>::remove(T& x, unsigned occur)

/*-+-+-+-+-+-+-+-+-+-+-+-+-+-+-+-+-+-+-+-+-+-+-+-+-+-+-+-+-+-+-+-+-+-+-

ROUTINE PURPOSE: Attempts to delete an item from an ordered list.
The boolean function result confirms the deletion process.

PARAMETERS:

  INPUT: x - the data element to be deleted from the list.
         occur - the sought occurrence of a search key.

FUNCTION VALUE: Returns true if a match is found (and at the
specified occurrence), otherwise returns false.

                         ROUTINE DEPENDENCIES
                         - - - - - - - - - - - - - -

      IDENTIFIER NAME       IDENTIFIER TYPE       SOURCE LIBRARY
      - - - - - - - - - -   - - - - - - - - - -   - - - - - - - - - -
          search               function               local
```

Listing 7-2 Continued.

```
-+-+-+-+-+-+-+-+-+-+-+-+-+-+-+-+-+-+-+-+-+-+-+-+-+-+-+-+-+-+-+-+-+-+-+-*/
{
    dListNode<T> *thisptr, *p;
    boolean match;

    occur = (occur > 0) ? occur : 1;
    occur = (!hasDuplicate) ? 1 : occur;
    // search for item to delete
    match = search(thisptr, x, occur);

    if (match) {
        if (listSize == 1) {
            delete head;
            head = NULL;
            tail = NULL;
        }
        else if (!thisptr->nextPtr) {
            // delete the last list member
            p = thisptr->prevPtr;
            p->nextPtr = NULL;
            delete tail;
            tail = p; // link tail pointer with new last element
        }
        else if (!thisptr->prevPtr) {
            // delete the list head
            p = thisptr->nextPtr;
            p->prevPtr = NULL;
            delete head;
            head = p; // link head with new first element
        }
        else {
            thisptr->prevPtr->nextPtr = thisptr->nextPtr;
            thisptr->nextPtr->prevPtr = thisptr->prevPtr;
            delete thisptr;
        }
        listSize- -;
    }
    return match; // return function value
}

//- - - - - - - - - - - - - - visitFirstNode - - - - -

template<class T>
boolean genOdList<T>::visitFirstNode(T& x)

/*-+-+-+-+-+-+-+-+-+-+-+-+-+-+-+-+-+-+-+-+-+-+-+-+-+-+-+-+-+-+-+-+-+-+-+-

ROUTINE PURPOSE: Visits the first node of the generic linked list.

PARAMETERS:

  INPUT: x - the data obtained from the first list node.

FUNCTION VALUE: Returns true if the list is not empty, otherwise yields
false.
```

Listing 7-2 Continued.

```
-+-+-+-+-+-+-+-+-+-+-+-+-+-+-+-+-+-+-+-+-+-+-+-+-+-+-+-+-+-+-+-+-+-+-*/

{
    if (head) {
        x = head->dataNode;
        nodePtr = head;
        return true;
    }
    else
        return false;
}

//- - - - - - - - - - - - - - visitLastNode - - - - -

template<class T>
boolean genOdList<T>::visitLastNode(T& x)

/*-+-+-+-+-+-+-+-+-+-+-+-+-+-+-+-+-+-+-+-+-+-+-+-+-+-+-+-+-+-+-+-+-+-+-

ROUTINE PURPOSE: Visits the tail of the generic linked list.

PARAMETERS:

  INPUT: x - the data obtained from the last list node.

FUNCTION VALUE: Returns true if the list is not empty, otherwise
yields false.

-+-+-+-+-+-+-+-+-+-+-+-+-+-+-+-+-+-+-+-+-+-+-+-+-+-+-+-+-+-+-+-+-+-+-*/

{
    if (tail) {
        x = tail->dataNode;
        nodePtr = tail;
        return true;
    }
    else
        return false;
}

//- - - - - - - - - - - - - - visitNextNode - - - -

template<class T>
boolean genOdList<T>::visitNextNode(T& x)

/*-+-+-+-+-+-+-+-+-+-+-+-+-+-+-+-+-+-+-+-+-+-+-+-+-+-+-+-+-+-+-+-+-+-+-

ROUTINE PURPOSE: Visits the next node in the generic list.

PARAMETERS:

  INPUT: x - the data obtained from the next list node.

FUNCTION VALUE: Returns false if an attempt is made to read beyond
the tail of the list, otherwise yields true.
```

Listing 7-2 Continued.

```
COMMENTS: The functions search and setNodePtr help function
visitNextNode to start traversing the list from any node.  Thus,
using "index" pointers (that are copy of certain list node
pointers) you can zoom in on specific list nodes.  This is a
good cure to the not-so-efficient "scrolling" nature of list
traversal.

-+-+-+-+-+-+-+-+-+-+-+-+-+-+-+-+-+-+-+-+-+-+-+-+-+-+-+-+-+-+-+-+-+-*/

{
    if (nodePtr && nodePtr->nextPtr) {
        nodePtr = nodePtr->nextPtr;
        x = nodePtr->dataNode;
        return true;
    }
    else
        return false;
}

//- - - - - - - - - - - - - - - visitPrevNode - - - -

template<class T>
boolean genOdList<T>::visitPrevNode(T& x)

/*-+-+-+-+-+-+-+-+-+-+-+-+-+-+-+-+-+-+-+-+-+-+-+-+-+-+-+-+-+-+-+-+-+-+-

ROUTINE PURPOSE: Visits the previous node in the generic list.

PARAMETERS:

  INPUT: x - the data obtained from the previous list node.

FUNCTION VALUE: Returns false if an attempt is made to read beyond
the tail of the list, otherwise yields true.

COMMENTS: The functions search and setNodePtr help function
visitLastNode to start traversing the list from any node.  Thus,
using "index" pointers (that are copy of certain list node
pointers) you can zoom in on specific list nodes.  This is a
good cure to the not-so-efficient "scrolling" nature of list
traversal.

-+-+-+-+-+-+-+-+-+-+-+-+-+-+-+-+-+-+-+-+-+-+-+-+-+-+-+-+-+-+-+-+-+-*/

{
    if (nodePtr && nodePtr->prevPtr) {
        nodePtr = nodePtr->prevPtr;
        x = nodePtr->dataNode;
        return true;
    }
    else
        return false;
}

//- - - - - - - - - - - - - - - - - clear - - - -
```

Listing 7-2 Continued.

```
template<class T>
void genOdList<T>::clear()
/*-+-+-+-+-+-+-+-+-+-+-+-+-+-+-+-+-+-+-+-+-+-+-+-+-+-+-+-+-+-+-+-+-+-+-+-

ROUTINE PURPOSE: Clears the generic linked list.

-+-+-+-+-+-+-+-+-+-+-+-+-+-+-+-+-+-+-+-+-+-+-+-+-+-+-+-+-+-+-+-+-+-+-+-*/

{
    dListNode<T>* p;

    while (head) {
        p = head;
        head = head->nextPtr;
        delete p;
        listSize—;
    }
    tail = NULL;
    nodePtr = NULL;
}

//- - - - - - - - - - - - - - - - - search - - - - -

template<class T>
boolean genUdList<T>::search(dListNode<T>* &thisptr, // output
                             T& x,
                             unsigned occur)

/*-+-+-+-+-+-+-+-+-+-+-+-+-+-+-+-+-+-+-+-+-+-+-+-+-+-+-+-+-+-+-+-+-+-+-+-

ROUTINE PURPOSE: Searches for x in the unordered list starting at the
head of the list.  The pointer to the current node is returned
in the argument list.  The complete data of the matching node
is accessed by parameter x (this is relevant only for structure data).

PARAMETERS:

  INPUT: x - the sought data element.
         occur - the sought occurrence of a search key.

  OUTPUT: thisptr - the pointer to the sought list element.

FUNCTION VALUE: Returns true if the search data is located in the
list, otherwise returns false.

-+-+-+-+-+-+-+-+-+-+-+-+-+-+-+-+-+-+-+-+-+-+-+-+-+-+-+-+-+-+-+-+-+-+-+-*/
{

    occur = (occur > 0) ? occur : 1;
    occur = (!hasDuplicate) ? 1 : occur;
    thisptr = head;

    while (thisptr && occur > 0) {
        if (x == thisptr->dataNode)
            occur—;
```

Listing 7-2 Continued.

```
        if (occur > 0)
            thisptr = thisptr->nextPtr;
    }

    if (occur == 0) // copy data to pointer x
        x = thisptr->dataNode;

    return (occur == 0) ? true : false;
}

//- - - - - - - - - - - - - - - - insert - - -

template<class T>
boolean genUdList<T>::insert(T& x)

/*-+-+-+-+-+-+-+-+-+-+-+-+-+-+-+-+-+-+-+-+-+-+-+-+-+-+-+-+-+-+-+-+-+-+-+-

ROUTINE PURPOSE: Performs unordered list insertion.  Each new
element becomes the last on in the list.

PARAMETERS:

  INPUT: x - the data item inserted in the list.

FUNCTION VALUE: Returns true if the insertion has taken place.  When
the hasDuplicate is true, the function result is always true.  By
contrast, if the hasDuplicate and overwrite data members are false,
the function result is false when an attempt to enter a node with
a duplicate key is made.

-+-+-+-+-+-+-+-+-+-+-+-+-+-+-+-+-+-+-+-+-+-+-+-+-+-+-+-+-+-+-+-+-+-+-+-*/

{
    dListNode<T> *thisptr;

    thisptr = head;
    // traverse to the end of the list
    while (thisptr) {
        if (x == thisptr->dataNode) {
            /* guard against duplicate keys when hasDuplicate and
              overwrite is are both false */
            if (!(hasDuplicate || overwrite)) {
               strcpy(errorMessage,
                   "attempt to insert node with duplicate key");
               return false;             }
            // overwrite data ?
            else if (overwrite) {
                thisptr->dataNode = x;
                return true;
            }
        }
        thisptr = thisptr->nextPtr;
    }

    thisptr = new dListNode<T>;
    if (!thisptr) {
```

Listing 7-2 Continued.

```
        strcpy(errorMessage, ALLOCATE_ERROR);
        return false;
    }
    // assign key and other members
    thisptr->dataNode = x;
    thisptr->nextPtr = NULL;
    thisptr->prevPtr = tail;
    if (!head) {
        head = thisptr;
        head->nextPtr = NULL;
        head->prevPtr = NULL;
        tail = head;
    }
    else {
        tail->nextPtr = thisptr;
        tail = thisptr; // reassign pointer to new tail
    }
    listSize++;
    return true;
}
```

The copy member function duplicates the instances of genOdList. This function is called by the copy constructor and by the = operator. The function first clears the target list and then proceeds to make a duplicate of the source list dl. This process starts with copying the values of the various data members in the source list. The next phase is to create the new list nodes of the target list and copy the data of the dataNode member. If dynamic allocation fails at any stage of this process, the function assigns an error message text to member errorMessage and then exits.

The setNodePtr member function sets the nodePtr member. The function assigns the argument listPtr to nodePtr only if the argument is not NULL. The setNodePtr and getNodePtr functions allow you to mark a list node and revisit it later, using the visitNextNode and visitPrevNode functions.

✱ The argument for listPtr *must be* a pointer to an *existing* list node! Otherwise, the visitNextNode and visitPrevNode functions will not work properly.

The insert member function inserts new data in the list. A list search is performed by calling the search member function to determine two things: the appropriate place for insertion, and whether another node exists with the same key data. The outcome of the search, along with the values of the data members overWrite and hasDuplicate, determines one of the following actions:

- No insertion is carried out when data member hasDuplicate is false, data member overWrite is false, and the Boolean value returned by function search is true. The member function returns a false result.
- The information accessed by the parameter x simply overwrites existing data if both the data member overWrite and the search result are both true. The member function yields a true result.

- The insertion occurs placing the new data at its appropriate place in the list. The member function returns a true result.

The remove member function deletes the specified occurrence of an existing node. If the hasDuplicate data member is false, the argument for the occur parameter is automatically assigned a value of 1. The Boolean result of this member function indicates whether or not the sought node was deleted.

The second version of the search member function is perhaps the most important member function. It is called by the insert and remove member functions. For this reason, it is declared as a virtual member function to support the polymorphic behavior of the child class genUdList. The function searches for a node with key data that matches the search key accessed by the reference parameter x. Note that because structured data might be involved, the parameter x accesses a variable that represents the complete structure and not just the search key. The occur parameter is employed to access a specific occurrence of the key data in the list nodes. When the hasDuplicate data member is false, the argument for occur is assigned 1. The function returns the pointer to the current list node. This pointer defines the location where a new link is established or where an existing one is removed. Consequently, the node pointer is used by the insert and remove member functions. When a client program calls the search function to locate the data in a node, the argument x accesses that data if the search is successful. This is relevant when the instances of the template class T contain nonkey data.

Traversal of a doubly-linked list object can be done either forward or backward. Forward traversal is carried out by first calling the visitFirstNode member function, and then repeatedly calling the visitNextNode member function. The first function sets the nodePtr data member to access the first node in the list. The subsequent calls to visitNextNode function advance the current node pointer to the other list nodes. When visitFirstNode or visitNextNode return true values, the argument for the reference parameter x accesses the sought data. These two Boolean member functions can be used to traverse the list nodes forward using a while loop as follows:

```
ok = visitFirstNode(myData);
while ok {
    // manipulate data members of myData
    ok = visitNextNode(myData);
}
```

Backward traversal uses the visitLastNode and visitPrevNode functions. The visitLastNode function initializes the backward traversal of the list by visiting the tail list member. Subsequent calls to the visitPrevNode function visits other nodes. The backward traversal functions also return Boolean results to reflect the success or failure of the attempted node visitations.

The clear member function is employed to delete all of the list nodes.

The class of unordered doubly-linked lists

Ordered lists are more efficient than unordered lists for data searches. However, some applications require maintaining the data in a chronological order using unordered lists. For example, when a list is used to implement a stack or a queue, sorting the data is simply out of the question. In fact, the search member function is not even used in implementing stacks and queues. Unordered doubly-linked lists enable you to visit the list nodes forward or backward and alter the traversal direction.

The creation of a class of generic unordered singly-linked lists, genUdList, is facilitated by making it a subclass of genOdList. The two types of lists have much in common; the only difference is the data insertion and search. The subclass of genUdList inherits all of the data members, the constructor, the destructor, and most of the member functions. Listing 7-1 shows the declaration of the genUdList and Listing 7-2 shows the implementation of the insert and search member functions.

The genUdList::insert member function overrides the inherited one. In theory, the insertion of data into unordered lists requires only appending the new data to the end of the list. However, the duplicate-node and overwrite features require that the list node be scanned.

The genUdList::search member function generally performs a more exhaustive search than does the function genOdList::search. This is because of the unordered data maintained by instances of genUdList. The search function must search the entire list, if need be, since it has no way of knowing when to stop inside the list.

Testing generic doubly-linked lists

Let's consider a program that tests the ordered and unordered generic doubly-linked classes. This simple program inserts, deletes, and displays a list of strings, in this case the names of programming languages. The names are displayed in both an ordered and an unordered list.

To compile and run the program, you must create the project file TSDLIST1.PRJ and include the files TSDLIST1.CPP (Listing 7-3) and STRING.CPP. The latter file supplies the code for implementing the string class presented in Chapter 1.

Listing 7-3 The source code for the TSDLIST1.CPP test program.

```
// test linked list

#include <stdio.h>
#include <conio.h>
#include <dos.h>
#include <dir.h>
#include <string.h>
#include "string.hpp"
#include "gendlist.cpp"
```

Listing 7-3 Continued.

```
void view_list(genOdList<string>& ls, string msg, boolean last)
{
    boolean ok;
    unsigned i = 0;
    string aString;

    clrscr();
    printf("%s\n", msg.getstr());
    ok = ls.visitFirstNode(aString);
    while (ok) {
        printf(" %u  %s\n", ++i, aString.getstr());
        ok = ls.visitNextNode(aString);
    }
    if (!last)
      printf("\n\nPress any key . . . ");
    else

    printf("\n\nPress any key to end the program ...");
    getch();
}

main(void)
{
    genOdList<string> olist(false, false),
                      olist2(false, false);
    genUdList<string> ulist(false, false);
    string msg;
    string aString[] = { string("COBOL"),    string("C++"),
                         string("Pascal"),   string("BASIC"),
                         string("FORTRAN"),  string("Ada"),
                         string("Modula-2"), string("Oberon")};

    unsigned count = sizeof(aString) / sizeof(string);
    for (unsigned i = 0; i < count ; i++)
        olist.insert(aString[i]);
    olist2 = olist;
    view_list(olist, string("Sorted list is:", false));

    for (i = 0; i < (count / 2); i++) {
        olist.remove(aString[i], 1);
        msg = "After removing " + aString[i];
        view_list(olist, msg, false);
    }

    view_list(olist, string("New list is:"), false);
    view_list(olist2, string("Original list was:"), false);

    for (i = 0; i < count ; i++)
        ulist.insert(aString[i]);

    view_list(ulist, string("Unsorted list is:"), false);

    for (i = 0; i < (count / 2); i++) {
        ulist.remove(aString[i], 1);
        msg = "After removing " + aString[i];
        view_list(ulist, msg, false);
```

Listing 7-3 Continued.

```
    }

    view_list(ulist, string("New list is:"), true);

    return 0;
}
```

The test program declares the global function view_list to display the members of the list parameter ls. The msg parameter passes a string that contains a comment on the state of the list argument. The Boolean parameter last indicates whether or not this is the last screen output. The argument of parameter last influences the prompting text. The view_list function visits the nodes of the list ls by first calling the visitFirstNode member function. This call obtains the string in the first list node (assuming the list is not empty) and returns a Boolean value to indicate the outcome of the function call. The function result is stored in the local variable ok. The visited list nodes are stored in the local string instance aString. The view_list function uses a while loop statement to iterate as long as the local variable ok is true. In each iteration, the loop statement displays the string in the local variable aString, and then visits the next list node by calling the visitNextNode function.

The view_list function works with instances of both genOdList<string> and genUdList<string>, because class genUdList is a descendant of class genOdList.

The test program begins its operations by creating two instances of class genOdList<string>, olist and olist2. These are classes of string objects. The arguments for the custom creation constructor are false for both instances. These arguments prevent the lists from having nodes with duplicate key data and prevent the nodes from being overwritten.

The program next creates an instance of class genUdList<string> called ulist (also a class of string objects), and creates string instances msg and aString. The aString instance is an initialized array of strings. The members of this array are then inserted into the olist object using the genOdList::insert member function. The program uses a for loop statement to insert the members of array aString.

At this point the program copies the olist object into the olist2 object, testing the = operator declared in class genOdList, and displays the ordered

7-2 The complete ordered list of strings.

```
Sorted list is:

1 : Ada
2 : BASIC
3 : C++
4 : COBOL
5 : FORTRAN
6 : Modula-2
7 : Oberon
8 : Pascal

Press any key . . .
```

list olist by calling the global function view_list. Figure 7-2 shows the screen output generated by the view_list function call.

Now the program removes half of the olist members using for loop statement and the genOdList::remove member function, and calls the view_list function in each iteration to display the updated list object olist. Eventually the program displays the final form of the olist object using the view_list function, as shown in FIG. 7-3.

```
New list is:

1 : Ada
2 : FORTRAN
3 : Modula-2
4 : Oberon

Press any key . . .
```

7-3 The trimmed ordered list of strings.

At this point, the program displays the original ordered list, which was stored in object olist2, using the view_list function. This function call specifies olist2 as the argument for ls. The program inserts the members of array aString in the unordered list instance ulist. This task involves a for loop statement that calls the function genUdList::insert. The complete unordered list object ulist is then displayed by calling the view_list function. Figure 7-4 shows the output of the view_list call.

```
1 : COBOL
2 : C++
3 : BASIC
4 : Pascal
5 : FORTRAN
6 : Ada
7 : Modula-2
8 : Oberon

Press any key . . .
```

7-4 The complete unordered list of strings.

The program then removes half of the ulist members. This task involved a for loop statement and the inherited genOdList::remove member function. The program calls the view_list function in each iteration to view the updated list object ulist. Finally, the program displays the final form of the ulist object by calling the view_list function, as shown in FIG. 7-5.

The DOS file list class

Lists are frequently used in DOS utilities, which typically obtain and store the names of DOS files located in a particular directory and matching a specific set of wildcards. The reason for using lists is their ability to handle a varying number of members without knowing the number of members

7-5 The trimmed unordered list of strings.

```
New list is:

1 : FORTRAN
2 : Ada
3 : Modula-2
4 : Oberon

Press any key . . .
```

ahead of time. Which type of list structure is the most suitable for handling lists of DOS file? First, ordered lists are certainly better than unordered lists, since they support more efficient search and insert operations. Second, the doubly-linked list is more versatile than the singly-linked list, because it supports bidirectional list traversal. If front-to-back unidirectional traversal is acceptable for a particular application, however, then there is no reason to reject singly-linked lists. Singly-linked lists save memory space, since each list node uses one pointer. The code presented in this chapter can be easily adapted to work with the genOsList class.

Let's look first at the general features supported by the class of DOS files. The purpose is to create a class of DOS files that allows you to build and prune a list of files using multiple wildcards. The general syntax for the list of wildcards is:

add_wc1 [.. *add_wcN*] [EXCEPT *del_wc1* [.. *del_wcM*]]

The *add_wc1* is the first filename wildcard that specifies the files to include in the list of files. Additional *add_wcN* wildcards are allowed. The collection of *add_wcX* wildcards form a set of wildcards that add files to the file list. The EXCEPT keyword delimits the first set and starts another set that serves to prune files from the list. Examples of valid wildcards lists are shown here:

```
*.cpp
*.?pp *.h *.prj
*.cpp except a*.cpp
*.?pp *.h Except ts*.cpp
*.* EXCEPT *.bak
```

These examples also show that the EXCEPT keyword is not case-sensitive. In addition, the file list must guard against listing more than once any files that match multiple wildcards, such as:

```
*.?pp *.hpp *.cpp
```

This example shows that the last two wildcards are redundant compared to the first one.

Next let's look at the declarations involved in creating a class of DOS files. Listing 7-4 shows the source code for the FILELIST.HPP header file. The file contains the declaration of classes DOSfile and fileList. The DOSfile class encapsulates the DOS file information using the ffblk structure declared in the DOS.H header file. The DOSfile class also declares a default constructor and a set of member functions. All of the member functions are implemented in the declaration since they use one or two statements.

Listing 7-4 The source code for the FILELIST.HPP header file.

```
/*========================================================================

                Copyright (c) 1992   Namir Clement Shammas

    VERSION:  2.0.0                                        DATE 5/6/92

    PURPOSE: Implement a class of s file lists.  The operations
             supported by this class is:

             + add filenames to the list.
             + remove filenames from the list.
             + traverse the list of filenames.

    UPDATE HISTORY:

       5/6/92  Adapted for templates.

========================================================================*/

#include <stdlib.h>
#include <string.h>
#include <dir.h>
#include <dos.h>

#include <iostream.h>
#include "gendlist.hpp"

#ifndef _FILELIST_HPP
#define _FILELIST_HPP

// declare the DOS file class
class DOSfile
{
  protected:
    ffblk fileInfo;

  public:
    DOSfile() {}
    void assign(ffblk aFile)
      { fileInfo = aFile; }
    char* getFilename() { return fileInfo.ff_name; }
    ffblk getFileInfo() { return fileInfo; }
    void display()
      { cout << fileInfo.ff_name; }
    DOSfile& operator =(DOSfile& aFile)
      {
```

Listing 7-4 Continued.

```
        fileInfo = aFile.fileInfo;
        return *this;
      }
    int operator <(DOSfile& aFile)
      { return
    strcmp(fileInfo.ff_name, aFile.fileInfo.ff_name) < 0; }
    int operator <=(DOSfile& aFile)
      { return
        strcmp(fileInfo.ff_name, aFile.fileInfo.ff_name) <= 0; }
    int operator >(DOSfile& aFile)
      { return
        strcmp(fileInfo.ff_name, aFile.fileInfo.ff_name) > 0; }
    int operator >=(DOSfile& aFile)
      { return
        strcmp(fileInfo.ff_name, aFile.fileInfo.ff_name) >= 0; }
    int operator ==(DOSfile& aFile)
      { return
        strcmp(fileInfo.ff_name, aFile.fileInfo.ff_name) == 0; }
    int operator !=(DOSfile& aFile)
      { return
        strcmp(fileInfo.ff_name, aFile.fileInfo.ff_name) != 0; }
    friend ostream& operator <<(ostream& os, DOSfile& aFile)
      {
        os << aFile.fileInfo.ff_name;
        return os;
      }
    friend istream& operator >>(istream& is, DOSfile& aFile)
      {
        is.getline(aFile.fileInfo.ff_name, 13);
        return is;
      }
};

// declares the DOSfile list class
class fileList : public genOdList<DOSfile>
{

  public:
    // ************** state manipulation methods **************
    fileList() : genOdList<DOSfile>(false, false) { }

    // ************** object manipulation methods *************
    boolean addFile(char* wildcard);
    boolean deleteFile(char* wildcard);
    void build(char* arg);
    boolean visitFirstFile(DOSfile& dosfile)
      {
         return (visitFirstNode(dosfile)) ? true : false;
      }
    boolean visitNextFile(DOSfile& dosfile)
      {
        return (visitNextNode(dosfile)) ? true : false;
      }
    boolean visitLastFile(DOSfile& dosfile)
      {
```

Listing 7-4 Continued.

```
            return (visitLastNode(dosfile)) ? true : false;
        }
    boolean visitPrevFile(DOSfile& dosfile)
        {
    return (visitPrevNode(dosfile)) ? true : false;
        }
};

#endif
```

The assign member function copies an ffblk-typed argument to the fileInfo data member. The getFileInfo function accesses the fileInfo member. The getFilename function returns the name member of the fileInfo data member. The display member function displays the filename associated with the fileInfo member. The = operator copies one DOSfile instance into another instance.

The DOSfile class also declares the , <<=, >, >=, ==, and != relational operators. These operators compare the name member of the ffblk structure. The class also declares the stream operators << and >>.

The fileList class is declared as a descendant of the instantiated template class genOdList<DOSfile>. The declaration of fileList is a good example of deriving nontemplate classes from instantiated template classes. The declaration genOdList<DOSfile> instantiated the template class genOdList<T> using the DOSfile class.

The fileList class constructor invokes the genOdList<DOSfile> constructor and supplies two false arguments. These arguments prevent duplicate filenames in the instances of class fileList. The fileList class declares the following member functions:

- The addFile function adds the files matching the argument for parameter wildcard to the file list.
- The deleteFile function removes the files matching the argument for parameter wildcard from the file list.
- The build function takes the multiple wildcards used in building and pruning the file list.
- The visitFirstFile, visitNextFile, visitLastFile, and visitPrevFile functions traverse the file list from either direction.

The file traversal functions in the last item are coded as in-line functions, since they call the corresponding node traversal functions of class genOdList. If you wish to create a file list class using the genOsList class, you must drop the visitLastFile and visitPrevFile member functions from the class constructor.

The intended usage for the function build, addFile, and deleteFile is to start by calling function build. You can add to or remove from the list of files by mag additional calls to function addFile or deleteFile, respectively.

Listing 7-5 shows the source for the FILELIST.CPP library file. The file contains the implementation of functions addFile, deleteFile, and build.

Listing 7-5 The source code for the FILELIST.CPP library file.

```
/*============================================================================
                Copyright (c) 1992   Namir Clement Shammas

    VERSION:  2.0.0                                       DATE 5/6/92

    PURPOSE: Implements a class of DOS file lists.  The operations
             supported by this class are:

             + add filenames to the list.
             + remove filenames from the list.
             + traverse the list of filenames.

    UPDATE HISTORY:

       5/6/92  Adapted for using templates.

===========================================================================*/

#include <stdlib.h>
#include <string.h>
#include <dir.h>
#include <dos.h>
#include "filelist.hpp"

//- - - - - - - - - - - - - - - - - addFile - - - - -

boolean fileList::addFile(char* wildcard)

/*-+-+-+-+-+-+-+-+-+-+-+-+-+-+-+-+-+-+-+-+-+-+-+-+-+-+-+-+-+-+-+-+-+-+-+-+-

ROUTINE PURPOSE: Adds a set of files to the fileList object.

PARAMETERS:

  INPUT: wildcard - the name of the wildcard of the files to be added
           to the list.

FUNCTION VALUE: Returns true if any DOS file has been added, otherwise
emits a boolean false.

COMMENTS: Duplicate filenames are not inserted, since the inherited
hasDuplicate data member was initialized with a false value by the
constructor filelist.
                          ROUTINE DEPENDENCIES
                          - - - - - - - - - - - - - - -
      IDENTIFIER NAME      IDENTIFIER TYPE      SOURCE LIBRARY
      - - - - - - - - - - -  - - - - - - - - - - -  - - - - - - - - - -
         findfirst             function             dos
         findnext              function             dos
         insert                function             gendlist

-+-+-+-+-+-+-+-+-+-+-+-+-+-+-+-+-+-+-+-+-+-+-+-+-+-+-+-+-+-+-+-+-+-+-+-*/
```

Listing 7-5 Continued.

```
{
    DOSfile fileObj;
    ffblk file_info;
    boolean ok = false;
    int done;

    done = findfirst(wildcard, &file_info, FA_ARCH);
    while (!done) {
        fileObj.assign(file_info);
        ok = (insert(fileObj) || ok) ? true : false;
        done = findnext(&file_info);
    }
    return ok; // return function value
}

//- - - - - - - - - - - - - - - deleteFile - - - -

boolean fileList::deleteFile(char* wildcard)

/*-+-+-+-+-+-+-+-+-+-+-+-+-+-+-+-+-+-+-+-+-+-+-+-+-+-+-+-+-+-+-+-+-+-+-

ROUTINE PURPOSE: Deletes a set of files from the fileList object.

PARAMETERS:

  INPUT: wildcard - the name of the wildcard of the files to be
             removed from the list.

FUNCTION VALUE: Returns true if any DOS file has been deleted,
otherwise emits a boolean false.

                         ROUTINE DEPENDENCIES
                         - - - - - - - - - - - - - -

      IDENTIFIER NAME          IDENTIFIER TYPE     SOURCE LIBRARY
       - - - - - - - - -       -- - - - - - - - -    - - - - - - - - -
        findfirst                 function            dos
        findnext                  function            dos
        remove                    function            gendlist

-+-+-+-+-+-+-+-+-+-+-+-+-+-+-+-+-+-+-+-+-+-+-+-+-+-+-+-+-+-+-+-+-+-+-*/

{
    DOSfile fileObj;
    ffblk file_info;
    boolean ok = false;
    int done;

    done = findfirst(wildcard, &file_info, FA_ARCH);
    while (!done) {
        fileObj.assign(file_info);
        ok = (remove(fileObj, 1) || ok) ? true : false;
        done = findnext(&file_info);
    }
    return ok; // return function value
```

Listing 7-5 Continued.

```
}

//- - - - - - - - - - - - - - - - - build - - - - -

void fileList::build(char* arg)

/*-+-+-+-+-+-+-+-+-+-+-+-+-+-+-+-+-+-+-+-+-+-+-+-+-+-+-+-+-+-+-+-+-+-+-+-

ROUTINE PURPOSE: Builds a file list by examining the function's own
argument.  The argument may contain two separate sets of wildcards.
The first represents the set of files to be added to the list.  The
second set represents the files to be removed from the list.  The
two sets are separated using the keyword EXCEPT.  The second set is
optional.


                         ROUTINE DEPENDENCIES
                         - - - - - - - - - - - - - -

      IDENTIFIER NAME          IDENTIFIER TYPE     SOURCE LIBRARY
      - - - - - - - - - -      - - - - - - - - - - -     - - - - - - - - - - -
        addFile                   function              local
        deleteFile                function              local

-+-+-+-+-+-+-+-+-+-+-+-+-+-+-+-+-+-+-+-+-+-+-+-+-+-+-+-+-+-+-+-+-+-+-+-*/

{
    int i;
    char* wildcard;

    strupr(arg); // convert to uppercase

    wildcard = strtok(arg, " "); // get first wildcard

    // add files to the list
    while (wildcard != NULL &&
           strcmp(wildcard, "EXCEPT") != 0) {
        addFile(wildcard);
        wildcard = strtok(NULL, " ");
    }

    // remove files from the list
    if (strcmp(wildcard, "EXCEPT") == 0) {
        wildcard = strtok(NULL, " "); // get next wildcard
        while (wildcard != NULL) {
            deleteFile(wildcard);
            wildcard = strtok(NULL, " ");
        }
    }
}
```

The function addFile adds the files that match the argument of parameter wildcard to the file list. The function uses the findfirst and findnext functions, which are prototyped in file DOS.H. These functions find the first and subsequent files matching the specified wildcard. The addFile function uses a while loop to first assign the ffblk-type data obtained from the findfirst and findnext functions to the DOSfile instance fileObj. Next, the loop inserts fileObj in the file list by calling member function genOdList::insert. The function returns true if at least one file is added to the file list.

The deleteFile function works like function addFile, except that the files matching the wildcard parameter are deleted instead of inserted. The deletion process calls the member function genOdList::remove. The function returns true if at least one file is deleted from the file list.

The build function parses the argument for parameter arg into substrings. The function uses the leading substrings as arguments for function addFile. Once the EXCEPT keyword is detected, the build functions uses the rest of the parsed substrings as arguments for function deleteFile. Since the build function converts the arguments of parameter arg into uppercase, it can detect the EXCEPT keyword typed in lowercase, uppercase, or any combination of both.

Testing the DOS file list class

Now let's test the fileList class. This section presents a program that accepts command-line arguments that specify the wildcards for adding and deleting files from a file list. Listing 7-6 shows the source code for the TSDLIST2.CPP test file. To compile and run the test program you need to create the TSDLIST2.PRJ project file and include the files TSDLIST2.CPP and FILELIST.CPP. If you plan to use this test program as a DOS utility, you might want to rename the .EXE file to something like LDIR.EXE, EDIR.EXE, or XDIR.EXE.

Listing 7-6 The source code for the TSDLIST2.CPP test file.

```
// test list of files

#include <stdio.h>
#include <conio.h>
#include <dos.h>
#include <dir.h>
#include <string.h>
#include "abslist.hpp"
#include "gendlist.cpp"
#include "filelist.hpp"


void displayUnsigned(unsigned i, char c)
{
  if (i < 10)
    printf("0%d%c", i, c);
  else
    printf("%2d%c", i, c);
}
```

Listing 7-6 Continued.

```
void view_file_list(fileList& ls)
{
    boolean ok;
    unsigned i = 1;
    DOSfile fileObj;
    ffblk fileInfo;
    unsigned Hour, Minute, Second, Day, Month, Year, uDate, uTime;
    long sumSize = 0;

    clrscr();
    ok = ls.visitFirstFile(fileObj);
    while (ok) {
        if (i % 22 == 0 && i > 0) {
            printf("\nPress any key to continue...");
            getch();
            clrscr();
        }
        fileInfo = fileObj.getFileInfo();
        sumSize += fileInfo.ff_fsize;
        uTime = unsigned(fileInfo.ff_ftime);
        // get the seconds
        Second = 2 * (uTime & 0x1f);
        // get the minutes
        Minute = (uTime >> 5) & 0x3f;
        // get the hours
        Hour = (uTime >> 11) & 0x1f;
        uDate = unsigned(fileInfo.ff_fdate);
        // get the day
        Day =  uDate & 0x1f;
        // get the month
        Month = (uDate > 5) & 0xf;
        // get the year
        Year = (uDate > 9) & 0x7f;

        printf("%4u  %15s  %9ld  ", i++,
                                     fileInfo.ff_name,
                                     fileInfo.ff_fsize);
        displayUnsigned(Month, '/');
        displayUnsigned(Day, '/');
        displayUnsigned(Year + 1980, ' ');
        printf("  ");
        displayUnsigned(Hour, ':');
        displayUnsigned(Minute, ':');
        displayUnsigned(Second, '\n');
        ok = ls.visitNextFile(fileObj);
    }
    if (i % 22 == 0) {
        printf("\nPress any key to continue...");
        getch();
    }
    printf("\n\n%ld bytes in %d file(s)", sumSize, –i);
    printf("\n\nPress any key . . . ");
    getch();
}

main(int argc, char **argv)
```

Listing 7-6 Continued.

```
{
    fileList list;
    string80 astring = "*.*";

    clrscr();
    // concatenate the command-line arguments in astring
    if (argc > 1) {
      astring[0] = '\0';
      strcpy(astring, argv[1]);
      for (int i = 2; i < argc; i++) {
        strcat(astring, " ");
        strcat(astring, argv[i]);
      }
    }
    // build the list of files
    list.build(astring);
    // display the list of files

  view_file_list(list);
    return 0;
}
```

If you run the TSDLIST2.EXE program from inside the Borland C++ or Turbo C++ IDE, first select the Arguments option in the Run menu item and enter the command-line arguments, such as *.cpp *.h except ts*.?pp. If you run the program from the DOS prompt, then type in the command-line argument at the prompt. Figure 7-6 shows a sample output generated by TSDLIST2.EXE. The output includes the names, sizes, and the date/time stamps of a selection of files.

```
 1      GENDLIST.CPP   17683  05/14/1992   10:12:22
 2       GENERIC.CPP   13095  05/11/1992   14:35:10
 3       GENGRAF.CPP   16368  05/13/1992   23:05:50
 4       GENHARR.CPP   17754  05/11/1992   14:35:40
 5       GENHASH.CPP    9444  05/13/1992   23:04:10
 6      GENJGMAT.CPP   22327  05/13/1992   23:00:24
 7       GENLARR.CPP   32039  05/11/1992   14:35:28
 8        GENMAT.CPP   18671  05/13/1992   23:01:50
 9        GENQUE.CPP    6410  05/13/1992   23:02:16
10      GENSLIST.CPP   16079  05/13/1992   23:01:22
11      GENSTACK.CPP   16428  05/13/1992   23:03:24
12       GENTARR.CPP   27719  05/11/1992   14:35:36
13     GENVMARER.CPP   28444  05/11/1992   14:35:18
14      GENVMMAT.CPP   23877  05/11/1992   14:35:12
```

7-6 A sample output using program TSDLIST2.EXE.

The TSDLIST2.CPP program declares the functions displayUnsigned, view_list, and main. The main function has the argc and argv parameters to access the command-line arguments. The main function performs the following tasks:

- Declares the instance list of class fileList.
- Concatenates the command-line arguments to build the string object astring. If there are no command-line arguments, the object astring uses its initial value *.* as the filename wildcard.
- Calls the build function to build the list of files for object list.
- Displays the list of files by calling the global function view_list.

The displayUnsigned function displays an unsigned integer and places a leading 0 if the integer is less than 10. The second parameter of function displayUnsigned provides the character that appears immediately after the unsigned integer.

The view_list function displays the list object ls. The function uses the function visitFirstFile and visitNextFile to traverse the list. These node-traversal functions return the file information using the local instance of DOSfile, fileObj. The view_list function uses a while loop statement to extract the file names, sizes, date stamps, and time stamps. The function also obtains the total number of files in list ls as well as their total size. Each loop iteration displays the statistics of a file in the list, and the screen display is paginated.

8
Generic internal hash tables

The topic of data searching has preoccupied many computer scientists who are continuously seeking to increase the speed and efficiency of data-searching algorithms. *Hashing* is one of the search techniques that has gained popularity. The hashing algorithm translates the data (or the part of it being used as a search key) into a unique index or address. This method provides hashing schemes with fast data access because, at least in theory, there is no need to search through other data to find the data being sought. Hashing techniques are either internal or external. *Internal hashing* employs the computer memory to store its data, while *external hashing* uses data files. This chapter looks at the classes modeling generic internal hash tables.

Basics

Hashing techniques achieve fast data access by utilizing a peculiar data storage scheme. Rather than maintaining sorted data to improve on the search process, hashing member functions resort to pseudorandom number functions. These functions translate the key part of the data (usually a string) into a unique storage address. An ideal hashing function returns an exclusive address for each distinct key. A popular form of the hashing function is given here:

Hash address = h(search key)
= f(search key) MOD hash_table_size

where h (search key) is the hashing function and f (search key) is the function that translates the data (numeric or text) into an integer. The use of the modulus operator, together with a primer number as the hash table size, is very suitable in creating pseudorandom hash addresses. Actual hashing functions use variations of this simple form.

In practice, most hashing functions fail to produce truly unique addresses. The address returned by the hashing function is usually the index of an array called the *hash table*. Although this is a departure from the ideal, it still makes hashing methods a viable search strategy. *Collision* occurs when two or more keys yield the same address. Several techniques are used in resolving collision. One such technique is to use singly-linked lists attached to the hash table entries. Figure 8-1 shows a hash table that uses this strategy for resolving collision. The diagram shows a hash table with a few C++ keywords. The linked list at each hash table entry shows the keywords that yield the same hash address (using some hypothetical hashing function).

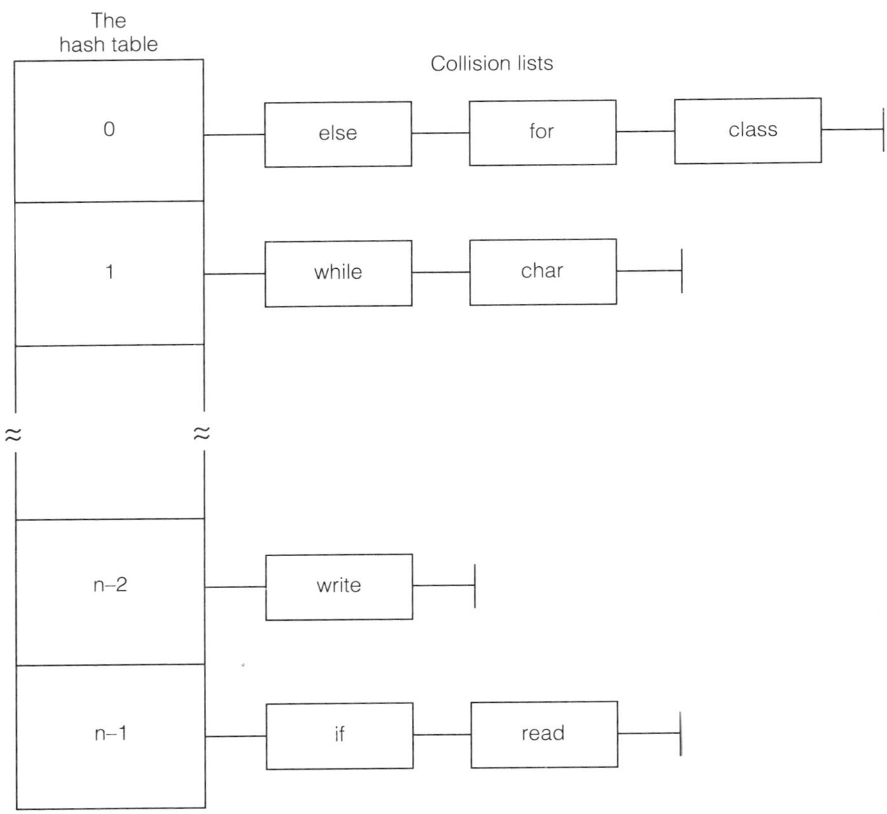

8-1 The internal hash table with sample C++ keywords.

The basic operations performed on a hash table are inserting data, searching for data, and deleting data. Another practical operation is the sequential traversal of the data in the hash table. Keep in mind that a hash table typically stores the data in an unsorted order. In addition, the basic data access method in a hash table tends to oppose the ordering of its elements (unless you use a novel hashing function that puts everything in order). Even if an ordered linked list is used to resolve the collision, only the colliding elements of a single entry are in order, not the data in the entire hash table.

Implementation

To implement a class that models generic hash tables, I first define the hashRec structure to model an individual hash table entry:

```
struct hashRec {
    T hashData;
    hashRec* nextPtr;
};
```

The structure hashRec is declared in Listing 8-2 as a local structure to the genhash class. The structure contains two members. The first member, hashData, is an instance of the template class T used to store the data. The second member, nextPtr, is the pointer to the next link in the hash table entry.

Next, the following data members that enter the class makeup are specified:

- The maximum entries in the hash table.
- The pointer to the heap-based dynamic array that represents the hash table.
- The hashing function.

Additional data members are needed for the following purposes:

- Tracking the traversed hash entry.
- Tracking the last visited node in the collision list.
- Reporting any error functions.

Listings 8-1 and 8-2 shows the source code for the ABSHASH.HPP and GENHASH.HPP header files, respectively. Listing 8-3 contains the source code for the GENHASH.CPP library file.

Listing 8-1 contains the declaration of the generic abstract hash table class, genAbstractHash. The class declares a number of data members and member functions, described in the next several paragraphs. These members are intended to be common to the actual implementations of all generic hash tables. Consequently, they lack any specific structures used in the actual implementation.

Listing 8-1 The source code for the ABSHASH.HPP header file.

```
/*==========================================================================

                  Copyright (c) 1992 Namir Clement Shammas

    VERSION: 2.0.0                                          DATE 5/6/1992

    PURPOSE: Implements an abstract class of generic hash tables.
             The following operations are implemented:

             + insertion.
             + search.
             + deletion.
             + sequential visit to the hash table entries.

    UPDATE HISTORY:

      5/6/92  Uses templates.

==========================================================================*/

#include "comndata.h"
#include <string.h>

#ifndef _ABSHASH_HPP
#define _ABSHASH_HPP

template<class T>
class genAbstractHash {
  protected:
    unsigned tableSize,                 // size of hash table
             workSize,                  // number of entries
             visitIndex;                // visited entry index
    boolean overwrite;                  // overwrite data flag
    unsigned (*hfunc)(T&, unsigned); // hash function
    string80 errorMessage;              // error message

 public:
    // ****************** state query methods ****************
    char* getErrorMessage()
    {
        string80 s;

        strcpy(s, errorMessage);
        strcpy(errorMessage, "");
        return s;
    }
    unsigned getWorkSize() { return workSize; }
    // ************** object manipulation methods *************
    virtual void insertData(T&) {}
    virtual boolean search(T&)
      { return false; }
    virtual boolean remove(T&)
      { return false; }
    virtual boolean visitFirstNode(T&)
      { return false; }
```

Listing 8-1 Continued.

```
    virtual boolean visitNextNode(T&, boolean& /* output */)
      { return false; }
};

#end
```

Listing 8-2 The source code for the GENHASH.HPP header file.

```
/*========================================================================

                Copyright (c) 1992 Namir Clement Shammas

    VERSION: 2.0.0                                        DATE 5/2/1992

    PURPOSE: Implements a class of generic dynamic hash tables.
             The following operations are implemented:

             + insertion.
             + search.
             + deletion.
             + visiting the entries of the hash table, one at
               a time.

             The hash table is a dynamic array of pointers.
             Collision between data with the same hashing address
             is resolved by maintaining unordered singly-linked
             lists at each entry in the hash table.  Colliding
             information is simply appended to the linked list.

    UPDATE HISTORY:

       5/6/92  Uses templates.

========================================================================*/

#include "abshash.hpp"

#ifndef _GENHASH_HPP
#define _GENHASH_HPP

template<class T>
class genhash : public genAbstractHash<T>
{
  protected:
    struct hashRec {
      T hashData;
      hashRec* nextPtr;
    };
    hashRec *visitNode;      // visited node pointer
    hashRec **hashTable;     // pointer to hash table

    genhash<T>& copy(genhash<T>&);

 public:
    // ************** state manipulation methods **************
```

Listing 8-2 Continued.

```
    genhash() {};
    genhash(unsigned maxTableSize,
            boolean canOverwrite,
            unsigned (*ahashfunc)(T&, unsigned)),
    genhash(genhash<T>& ht)
      { hashTable = NULL; copy(ht); }
    ~genhash();

    // ************** object manipulation methods *************
   virtual void insertData(T&);
   virtual boolean search(T&);
   virtual boolean remove(T&);
   virtual boolean visitFirstNode(T&);
   virtual boolean visitNextNode(T&, boolean& /* output */);
   boolean setVisitIndex(unsigned);
   genhash<T>& operator =(genhash<T>& ht)
      { copy(ht); return *this; }
};

#endif
```

The tableSize member stores the size of the hash table. The creation of a hash table involves the initialization of its size. The workSize member contains the actual number of entries in the hash table. Initially, the workSize is set to 0.

The visitIndex member stores the hash table entry that is being visited. If the hash table implementation uses chaining to resolve collision, then the visitIndex member is one of two members that determine the location of the next member to visit. The other indexing member is declared in the descendant hash table class. These two indexing members act like the hour and minute hands of an analog clock—their combined values locate the exact visited hash table member.

The overwrite member is a Boolean flag that indicates whether or not it is possible to overwrite the nonkey data of a hash table member. The hfunc member is the pointer to the hashing function. The errorMessage member stores the text of any error messages generated by the various member functions.

The class genAbstractHash declares and completely defines two member functions. The getErrorMessage member function returns the string stored in the errorMessage data member, while the getWorkSize member function retrieves the value stored in the member workSize.

The other member functions of class genAbstractHash are dummy shells. The descendants of genAbstractHash must declare and fully define their own versions of these member functions.

Listing 8-2 shows the source code for the GENHASH.HPP header file. The listing contains the declaration of class genhash, a descendant of genAbstractHash. The class contains the nested structure hashRec, presented earlier, and two data members.

The visitNode member is a pointer to the hashRec structure. The visitFirstNode and visitNextNode member functions use the visitNode pointer to traverse the data in the hash table.

The hashTable member is a pointer to the hashRec* structure pointer. The hashTable is called a *double pointer*, because it actually points to pointers. This data member is used to create and access the hash table entries.

The declaration of the genhash class contains the in-line copy constructor and the = operator. These members call the protected copy member function to perform the required copying of genhash instances.

Listing 8-3 contains the implementation of the member functions of class genhash. The class constructor creates the instances of class genhash. The parameters of the constructor specify the maximum number of entries in the hash table, the setting of the overwrite flag, and the hashing function.

Listing 8-3 The source code for the GENHASH.CPP library file.

```
/*====================================================================

                Copyright (c) 1992   Namir Clement Shammas

    VERSION: 2.0.0                                      DATE 5/6/1992

    PURPOSE: Implements a class of generic dynamic hash tables.
             The following operations are implemented:

             + insertion.
             + search.
             + deletion.
             + visiting the entries of the hash table, one at
               a time.

             The hash table is a dynamic array of pointers.
             Collision between data with the same hashing address
             is resolved by maintaining unordered singly-linked
             lists at each entry in the hash table.  Colliding
             information is simply appended to the linked list.

    UPDATE HISTORY:
      5/6/92  Uses templates.

====================================================================*/

#include "genhash.hpp"

//- - - - - - - - - - - - - - - - - -genhash - - - - - - - - -

template<class T>
genhash<T>::genhash(unsigned maxTableSize,
                    boolean canOverwrite,
                    unsigned (*ahashfunc)(T&, unsigned))

/*-+-+-+-+-+-+-+-+-+-+-+-+-+-+-+-+-+-+-+-+-+-+-+-+-+-+-+-+-+-+-+-+-+-+-

ROUTINE PURPOSE: Initializes a hash table.
```

Listing 8-3 Continued.

```
PARAMETERS:
  INPUT: elementSize - size of the data in each hash node.
         maxTableSize - the size of the hash table.
         ahashfunc - the hash function.

-+-+-+-+-+-+-+-+-+-+-+-+-+-+-+-+-+-+-+-+-+-+-+-+-+-+-+-+-+-+-+-+-+-*/
{
    tableSize = maxTableSize;
    workSize = 0;
    overwrite = canOverwrite;
    hfunc = ahashfunc;
    hashTable = new hashRec*[tableSize * sizeof(hashRec*)];
    if (!hashTable)
        strcpy(errorMessage, ALLOCATE_ERROR);
        return;
    }
    else
        strcpy(errorMessage, "");
    // clear hash table entries
    for(unsigned i = 0; i < tableSize; i++)
        *(hashTable + i) = NULL;
}

//- - - - - - - - - - - - - - - - - ~genhash() - - - - - - - - -

template<class T>
genhash<T>::~genhash()

/*-+-+-+-+-+-+-+-+-+-+-+-+-+-+-+-+-+-+-+-+-+-+-+-+-+-+-+-+-+-+-+-+-+-+-

ROUTINE PURPOSE: Removes a generic hash table object.

-+-+-+-+-+-+-+-+-+-+-+-+-+-+-+-+-+-+-+-+-+-+-+-+-+-+-+-+-+-+-+-+-+-+-*/

{
    hashRec *m, *q;
    for(unsigned i = 0; i < tableSize; i++) {
        q = *(hashTable + i);
        while (q) {
            m = q;
            q = q->nextPtr;
            delete m;
        }
    }
    delete hashTable;
}

//- - - - - - - - - - - - - - - - - -insertData - - - - - - - - -

template<class T>
void genhash<T>::insertData(T& x)

/*-+-+-+-+-+-+-+-+-+-+-+-+-+-+-+-+-+-+-+-+-+-+-+-+-+-+-+-+-+-+-+-+-+-+-

ROUTINE PURPOSE: Builds a hash table by inserting a single item x.
This routine should be called a number of times to build a complete
```

Listing 8-3 Continued.

```
hash table.  Data with duplicate keys are inserted if the overwrite
data member is true.
PARAMETERS:

  INPUT: x - item inserted in the hash table.

-+-+-+-+-+-+-+-+-+-+-+-+-+-+-+-+-+-+-+-+-+-+-+-+-+-+-+-+-+-+-+-+-+-+-*/

{
    unsigned hashAddress;
    hashRec* p;
    boolean notfound;

    hashAddress = (*hfunc)(x, tableSize);
    p = *(hashTable + hashAddress);

    while (p && p->hashData != x)
        p = p->nextPtr;

    if (!p) {
        p = new hashRec;
        if (!p) {
            strcpy(errorMessage, ALLOCATE_ERROR);
            return;
        }
        p->hashData = x;
        p->nextPtr = *(hashTable + hashAddress);
        *(hashTable + hashAddress) = p;
        workSize++;
    }
    else if (overwrite)
        // copy data into existing node
        p->hashData = x;
    else
        strcpy(errorMessage, "cannot insert data with duplicate key");
}

//- - - - - - - - - - - - - - - - -search - - - - - - - - -

template<class T>
boolean genhash<T>::search(T& x)

/*-+-+-+-+-+-+-+-+-+-+-+-+-+-+-+-+-+-+-+-+-+-+-+-+-+-+-+-+-+-+-+-+-+-+-

ROUTINE PURPOSE: Searches hash table for a specific key.  The
parameter x returns the non-key data for the matching hash table
member.

PARAMETERS:

  INPUT: x - the reference to the sought data.

FUNCTION VALUE: Returns the true if there is a matching element, or
yields a false if no match is found.
```

Listing 8-3 Continued.

```
-+-+-+-+-+-+-+-+-+-+-+-+-+-+-+-+-+-+-+-+-+-+-+-+-+-+-+-+-+-+-+-+-+-+-+-*/

{
  unsigned hashAddress;
    hashRec* p;

    hashAddress = (*hfunc)(x, tableSize);
    p = *(hashTable + hashAddress);

    while (p && p->hashData != x)
        p = p->nextPtr;

    if (p) {
        x = p->hashData;
        return true;
    }
    else
        return false;
}

//- - - - - - - - - - - - - - - - - - remove - - - - - - - - -

template<class T>
boolean genhash<T>::remove(T& x)

/*-+-+-+-+-+-+-+-+-+-+-+-+-+-+-+-+-+-+-+-+-+-+-+-+-+-+-+-+-+-+-+-+-+-+-+-

ROUTINE PURPOSE: Deletes a specific entry from the hash table.

PARAMETERS:

  INPUT: x - the reference to the search data.

FUNCTION VALUE: Returns true if the sought data was deleted, else
yields false.

-+-+-+-+-+-+-+-+-+-+-+-+-+-+-+-+-+-+-+-+-+-+-+-+-+-+-+-+-+-+-+-+-+-+-+-*/

{
    boolean match;
    unsigned hashAddress;
    hashRec *p, *pprev;

    // is hash table empty ?
    if (workSize == 0)
        return false;

    hashAddress = (*hfunc)(x, tableSize);
    p = *(hashTable + hashAddress);
    pprev = NULL;
    match = false;

    while (p && p->hashData != x) {
        pprev = p;
        p = p->nextPtr;
    }
```

Listing 8-3 Continued.

```
    if (p) {
        match = true;
        if (!pprev)
            *(hashTable + hashAddress) = p->nextPtr;
        else
            pprev->nextPtr = p->nextPtr;
        delete p;
        workSize- -;
    }

    return match;
}

//- - - - - - - - - - - - - - - - - visitFirstNode - - - - - - - - -

template<class T>
boolean genhash<T>::visitFirstNode(T& x)

/*-+-+-+-+-+-+-+-+-+-+-+-+-+-+-+-+-+-+-+-+-+-+-+-+-+-+-+-+-+-+-+-+-+-+-+-

ROUTINE PURPOSE: Visits the first entry in the hash table.

PARAMETERS:

  INPUT: x - the reference to the data in the first entry.

FUNCTION VALUE: Returns true if the hash table is not empty, else
yields false.
COMMENTS: This function, together with visitNextNode, enables:

  1) Accessing all the entries in the hash table.
  2) Mapping the storage of the entries, including colliding ones.

-+-+-+-+-+-+-+-+-+-+-+-+-+-+-+-+-+-+-+-+-+-+-+-+-+-+-+-+-+-+-+-+-+-+-+-*/

{
    hashRec* p;

    visitIndex = 0;
    // search for first entry in hash table
    while (visitIndex < tableSize && !*(hashTable + visitIndex))
        visitIndex++;

    if (visitIndex < tableSize) {
       p = *(hashTable + visitIndex);
       x = p->hashData;
       visitNode = p->nextPtr;
       return true;
    }
    else {
        visitNode = NULL;
        return false;
    }
}
```

Listing 8-3 Continued.

```
/- - - - - - - - - - - - - - - - - - visitNextNode - - - - - - - - -

template<class T>
boolean genhash<T>::visitNextNode(T& x,
                                   boolean& firstEntry /* output */)
/*-+-+-+-+-+-+-+-+-+-+-+-+-+-+-+-+-+-+-+-+-+-+-+-+-+-+-+-+-+-+-+-+-+-

ROUTINE PURPOSE: Visits the next entry in the hash table.

PARAMETERS:

  INPUT: x - the reference to the data in the next entry.

  OUTPUT: firstEntry - true is visited data is the at the head of
          the linked list attached to an entry.  The returned
          value is significant only if the function value is true.

FUNCTION VALUE: Returns true if a next entry was found, else
yields false.

-+-+-+-+-+-+-+-+-+-+-+-+-+-+-+-+-+-+-+-+-+-+-+-+-+-+-+-+-+-+-+-+-+-*/

{
    hashRec *p;
    // visit next node in current linked list ?
    if (visitNode) {
        x = visitNode->hashData;
        visitNode = visitNode->nextPtr;
        firstEntry = false;
        return true;
    }

    // search for next entry in hash table
    visitIndex++;
    while (visitIndex < tableSize && !*(hashTable + visitIndex))
        visitIndex++;

    if (visitIndex < tableSize) {
       p = *(hashTable + visitIndex);
       x = p->hashData;
       visitNode = p->nextPtr;
       firstEntry = true;
       return true;
    }
    else {
        firstEntry = false;
        visitNode = NULL;
        return false;
    }
}

//- - - - - - - - - - - - - - - - - - setVisitIndex - - - - - - - - -

template<class T>
boolean genhash<T>::setVisitIndex(unsigned newVisitIndex)
```

Listing 8-3 Continued.

```
/*-+-+-+-+-+-+-+-+-+-+-+-+-+-+-+-+-+-+-+-+-+-+-+-+-+-+-+-+-+-+-+-+-+-+-+-

ROUTINE PURPOSE: Assigns a new value for the visitIndex data member
to redirect the action of function visitNextNode.  The visitNode data
member is set to point to the head of the list at the sought table
entry.

PARAMETERS:

  INPUT: newVisitIndex - the new value for visitIndex.

FUNCTION VALUE: Returns true if a newVisitIndex is in the range
[0..tableSize-1], otherwise yields false.  An out-of-range value
for newVisitIndex, leaves the data members visitIndex and visitNode
unchanged.

-+-+-+-+-+-+-+-+-+-+-+-+-+-+-+-+-+-+-+-+-+-+-+-+-+-+-+-+-+-+-+-+-+-+-+-*/

{
    if (newVisitIndex < tableSize) {
        visitIndex = newVisitIndex;
        visitNode = *(hashTable + visitIndex);
        return true;
    }
    else
        return false;
}
```

☞ Computer scientists recommend that the size of the hash table be a prime number. Putting this into practice, the size of the hash table should be a prime number that is slightly greater than the round-figured intended size. For example, if you want to create a hash table object variable with 50 entries, the next few prime numbers, such as 53 and 59, are good candidates. In addition, the extra size certainly helps reduce the possible collision of data.

The class destructor removes the instances of class genhash. It involves two types of dynamic deallocation. First, the collision lists are removed for each entry. Such a deallocation proceeds from the head of the collision list to its tail. When all of the collision lists are deleted, the heap space of the hash table is recovered.

The insertData member function inserts data into the hash table. If the overwrite member is true, you can overwrite existing nonkey data—the key data must be the same, however. Otherwise, the new data is not inserted. When the overwrite data member is false, the system protects you from accidentally overwriting existing nonkey data. Thus, to safely overwrite data, the sought hash table data must first be deleted and then the new data inserted.

The Boolean search member function looks through the hash table for a member that matches the value passed by the parameter x. The Boolean result of the member function indicates whether or not the data that matches the search key is found. The function returns true if a match is found, and yields false otherwise. The argument for parameter x also returns the nonkey data (if any exists) for the matching hash table member.

The remove member function deletes information from the hash table. The Boolean result of the member functions flags the success of the operation. The search function must first locate the hash table member matching the argument of parameter x. When it finds the matching member, it deletes it from the collision list.

The visitFirstNode and visitNextNode member functions enable client applications to traverse the hash table. The visitFirstNode function visits the first stored element in the hash table. The visitNextNode function performs subsequent node traversal. The Boolean value returned by these functions reflects the success of the traversal. The visitFirstNode function returns false to signal that the hash table is empty. The visitNextNode function returns false to indicate that there are no more hash table entries to visit. The argument of the reference parameter x contains the visited data, if the returned function value is true. The member function setVisitIndex selects a particular hash table entry as the location next visited by visitNextNode. The Boolean value returned by this member function signals the validity of the argument for newVisitIndex.

Testing hash tables

This section presents two test programs to illustrate the use of the generic hash tables. The first involves a simple data type, whereas the second utilizes a user-defined class.

Listing 8-4 contains the TSHASH1.CPP program. The program manipulates a collection of four-character strings using an instance of class genhash. To compile and run the program, you must create the TSHASH1.PRJ file that includes the TSHASH1.CPP and STRING.CPP files.

Listing 8-4 Program TSHASH1.CPP to test a generic hash table instance that stores four-character strings.

```
/*
  program to test the generic hash table with 4-character strings.
*/

#include <stdio.h>
#include <conio.h>
#include "string.hpp"
#include "genhash.cpp"

main()
{
    char akey;
    genhash<string> h(23, true, hash2);
    string s("AAAA");
```

Listing 8-4 Continued.

```
    unsigned i;
    boolean ok, isfirst;

    clrscr();
    // insert 20 elements
    for(i = 1; i < 21; i++) {
        s[0] = char(64 + i);
        h.insertData(s);
    }
    // search for the elements
    for(i = 1; i < 21; i++) {
        s[0] = char(64 + i);
        if (h.search(s))
            printf("%2u : %s\n", i, s.getstr());
        else
            printf("no match for %s\n", s.getstr());
    }
    putchar('\n');
    printf("press any key to visit and map hash nodes ");
    getch(); putchar('\n');
    clrscr();
    ok = h.visitFirstNode(s); // visit first node
    while (ok) {
        printf("%s", s.getstr());
        ok = h.visitNextNode(s, isfirst);
        if (isfirst)
            putchar('\n');
        else {
            if (ok)
                printf("—");
        }
    }
    putchar('\n'); putchar('\n');
    printf("press any key to delete elements 5 through 14");
    getch(); clrscr();
    clrscr();
    // delete members 5 through 14
    s = "AAAA";
    for(i = 5; i < 15; i++) {
        s[0] = char(64 + i);
        ok = h.remove(s);
        if (! ok)
            printf("did not delete %s\n", s.getstr());
    }
    if (! ok) {
        printf("press any key ");
        getch(); putchar('\n');
    }
    // view set of strings
    for(i = 1; i < 21; i++) {
        s = "AAAA";
        s[0] = char(64 + i);;
        if (h.search(s))
            printf("%2d : %s\n", i, s.getstr());
        else
            printf("%2d : no match for %s\n", i, s.getstr());
```

Listing 8-4 Continued.

```
    }
    putchar('\n');
    printf("press any key to visit and map hash table");
    getch(); clrscr();
    // visit hash table node
    ok = h.visitFirstNode(s);
    while (ok) {
        printf("%s", s.getstr());
        ok = h.visitNextNode(s, isfirst);
        if (isfirst)
            putchar('\n');
      else {
            if (ok)
                printf("-");
        }
    }
    printf("\n\npress any key to end the program... ");
    getch();
    return 0;
}
```

The program first creates instance h of class genhash with a hash table containing 23 entries. The creation of instance h involves the hash2 hashing function declared in the STRING.HPP header file. The program inserts 20 elements in the hash table by calling the insertData function. Each element is a four-character string assigned internally; the strings range from AAAA to TAAA. Only the first character of these strings is different.

Next, the program searches for the strings in the hash table by calling the search function. The program displays the matching information, as shown in FIG. 8-2. The test program searches the strings in the same order in which it creates them.

```
 1  :  AAAA
 2  :  BAAA
 3  :  CAAA
 4  :  DAAA
 5  :  EAAA
 6  :  FAAA
 7  :  GAAA
 8  :  HAAA
 9  :  IAAA
10  :  JAAA
11  :  KAAA
12  :  LAAA
13  :  MAAA
14  :  NAAA
15  :  OAAA
16  :  PAAA
17  :  QAAA
18  :  RAAA
19  :  SAAA
20  :  TAAA

Press any key to visit and map hash nodes
```

8-2 The complete hash table instance.

The program then displays a map of the hash table by first calling function visitFirstNode. This call is followed by a series of calls to function visitNextNode. The program uses a while loop to inspect the Boolean result of these functions to scan the entire hash table. The data located in each collision list are displayed on the same line. The output is separated by a pair of dashes, as shown in FIG. 8-3. This mapping is helped by the Boolean local variable isfirst. The program uses this variable to determine whether or not a node visited by visitNextNode is the head of a collision list.

```
NAAA
GAAA
PAAA
IAAA
BAAA
RAAA
KAAA
DAAA
TAAA
MAAA
FAAA
OAAA
HAAA
AAAA
QAAA
JAAA
CAAA
SAAA
LAAA
EAAA

Press any key to delete elements 5 through 14
```

8-3 The map of the complete hash table instance.

At this point, the program calls the function remove several times to remove strings EAAA through NAAA. Then it searches again for these same strings. This time the search for strings EAAA through NAAA returns a Boolean false. Consequently, the program displays a No match for message for each string not found in the hash table, as shown in FIG. 8-4. Finally the program displays the updated hash table map using the visitFirstNode and visitNextNode functions. Figure 8-5 shows the updated hash table map.

The second test program, TSHASH2.CPP, is shown in Listing 8-5. It inserts instance of the class person in a hash table. The program defines the class person as follows:

```
class person
{
    public:
        string name;
        int age;
        double weight;

        person() { }
        void assign(string aName, int anAge, double aWeight);
        void display();
        friend unsigned hashNames(person& aPerson, unsigned tableSize)
```

```
        { return aPerson.name.hash1(tableSize); }
        person& operator =(person& aPerson);
        int operator <(person& aPerson)
        { return name < aPerson.name; }
        int operator <=(person& aPerson)
        { return name <= aPerson.name; }
        int operator >(person& aPerson)
        { return name > aPerson.name; }
        int operator >=(person& aPerson)
        { return name >= aPerson.name; }
        int operator ==(person& aPerson)
        { return name == aPerson.name; }
        int operator !=(person& aPerson)
        { return name != aPerson.name; }
        friend ostream& operator <<(ostream& os, person& aPerson);
        friend istream& operator >>(istream& is, person& aPerson);
}
```

The class person has the name member that in itself is an instance of class string.

```
 1  :  AAAA
 2  :  BAAA
 3  :  CAAA
 4  :  DAAA
 5  :  no match for EAAA
 6  :  no match for FAAA
 7  :  no match for GAAA
 8  :  no match for HAAA
 9  :  no match for IAAA
10  :  no match for JAAA
11  :  no match for KAAA
12  :  no match for LAAA
13  :  no match for MAAA
14  :  no match for NAAA
15  :  OAAA
16  :  PAAA
17  :  QAAA
18  :  RAAA
19  :  SAAA
20  :  TAAA

Press any key to visit and map hash table
```

8-4 The trimmed hash table instance.

```
PAAA
BAAA
RAAA
DAAA
TAAA
OAAA
AAAA
QAAA
CAAA
SAAA

Press any key to end the program. . .
```

8-5 The map of the trimmed hash table instance.

Listing 8-5 The source code for the TSHASH2.CPP program file.

```
/*
  Program to test the generic hash table with a user-defined class.
*/

#include <stdio.h>
#include <conio.h>
#include <dos.h>
#include "string.hpp"
#include "absarray.cpp"
#include "genarray.cpp"
#include "genhash.cpp"

const unsigned wait = 2000;

class person
{
   public:
     string name;
     int age;
     double weight;

     person() { }
     void assign(string aName, int anAge, double aWeight);
     void display();
     friend unsigned hashNames(person& aPerson, unsigned tableSize)
       { return aPerson.name.hash1(tableSize); }
     person& operator =(person& aPerson);
     int operator <(person& aPerson)
       { return name < aPerson.name; }
     int operator <=(person& aPerson)
       { return name <= aPerson.name; }
     int operator >(person& aPerson)
       { return name > aPerson.name; }
     int operator >=(person& aPerson)
       { return name >= aPerson.name; }
     int operator ==(person& aPerson)
       { return name == aPerson.name; }
     int operator !=(person& aPerson)
       { return name != aPerson.name; }
     friend ostream& operator <<(ostream& os, person& aPerson);
     friend istream& operator >>(istream& is, person& aPerson);
};

void person::assign(string aName, int anAge, double aWeight)
{
    name = aName;
    age = anAge;
    weight = aWeight;
}

person& person::operator =(person& aPerson)
{
    name = aPerson.name;
    age = aPerson.age;
    weight = aPerson.weight;
```

Listing 8-5 Continued.

```
}

void person::display(){
    printf("%10s", name.getstr());
    printf(" is %3u years old and weighs ", age);
    printf("%4.1lf pounds\n", weight);
}
ostream& operator <<(ostream& os, person& aPerson)
{
  os << aPerson.age << " " << aPerson.weight << aPerson.name;
  return os;
}

istream& operator >>(istream& is, person& aPerson)
{
  is >> aPerson.age >> aPerson.weight >> aPerson.name;
  return is;
}

main()
{
    genhash<person> h(13, true, hashNames);
    genarray<person> b(10);
    person c;
    int posy;
    boolean ok, isfirst;

    clrscr();

    // initialize the array b
    c.assign(string("John"),   20, 199.0); b.store(c, 0);
    c.assign(string("Samuel"), 30, 190.0); b.store(c, 1);
    c.assign(string("Keith"),  25, 160.0); b.store(c, 2);
    c.assign(string("Ann"),    35, 180.5); b.store(c, 3);
    c.assign(string("Susan"),  55, 128.5); b.store(c, 4);
    c.assign(string("May"),    34, 178.0); b.store(c, 5);
    c.assign(string("Daisy"),  44, 182.0); b.store(c, 6);
    c.assign(string("Joseph"), 22, 187.0); b.store(c, 7);
    c.assign(string("Ronald"), 72, 192.0); b.store(c, 8);
    c.assign(string("George"), 52, 194.0); b.store(c, 9);

    // insert 10 elements
    for(int i = 0; i < 10; i++)
        h.insertData(b[i]);

    // search for the elements
    for(i = 9; i >= 0; i-) {
        posy = wherey();
        gotoxy(1, 24);
        clreol();
        printf("searching for %s", b[i].name.getstr());
        delay(wait);
        gotoxy(1, posy);
        c.name = b[i].name;
        c.age = 0;
        c.weight = 0.0;
```

Listing 8-5 Continued.

```
        if (h.search(c))
            printf(
             "%2u : %6s is %2u years old and weighs %3.1f pounds\n",
             i, c.name.getstr(), c.age, c.weight);
        else
            printf("no match for %s\n", c.name.getstr());
        delay(wait);
    }
    putchar('\n');
    printf("press any key to visit and map hash nodes ");
    getch(); putchar('\n');
    clrscr();
    ok = h.visitFirstNode(c); // visit first node
    while (ok) {
        printf("%6s", c.name.getstr());
        ok = h.visitNextNode(c, isfirst);
        if (isfirst)
            putchar('\n');
        else {
            if (ok)
                printf(" -> ");
        }
    }
    printf("\n\npress any key to end the program...");
    getch();
    return 0;
}
```

Because the program utilizes a user-defined class, it needs to declare its own version of the hashing function, function hashNames. To compile and run the program you must create the TSHASH2.PRJ project file. This file must include the TSHASH2.CPP and STRING.CPP files.

When executed, the TSHASH2.CPP program first creates the instance h of class genhash. The size of the hash table is 13, the next prime number higher than 10, the original intended size. I could also have chosen the number 11, but I decided to select the next prime number. The constructor specifies hashNames as the hashing function needed to access data in the hash table. The test program also declares the array of person, b, and the instance of class person, c. The array b stores ten instances of class person and is used to store data in an easily accessed array.

The program uses a sequence of statements to assign data to the instance c. After each assignment, the test program stores the current instance c in a member of array b. Thus, this sequence of statements stores the array of persons in array b. Then the program uses a for loop statement to insert the members of array b into the hash table instance h. Each loop iteration accesses the member b[i] and calls the genhash::insertData function to insert that member into the hash table.

A second, downward-counting for loop calls the search function to look up the members of array b. The loop counts down from 9 to 0. Figure 8-6

```
9 :  George is  52 years old and weighs 194.0 pounds
8 :  Ronald is  72 years old and weighs 192.0 pounds
7 :  Joseph is  22 years old and weighs 187.0 pounds
6 :   Daisy is  44 years old and weighs 182.0 pounds
5 :     May is  34 years old and weighs 178.0 pounds
4 :   Susan is  55 years old and weighs 128.5 pounds
3 :     Ann is  35 years old and weighs 180.5 pounds
2 :   Keith is  25 years old and weighs 160.0 pounds
1 :  Samuel is  30 years old and weighs 190.0 pounds
0 :    John is  20 years old and weighs 199.0 pounds


Press any key to visit and map hash nodes


Searching for John
```

8-6 The instances of class person as retrieved from the hash table.

```
   John
    May --> Ann
 George --> Ronald --> Joseph --> Samuel
  Daisy --> Susan  --> Keith

Press any key to end the program . . .
```

8-7 The map of the hash table that contains the person instances.

shows the output. Notice that the program uses the instance c in the data search. The program assigns the name data member of b[i] to the name member of instance c. However, the other two members of instance c, age and weight, are assigned 0. When the function search returns true, the age and weight members of instance c contain meaningful data. The search is automatic, using the delay statement with each sought hash table entry.

At this point, the program maps the hash table by calling the functions visitFirstNode and visitNextNode. Figure 8-7 shows the screen image containing the hash table map. The data located on the same collision list are displayed on the same line and are separated by two dashes.

9
Generic graphs

Earlier chapters presented classes for such generic structures as arrays, matrices, stacks, queues, and lists, all of which use a predefined pattern for storing data. Some of these structures, such as arrays and matrices, promote random accessing of data; whereas others, such as lists, require sequential access. This chapter presents a versatile and flexible data structure, the graph. Graphs allow their data nodes, or *vertices*, to be linked according to the object they model. There is no strict, predefined pattern for the graph structure. A graph can easily emulate singly- and doubly-linked lists, binary trees, and other types of trees.

While graphs are a bit less common than other structures, they can easily (and sometimes exclusively) model many real-world objects. A few objects that can be easily represented by graphs are:

- The network of routes between various cities. This is the most popular example of graphs. Each city is a vertex and the routes between the cities are the links between the vertices.
- The components of a flowchart, including decision-making and loop constructs.
- Electrical circuits.
- The structures of compounds in both organic and inorganic chemistry.

☞ Remember:

Graphs link existing vertices on a need-to basis.

Basics

Figure 9-1 shows a typical graph. The vertices of the graph are linked so as to represent some hypothetical object. The links, or *edges*, have no direction or value assigned to them. Movement along edge A–B, for example, may proceed either from A to B or from B to A. It is a simple and flexible form of link. Figure 9-2 shows a typical weighted *digraph* (short for directed graph). The edges have both direction and weight. Notice that the edge connecting vertices A and B takes you only from A to B. By contrast, the vertices B and C have two edges, which permit explicit bidirectional traversal between B and C.

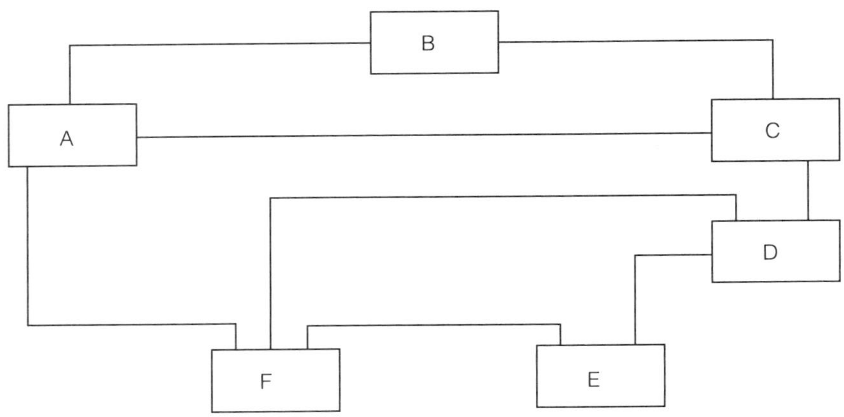

9-1 A typical graph.

This chapter presents classes that model weighted digraphs, since they are more versatile than graphs. One obvious question about graphs is what structures to use in their implementation. The vertices of a graph can be considered an array. Therefore, the edges of a graph are represented by a matrix. Figure 9-3 shows the matrix representation of the edges of the graph in FIG. 9-1. Edges joining any two vertices are assigned 1. Disconnected vertices are assigned 0. Since a vertex is considered disconnected from itself, each of the diagonal matrix elements is also assigned 0. Notice that the matrix in FIG. 9-3 is symmetrical.

Applying the same type of representation to weighted digraphs requires some changes in the values assigned to the matrix elements. While zeros are still assigned to the diagonal elements, disconnected vertices are assigned infinity. Figure 9-4 shows the matrix representation of the edges of the weighted digraph in FIG. 9-2. Notice that the matrix in FIG. 9-4 is *not* symmetrical and is somewhat sparse.

An array of singly-linked lists can be used to represent weighted digraphs instead of the sparse matrix. Figure 9-5 shows such an array, representing the weighted digraph of FIG. 9-2. The structure is made up of two basic components. The first is the array of vertex heads. The elements of this array contain the data associated with the vertices and the head of the adjacency lists. The second component depicts the elements of the linked lists. Each list node contains the name or index to the connected vertex, the value of the connecting edge, and a pointer to the next node. Using linked lists might slow down retrieval, compared to using matrices. However, there is no wasted space as is the case with matrix representation of graphs.

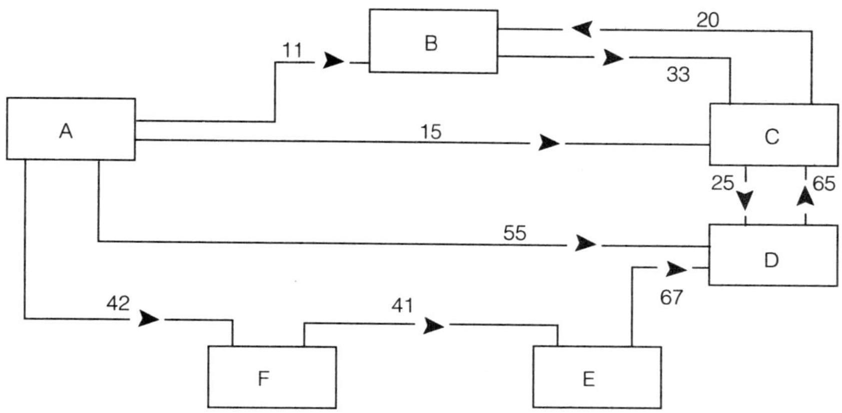

9-2 A typical weighted digraph.

9-3 Matrix representation of the edges of the graph in 9-1.

	A	B	C	D	E	F
A	0	1	1	0	0	1
B	1	0	1	0	0	0
C	1	1	0	1	0	1
D	0	0	1	0	1	1
E	0	0	0	1	0	1
F	1	0	0	1	1	0

Designing a class of weighted digraphs requires the definition of behavior of the instances of the class. Such graphs contain vertices and edges. Since vertices have values, we should be able to store, retrieve, and search for these values. Such operations work on the heads of the adjacency lists and involve accessing the elements of an array.

The operations associated with the edges include establishing a new edge, reassigning a new value for an existing edge, retrieving the value of an edge, and disconnecting vertices of a graph. These operations manipulate the nodes of the linked lists. Maintaining ordered lists improves the efficiency of searching through the nodes.

	A	B	C	D	E	F
A	0	11	15	55	∞	42
B	∞	0	33	∞	∞	∞
C	∞	20	0	25	∞	∞
D	∞	∞	65	0	∞	∞
E	∞	∞	∞	67	0	∞
F	∞	∞	∞	∞	41	0

9-4 Matrix representation of the edges of the digraph in 9-2.

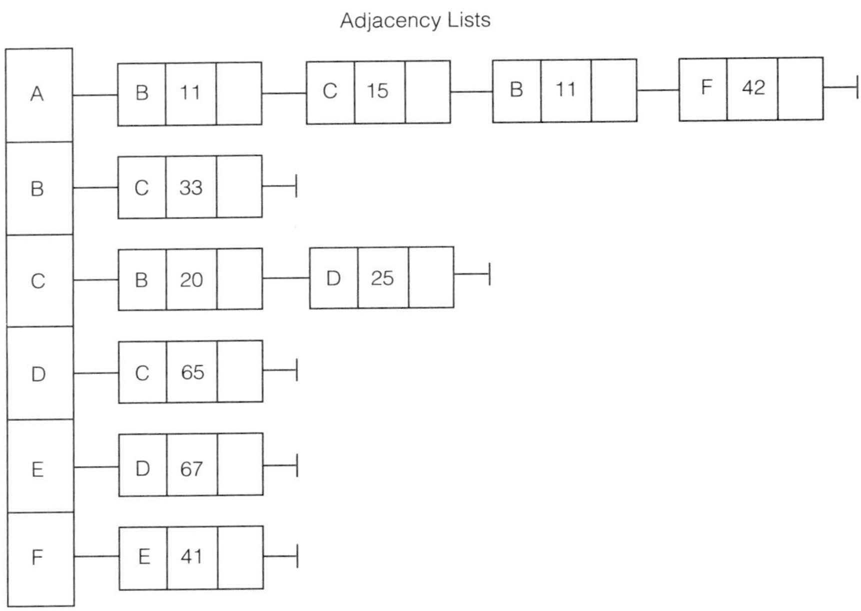

9-5 Using an array of singly-linked lists to represent the weighted digraph in 9-4.

Traversal of the vertices is an important and complex operation. Since graphs do not own a preset structural pattern, the scheme for visiting the various vertices should be kept simple. This simplicity is achieved by merely tracing the nodes of the adjacency lists. You start with a particular vertex and explore all of the vertices connected to it. Attempting to determine the presence (and the value or cost) of a path between any two given vertices is not a straightforward task, since many possible paths might exist.

Implementation

The implementation of a generic class for weighted digraphs starts with declaring the two basic data types involved. The first data type handles the adjacency list node and contains three members. They are:

- The index connected vertex, for which any integer type can be utilized. Using unsigned-type indices is very suitable.
- The edge value, which is a template class type (in fact, the generic graph uses two template classes.)
- The pointer to the next node in the list.

Listing 9-1 contains the following declaration for the graphRec structure:

```
template<class T>
struct graphRec {
    unsigned gindex;
    T edgeValue;
    graphRec<T>* nextPtr;
};
```

Listing 9-1 The source code for the GENGRAF.HPP header file.

```
/*====================================================================

                Copyright (c) 1992   Namir Clement Shammas

   VERSION:  2.0.0                                       DATE 5/7/92

   PURPOSE: Implements a class of directed graphs. The operations
            of the class include:

            + Linking two graph vertices and assigning an edge value.
            + Unlinking two vertices.
            + Assigning new edge values.
            + Storing and recalling vertex labels.
            + Searching for a vertex matching a given label.
            + Visiting the vertices connected to a particular vertex.

   UPDATE HISTORY:

     5/7/92   Uses templates.

====================================================================*/

#include "comndata.h"
#include <string.h>

#ifndef _GENGRAF_HPP
```

Listing 9-1 Continued.

```
#define _GENGRAF_HPP

template<class T>
struct graphRec {
    unsigned gindex;
    T edgeValue;
    graphRec<T>* nextPtr;
};

template<class T, class L>
struct vertexRec {
   L graphLabel;
   graphRec<T>* head;
};
template<class T, class L>
class gengraph
{

  protected:
   unsigned          maxSize,          // maximum number of vertices
                     workSize;         // the working size
   graphRec<T>*      currentVertex;    // traversal pointer
   vertexRec<T,L>*   graphData;        // pointer to list heads
   string80          errorMessage;     // error message string

  public:
    // ************** state manipulation methods **************
    gengraph() {}
    gengraph(unsigned maxVertices);
   ~gengraph();

    // ****************** state query methods *****************
    char* getErrorMessage();
    unsigned getWorkSize() { return workSize; }

    // ************** object manipulation methods *************
    boolean expand(unsigned newMaxSize);
    boolean linkVertex(unsigned source,
                       unsigned target,
                       T& linkValue);
   boolean changeLinkValue(unsigned source,
                           unsigned target,
                           T& newLinkValue);
    boolean getLinkValue(unsigned source,
                         unsigned target,
                         T& linkValue);
    boolean unlinkVertex(unsigned source,
                         unsigned target);
    boolean store(L& x, unsigned index);
    boolean recall(L& x, unsigned index);
    unsigned search(L& key);
    unsigned visitFirst(unsigned startingVertex);
    unsigned visitNext();
};

#endif
```

The third data type is a structure that depicts each adjacency list head. This structure contains two members. The first member accesses the value associated with the vertex, and the second is the pointer to the head of the adjacency list. The declaration of the vertexRec structure is as follows:

```
template<class T, class L>
struct vertexRec {
    L graphLabel;
    graphRec<T>* head;
};
```

☞ The vertexRec structure uses two template classes, T and L. The template class T represents the data class, whereas the template class L represents the vertex label class. Since the generic graph class uses the vertextRec structure, it must also be declared with two template classes.

The second stage in designing the sought class is to specify the data members of the class, including the following:

- A pointer to the array of adjacency-list heads.
- The maximum number and working number of vertices, which equal the maximum and working numbers of adjacency-list heads.
- A string that reports error functions.
- A node pointer used in traversing the adjacency lists.

The vertex index numbers access the vertices and their adjacency lists. The vertex values are optional and can be of any data type.

The third stage includes defining the member functions of the class. The functionality of the graph class mentioned in the last section essentially covers all of the member functions to be implemented, including the management of vertex values, edges values, and vertex traversal.

Listing 9-1 shows the source code for the GENGRAF.HPP header file. Listing 9-2 shows the source code for the GENGRAF.CPP library module.

Listing 9-2 The source code for the GENGRAF.CPP library file.

```
/*====================================================================

              Copyright (c) 1992   Namir Clement Shammas

   VERSION:  2.0.0                                    DATE 5/7/92


   PURPOSE: Implements a class of directed graphs. The operations
            of the class include:

              + Linking two graph vertices and assigning an edge value.
              + Unlinking two vertices.
```

Listing 9-2 Continued.

```
            + Assigning new edge values.
            + Storing and recalling vertex labels.
            + Searching for a vertex matching a given label.
            + Visiting the vertices connected to a particular vertex.

    UPDATE HISTORY:

      5/7/92  Uses templates.

=====================================================================*/

#include "gengraf.hpp"

//- - - - - - - - - - - - - - - - - - gengraph - - - - - - - - -

template<class T, class L>
gengraph<T, L>::gengraph(unsigned maxVertices)

/*-+-+-+-+-+-+-+-+-+-+-+-+-+-+-+-+-+-+-+-+-+-+-+-+-+-+-+-+-+-+-+-+-+-+-

ROUTINE PURPOSE: Initializes a generic graph object. The parameter
specifies the number of vertices.

PARAMETERS:

  INPUT: maxVertices - the number of vertices.

-+-+-+-+-+-+-+-+-+-+-+-+-+-+-+-+-+-+-+-+-+-+-+-+-+-+-+-+-+-+-+-+-+-+-*/

{
    unsigned i;
    T* p;
    vertexRec<T,L>* v;

    graphData = NULL;
    maxSize = 0;
    workSize = 0;

    if (maxVertices > 0) {
        maxSize = maxVertices;
        graphData = new vertexRec<T,L>[maxSize];
        if (!graphData) {
            strcpy(errorMessage, ALLOCATE_ERROR);
            return;
        }
        for (i = 0, v = graphData; i < maxSize; i++, v++)
          v->head = NULL;
        errorMessage[0] = '\0';    }
    else
        strcpy(errorMessage, "Cannot create a table with 0 entries");

}

//- - - - - - - - - - - - - - - - - - ~gengraph - - - - - - - - -

template<class T, class L>
gengraph<T, L>::~gengraph()
```

Listing 9-2 Continued.

```
/*-+-+-+-+-+-+-+-+-+-+-+-+-+-+-+-+-+-+-+-+-+-+-+-+-+-+-+-+-+-+-+-+-+-+-+-

ROUTINE PURPOSE: Deallocates the dynamic space of a graph object.
This includes the space occupied by the vertices and the edges.

-+-+-+-+-+-+-+-+-+-+-+-+-+-+-+-+-+-+-+-+-+-+-+-+-+-+-+-+-+-+-+-+-+-+-*/

{
    unsigned i;
    graphRec<T> *p, *q;
    vertexRec<T,L>* v;

    if (graphData) {
        // delete the linked list attached to each graph entry
        for(i = 0, v = graphData; i < maxSize; i++, v++) {
            p = v->head;
            while (p) {
                q = p;
                p = p->nextPtr;
                delete q;
            }
        }
        delete [] graphData;
    }
}

//- - - - - - - - - - - - - - - - - -  getErrorMessage - - - - - - - - -

template<class T, class L>
char* gengraph<T, L>::getErrorMessage()

/*-+-+-+-+-+-+-+-+-+-+-+-+-+-+-+-+-+-+-+-+-+-+-+-+-+-+-+-+-+-+-+-+-+-+-+-

ROUTINE PURPOSE: Returns the value of the errorMessage data member.

-+-+-+-+-+-+-+-+-+-+-+-+-+-+-+-+-+-+-+-+-+-+-+-+-+-+-+-+-+-+-+-+-+-+-*/

{
    string80 s;

    strcpy(s, errorMessage);
    errorMessage[0] = '\0';
    return s;
}

//- - - - - - - - - - - - - - - - - - expand - - - - - - - - -

template<class T, class L>

boolean gengraph<T, L>::expand(unsigned newMaxSize)

/*-+-+-+-+-+-+-+-+-+-+-+-+-+-+-+-+-+-+-+-+-+-+-+-+-+-+-+-+-+-+-+-+-+-+-+-

ROUTINE PURPOSE: Expands the number of graph vertices.
```

Listing 9-2 Continued.

```
PARAMETERS:

  INPUT: newMaxSize - the new number of graph vertices. Values less
         than or equal to the current number of vertices cause the
         function to return; without expanding the graph.

FUNCTION VALUE: Returns true if the number of vertices were increased.
A boolean false value indicates that one of these conditions have
occurred:

    1) The newMaxSize <= maxsize.
    2) Dynamic allocation error has occurred.

The function getErrorMessage returns the comment that clarifies the
error.

-+-+-+-+-+-+-+-+-+-+-+-+-+-+-+-+-+-+-+-+-+-+-+-+-+-+-+-+-+-+-+-+-+-+-+-*/

{
    unsigned i;
    vertexRec<T,L> *p, *q, *v;

    if (newMaxSize > maxSize) {
        // create space for the new graph
        p = new vertexRec<T,L>[newMaxSize];
        if (!p) {
            strcpy(errorMessage, "cannot expand graph");
            return false;
        }
        // copy the current lists of vertices to new graph
        for(i = 0, v = graphData, q= p; i < workSize; i++, v++, q++)
            q = v;
        // assign pointers
        q = graphData;
        graphData = p;
        // deallocate old graph
        delete [] q;
        for(i = maxSize, v = graphData + maxSize;
            i < newMaxSize;
            i++, v++) {
            v->head = NULL;
        }
        maxSize = newMaxSize;
        return true;
    }
    else {
        strcpy(errorMessage, "new size is not greater than old one");
        return false;
    }
}

//- - - - - - - - - - - - - - - - - - - linkVertex- - - - - - - - -
template<class T, class L>
boolean gengraph<T, L>::linkVertex(unsigned source,
                                   unsigned target,
                                   T& linkValue)
```

Listing 9-2 Continued.

```
/*-+-+-+-+-+-+-+-+-+-+-+-+-+-+-+-+-+-+-+-+-+-+-+-+-+-+-+-+-+-+-+-+-+-+-+-+-

ROUTINE PURPOSE: Establishes an edge between two vertices. A value
for the edge is also supplied.

PARAMETERS:

  INPUT: source - the index to the source vertex.
         target - the index to the destination vertex.
         linkValue - the value of the established edge.

FUNCTION VALUE: Returns true if the sought edge was established. A
false value is returned if either or both vertex indices are
out of range, the sought edge is already established, or in the case
of dynamic allocation error.

HANDLING BAD ARGUMENTS: The arguments for source and target must be
in the range [0..maxSize-1].

-+-+-+-+-+-+-+-+-+-+-+-+-+-+-+-+-+-+-+-+-+-+-+-+-+-+-+-+-+-+-+-+-+-+-+-*/

{
    boolean notfound;
    graphRec<T> *p, *q, *t;
    vertexRec<T,L>* v;

    errorMessage[0] = '\0';
    if (source >= maxSize || target > maxSize)  {
           strcpy(errorMessage, "invalid vertex indices");
           return false;
    }
    if (source >= workSize)
        workSize = source + 1;
    if (target >= workSize)
        workSize = target + 1;
    v = graphData + source;
    p = v->head;
    q = NULL;
    notfound = true;
    while (notfound && p) {
        if (target > p->gindex) {
            q = p;
            p = p->nextPtr;
        }
        else
            notfound = false;
    }

    if (!notfound && (target == p->gindex)) {
        strcpy(errorMessage, "the sought link is already established");
        return false;
    }
    else {
        t = new graphRec<T>;
        if (!t) {
```

Listing 9-2 Continued.

```
            strcpy(errorMessage, ALLOCATE_ERROR);
            return false;
        }
        t->edgeValue = linkValue;
        t->gindex = target;
        t->nextPtr = p;
        if (!q) {
            v = graphData + source;
            v->head = t;
        }
        else  // insert inside or at the tail of the list
           q->nextPtr = t;
        return true;
    }
}

//- - - - - - - - - - - - - - - - - - - changeLinkValue - - - - - - - - -

template<class T, class L>
boolean gengraph<T, L>::changeLinkValue(unsigned source,
                                        unsigned target,
                                        T& newLinkValue)

/*-+-+-+-+-+-+-+-+-+-+-+-+-+-+-+-+-+-+-+-+-+-+-+-+-+-+-+-+-+-+-+-+-+-+-+-

ROUTINE PURPOSE: Assigns a new link value between two connected
vertices.

PARAMETERS:

  INPUT: source - the index to the source vertex.
         target - the index to the destination vertex.
         newLinkValue - the new value of the established edge.

FUNCTION VALUE: Returns true if the sought edge was established. A
false value is returned if either or both vertex indices are
out of range.

HANDLING BAD ARGUMENTS: The arguments for source and target must be
in the range [0..workSize-1].

-+-+-+-+-+-+-+-+-+-+-+-+-+-+-+-+-+-+-+-+-+-+-+-+-+-+-+-+-+-+-+-+-+-+-*/

{
    boolean notfound;
    graphRec<T>* p;
    vertexRec<T,L>* v;
    if (source > workSize || target > workSize)  {
           strcpy(errorMessage, "invalid vertex indices");
           return false;
    }

    v = graphData + source;
    p = v->head;
    notfound = true;
    while (notfound && p)
        if (target > p->gindex)
```

Listing 9-2 Continued.

```
            p = p->nextPtr;
        else
            notfound = false;

    if (!notfound && target == p->gindex) {
        p->edgeValue = newLinkValue;
        return true;
    }
    else {
        strcpy(errorMessage, "sought link does not exist");
        return false;
    }
}

//- - - - - - - - - - - - - - - - - - - getLinkValue - - - - - - - - -

template<class T, class L>
boolean gengraph<T, L>::getLinkValue(unsigned source,
                                     unsigned target,
                                     T& linkValue)

/*-+-+-+-+-+-+-+-+-+-+-+-+-+-+-+-+-+-+-+-+-+-+-+-+-+-+-+-+-+-+-+-+-+-+-+-

ROUTINE PURPOSE: Retrieves the value of the edge between two
connected vertices.

PARAMETERS:

  INPUT: source - the index to the source vertex.
         target - the index to the destination vertex.
         linkValue - the pointer to the sought value of the
           established edge.

FUNCTION VALUE: Returns true if the sought edge was established. A
false value is returned if either or both vertex indices are
out of range, or the sought edge is not established.

HANDLING BAD ARGUMENTS: The arguments for source and target must be
in the range [0..workSize-1].

-+-+-+-+-+-+-+-+-+-+-+-+-+-+-+-+-+-+-+-+-+-+-+-+-+-+-+-+-+-+-+-+-+-+-*/

{
    boolean notfound;
    graphRec<T>* p;
    vertexRec<T,L>* v;

    if (source > workSize || target > workSize)  {
        strcpy(errorMessage, "invalid vertex indices");
        return false;
    }

   v = graphData + source;
   p = v->head;
   notfound = true;
    while (notfound && p)
```

Listing 9-2 Continued.

```
        if (target > p->gindex)
            p = p->nextPtr;
        else
            notfound = false;

    if (!notfound && target == p->gindex) {
        linkValue = p->edgeValue;
        return true;
    }
    else {
        strcpy(errorMessage, "sought link does not exist");
        return false;
    }
}

//- - - - - - - - - - - - - - - - - - unlinkVertex - - - - - - - - -

template<class T, class L>

boolean gengraph<T, L>::unlinkVertex(unsigned source, unsigned target)

/*-+-+-+-+-+-+-+-+-+-+-+-+-+-+-+-+-+-+-+-+-+-+-+-+-+-+-+-+-+-+-+-+-+-+-+-

ROUTINE PURPOSE: Removes an edge.

PARAMETERS:

  INPUT: source - the index to the source vertex.
         target - the index to the destination vertex.

FUNCTION VALUE: Returns true if the sought edge exists, else yields
a boolean false value.

HANDLING BAD ARGUMENTS: The arguments for source and target must be
in the range [0..workSize-1].

-+-+-+-+-+-+-+-+-+-+-+-+-+-+-+-+-+-+-+-+-+-+-+-+-+-+-+-+-+-+-+-+-+-+-+-*/

{
    boolean notfound;
    graphRec<T> *p, *q, *t;
    vertexRec<T,L>* v;

    if (source > workSize || target > workSize)  {
        strcpy(errorMessage, "invalid vertex indices");
        return false;
    }
    v = graphData + source;
    p = v->head;
    q = NULL;
    notfound = true;
    while (notfound && p)
        if (target > p->gindex) {
            q = p;
            p = p->nextPtr;
        }
        else
```

Listing 9-2 Continued.

```
            notfound = false;

    if (!notfound && target != p->gindex) {
        strcpy(errorMessage, "the two vertices are not linked");
        return false;
    }
    else {
        if (!q) {
            v = graphData + source;
            v->head = p->nextPtr;
            delete p;
        }
        else { // delete node inside or at the tail of the list
            q->nextPtr = p->nextPtr;
            delete p;
        }
        return true;
    }
}

//- - - - - - - - - - - - - - - - - - store - - - - - - - - -

template<class T, class L>
boolean gengraph<T, L>::store(L& x, unsigned index)

/*-+-+-+-+-+-+-+-+-+-+-+-+-+-+-+-+-+-+-+-+-+-+-+-+-+-+-+-+-+-+-+-+-+-+-+-

ROUTINE PURPOSE: Assigns a value to the vertex label.

PARAMETERS:

  INPUT: x - the pointer to the value assigned to the label of the
             targeted vertex.
         index - the index of the targeted vertex.

FUNCTION VALUE: Returns true if the argument for index is in the
[0..workSize-1] range.

-+-+-+-+-+-+-+-+-+-+-+-+-+-+-+-+-+-+-+-+-+-+-+-+-+-+-+-+-+-+-+-+-+-+-*/

{    if ((index >= maxSize)) {
        strcpy(errorMessage, "index is out of range");
        return false;
    }

    if (index >= workSize)
        workSize = index + 1;
    // store data
    vertexRec<T,L>* v = graphData + index;
    v->graphLabel = x;
    return true;
}

//- - - - - - - - - - - - - - - - - - recall - - - - - - - - -

template<class T, class L>
```

Listing 9-2 Continued.

```
boolean gengraph<T, L>::recall(L& x, unsigned index)
/*-+-+-+-+-+-+-+-+-+-+-+-+-+-+-+-+-+-+-+-+-+-+-+-+-+-+-+-+-+-+-+-+-+-+-

ROUTINE PURPOSE: Retrieves the value of a vertex label.

PARAMETERS:

  INPUT: x - the pointer to the retrieved value of the label of the
             targeted vertex.
         index - the index of the targeted vertex.

FUNCTION VALUE: Returns true if the argument for index is in the
[0..workSize-1] range.

-+-+-+-+-+-+-+-+-+-+-+-+-+-+-+-+-+-+-+-+-+-+-+-+-+-+-+-+-+-+-+-+-+-+-*/

{

    if (index >= workSize) {
        strcpy(errorMessage, "index is out of range");
        return false;
    }

    vertexRec<T,L>* v = graphData + index;
    x = v->graphLabel;
    return true;
}

//- - - - - - - - - - - - - - - - - - search - - - - - - - - -

template<class T, class L>
unsigned gengraph<T, L>::search(L& key)

/*-+-+-+-+-+-+-+-+-+-+-+-+-+-+-+-+-+-+-+-+-+-+-+-+-+-+-+-+-+-+-+-+-+-+-
ROUTINE PURPOSE: Returns the index of the vertex matching a sought
label.
PARAMETERS:

  INPUT: key - the pointer to the sought vertex label.

FUNCTION VALUE: Returns the index of the matching label, or NOT_FOUND
if match is found.

-+-+-+-+-+-+-+-+-+-+-+-+-+-+-+-+-+-+-+-+-+-+-+-+-+-+-+-+-+-+-+-+-+-+-*/

{
    unsigned i;
    boolean notfound;
    vertexRec<T,L>* v;

    notfound = true;
    i = 0;
    v = graphData;
    while (notfound && i < workSize) {
        if (key != v->graphLabel) {
            v++;
```

Listing 9-2 Continued.

```
            i++;
        }
        else
            notfound = false;
    }

    return (notfound) ? NOT_FOUND : i;
}

//- - - - - - - - - - - - - - - - - - - visitfirst - - - - - - - - -

template<class T, class L>
unsigned gengraph<T, L>::visitFirst(unsigned startingVertex)

/*-+-+-+-+-+-+-+-+-+-+-+-+-+-+-+-+-+-+-+-+-+-+-+-+-+-+-+-+-+-+-+-+-+-+-+-

ROUTINE PURPOSE: Returns the index of the first vertex connected to
a target vertex.

PARAMETERS:

  INPUT: startingVertex - the index of the target vertex.

FUNCTION VALUE: Returns the index of the first connected vertex, or
NOT_FOUND if the vertex is not connected.

-+-+-+-+-+-+-+-+-+-+-+-+-+-+-+-+-+-+-+-+-+-+-+-+-+-+-+-+-+-+-+-+-+-+-+-*/
{
    vertexRec<T,L>* v = graphData + startingVertex;

    if (startingVertex < workSize && v->head) {
        currentVertex = v->head;
        return currentVertex->gindex;
    }
    else {
        currentVertex = NULL;
        return NOT_FOUND;
    }
}

//- - - - - - - - - - - - - - - - - - -  visitnext - - - - - - - - -

template<class T, class L>
unsigned gengraph<T, L>::visitNext()

/*-+-+-+-+-+-+-+-+-+-+-+-+-+-+-+-+-+-+-+-+-+-+-+-+-+-+-+-+-+-+-+-+-+-+-+-

ROUTINE PURPOSE: Returns the next vertex connected to a target vertex.
The latter is specified in the argument of the function visitfirst.

FUNCTION VALUE: Returns the index of the next connected vertex, or
NOT_FOUND if there are no more connections to the target vertex.

-+-+-+-+-+-+-+-+-+-+-+-+-+-+-+-+-+-+-+-+-+-+-+-+-+-+-+-+-+-+-+-+-+-+-+-*/
```

Listing 9-2 Continued.

```
{
    if (currentVertex && currentVertex->nextPtr)  {
        currentVertex = currentVertex->nextPtr;
        return currentVertex->gindex;
    }
    else {
        currentVertex = NULL;
        return NOT_FOUND;
    }
}
```

Listing 9-1 shows the declaration of the class gengraph. The class declares the following data members:

- The maxSize member stores the maximum number of vertices.
- The workSize member stores the number of vertices that are currently used.
- The currentVertex is the pointer to the currently visited graph vertex.
- The graphData member is the pointer to the dynamic array of the vertexRec structure that makes up a graph instance.
- The errorMessage member store the text for the error messages returned by the various member functions of class gengraph.

The class constructor creates the graph instances. The single argument specifies the maximum number vertices. The constructor allocates the space for the adjacency-list heads and also allocates the space for the vertex value.

☞ If a client application does not employ vertex values, a minimal class L should be used in instantiating the class. The type char is a good choice for this class.

The class destructor removes the instances of class gengraph and recovers the heap space of the dynamic structure. The destructor first deletes the linked lists that are attached to each graph entry, then removes the array of vertices.

The getErrorMessage and getWorkSize member functions return the values stored in the errorMessage and workSize data members, respectively.

The expand member function increases the number of vertices in the digraph instance. Since the data of the digraph is accessed by a series of pointers instead of a single pointer, the process is not as critical as with expanding instances of genarray and genmatrix. The expand function allocates space for the new array of vertices. The pointers to the adjacency lists are simply copied into the new array of vertices. The old array of vertices is then deleted. This strategy avoids duplicating the entire graph in the heap area and therefore requires far less available heap space, compared to generic arrays and matrices.

The linkVertex member function establishes an edge between two existing vertices. The member function checks the validity of the arguments for the vertices. The index of the target vertex is inserted in the adjacency list of the source vertex. The process of locating the insertion position and of the actual insertion employs steps used with ordered singly-linked lists. The search determines whether or not the edge in question actually exists. If not, the function linkVertex exits without performing the insertion. The Boolean result returned by the function signals the success or failure of establishing the edge.

The member function changeLinkValue assigns a new edge value to an existing edge. The function verifies the validity of the arguments for the source and target vertices. The search in the adjacency list determines whether or not the sought edge actually exists. If it does not, the member function exits and yields a Boolean false value. The function returns true to signal the successful assignment of the new edge value.

The member function getLinkValue retrieves the value of the edge between the two specified vertices. The function checks the validity of the vertices involved and makes sure that the sought link exists. The Boolean result of GetLinkValue indicates the success or failure of the data retrieval. When the function returns a true value, the pointer linkValue accesses the sought edge value.

To disconnect two vertices, the unLinkVertex function is used. This function searches for the edge between the two specified vertices. When it finds the sought edge, it deletes it from the adjacency list of the source vertex. The function returns a Boolean value to indicate its success or failure.

To save and retrieve the values of the vertices, you would employ the store and recall member functions, respectively. The store member function associates a vertex number with a vertex value. The recall member function accesses the vertex value associated with a given vertex index. The search member function is used to find a vertex index that matches a given label. The function returns the index of the sought vertex. If the search member function finds no match for the given vertex value (or label, if you like), it returns a NOT_FOUND value.

The visitFirst and visitNext member functions traverse the adjacency list of a specific vertex. The single argument for the visitFirst function specifies the vertex in question. The function returns NOT_FOUND if there is no adjacency list. Otherwise, it returns the index of the first vertex in the list and sets the data member currentVertex to the first node in the adjacency list. The visitNext member function returns the index of the next vertex in the same adjacency list, or NOT_FOUND if the tail of the list was reached. Using the following while loop, you can access the indices in an ascending order:

```
index = visitFirst(Target);
while (index != NOT_FOUND) {
        // process index
        index = visitNext();
}
```

Testing graphs

I now look at two test programs that illustrate digraphs in action. The first one is TSGRAPH1.CPP, shown in Listing 9-3. The program calculates the distances (or costs, if you prefer) in a digraph. The algorithm for calculating such distances is simple. The calculations begin with a given digraph and end with a nonsparse distance matrix. The first step is to create a matrix of weights based on the edges of the digraph. The matrix is the same type as the one shown in FIG. 9-4 and is equivalent to the digraph. Dynamic programming techniques, employing fixed iterations, are applied to repeatedly refine the distance matrix. The algorithm is shown here:

```
for k:= 1 to number_of_vertices
for i := 1 to number_of_vertices
for j := 1 to number_of_vertices
    M[i,j]    = minimum(M[i,j], M[i,k] + M[k,j])
```

Listing 9-3 The source code for the TSGRAPH1.CPP test program.

```
/*
  program calculates the shortest distances between all of the
  vertices of a graph.
*/

#include <stdio.h>
#include <conio.h>
#include <string.h>
#include <stdlib.h>
#include "string.hpp"
#include "gengraf.cpp"
#include "genmat.cpp"

const unsigned GRAF_SIZE = 10;
const unsigned LABEL_SIZE = 10;
const double INFINITY = +2.0e+30;

void readDouble(double& x /* output */)
{
    byte xpos, ypos;
    string80 astring;

    xpos = wherex();
    ypos = wherey();
    do {
        scanf("%s", astring);
        if (strcmp(astring, "0")   == 0 ||
            strcmp(astring, "0.")  == 0 ||
            strcmp(astring, "0.0") == 0) {
            x = 0.0; // x is really zero
            return;

        }
        x = atof(astring);
        if (x == 0) {
            gotoxy(xpos, ypos);
```

Listing 9-3 Continued.

```
            clreol();
        }
    } while (x == 0);
}

void readUnsigned(unsigned& x /* output */)
{
    byte xpos, ypos;
    string80 astring;
    int i;

    xpos = wherex();
    ypos = wherey();
    do {
        scanf("%s", astring);
        if (strcmp(astring, "0") == 0) {
            x = 0; // x is really zero
            return;
        }
        x = (unsigned)atol(astring);
        if (x == 0) {
            gotoxy(xpos, ypos);
            clreol();
        }
    } while (x == 0);
}

main()
{
    string s1;
    string80 longstr;
    byte xpos, ypos;
    unsigned i, j, k, n, lenlongstr;
    double x;

    gengraph<double, string> g(GRAF_SIZE);
    genmatrix<double> m(GRAF_SIZE, GRAF_SIZE);
    clrscr();
    gotoxy(wherex(), wherey()+1);
    do {
        gotoxy(wherex(), wherey()-1);
        clreol();
        printf("Enter the number of vertices [2..%2u] : ", GRAF_SIZE);
        readUnsigned(n);
    } while (n < 2 || n > GRAF_SIZE);
    putchar('\n');

    for(i = 0; i < n; i++) {
        printf("Enter vertex label name [up to %2u chars] ? [",
                    LABEL_SIZE);
        xpos = wherex();
        ypos = wherey();
        do {
            gotoxy(xpos, ypos);
            for(j = 0; j < LABEL_SIZE; j++)
                putchar(' ');
```

Listing 9-3 Continued.

```
            putchar(']');
            gotoxy(xpos, ypos);
            scanf("%s", longstr);
            putchar('\n');
            lenlongstr = strlen(longstr);
        } while (lenlongstr < 1 || lenlongstr > LABEL_SIZE);
        s1 = longstr;
        g.store(s1, i);
        printf("Enter index to linked vertex ");
        printf("[-1 to link next vertex] : ");
        readUnsigned(j); putchar('\n');
        while (j < n) {
            if (i != j) {
                printf("Enter link value : ");
                readDouble(x); putchar('\n');
                if (!g.linkVertex(i, j, x)) {
                    printf("Vertices %u and %u", i, j);
                    printf(" are already linked\n\n");
                }
            }
            else
                printf("Cannot link a vertex to itself\n\n");
            printf("Enter index to linked vertex ");
            printf("[-1 to link next vertex] : ");
            readUnsigned(j); putchar('\n');
        }
        putchar('\n');
    }

    /* assign the value of the edges to the elements of
      the matrix object                                  */
    for (i = 0; i < n; i++)
        for(j = 0; j < n; j++) {
            if (i == j)
                x = 0.0;
            else if (!g.getLinkValue(i, j, x))
                x = INFINITY;
            m.store(x, i, j);
        }

    // find map of paths
    for(k = 0; k < n; k++)
        for(i = 0; i < n; i++)
            for(j = 0; j < n; j++) {
                if (m(i,j) > (m(i,k) + m(k,j))) {
                    m(i,j) = m(i,k) + m(k,j);
                }

            }

    // display map of paths and distances
    clrscr();
    for(i = 0; i < n; i++) {
```

Listing 9-3 Continued.

```
        g.recall(s1, i);
        strcpy(longstr, "Best distance between ");
        strcat(longstr, s1.getstr());
        strcat(longstr, " and ");
        for(j = 0; j < n; j++)
            if (i != j) {
                g.recall(s1, j);
                printf("%s %s is ", longstr, s1.getstr());
                printf("%10.2lf\n", m(i,j));
                if (wherey() > 22) {
                    putchar('\n');
                    printf("Press any key to continue ... ");
                    getch();
                    clrscr();
                }
            }
    }
    printf("\npress any key to end the program ...");
    getch();
    return 0;
}
```

The matrix M initially contains the values of the edges. While it is initially sparse, it becomes nonsparse as the iterations occur. Each iteration examines the best distance between vertices i and j by using the first k vertices.

This algorithm does not provide the detailed paths (that is, the sequence of edges) between the vertices of a digraph. Obtaining such information requires more complex algorithms. Figure 9-6 contains a digraph that is used with program TSGRAPH1.CPP.

Figure 9-7 shows the data input in the sample session with program TSGRAPH1.CPP. The program prompts for the following data:

- The number of vertices.
- The vertex labels, or values. Each label is a string up to 10 characters.
- The edges for each vertex. Entering -1 indicates that there are no more edges attached to a vertex. The edges may contain fractions.

Figure 9-8 shows the output of the sample session with program TSGRAPH1.CPP. This program, shown in Listing 9-3, employs a digraph instance and a matrix instance. The program creates a digraph, g, as an instance of class gengraph with the following specifications:

- The vertex values are instances of class string.
- The edges are double-typed.
- The maximum number of vertices is assigned by the constant GRAF_SIZE.

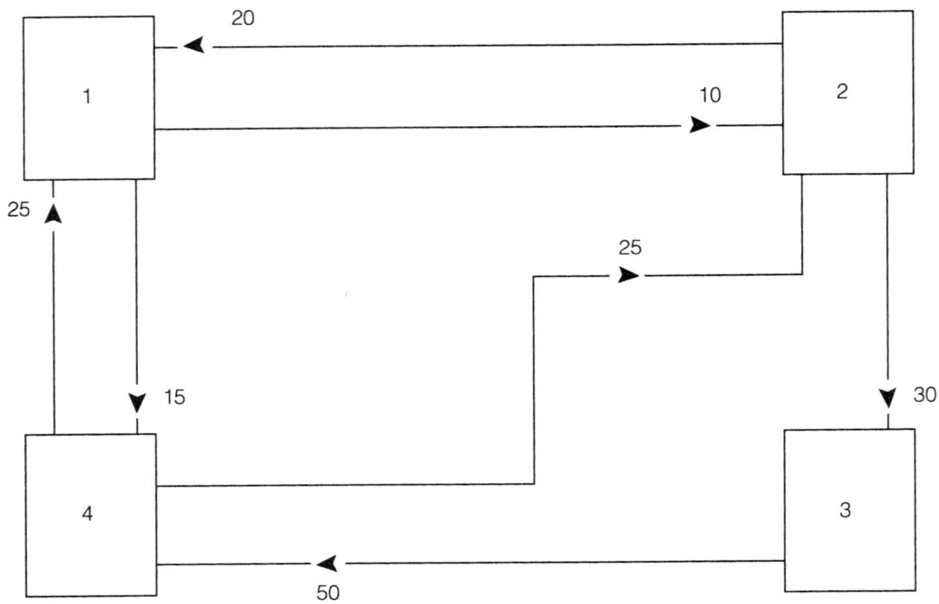

9-6 The digraph for the sample problem solved using program TSGRAPH1.CPP.

The matrix instance m is a square matrix created to accommodate GRAF_SIZE rows and columns of double-typed data.

A for loop invokes the store function to save the vertex labels. The same loop contains a while loop that calls the function linkVertex in order to set up the edges. I chose to make the input (especially the numeric input) error-proof. The readUnsigned and readDouble functions ensure error-free numeric input.

```
Enter the number of vertices [2..10]  :  4
Enter vertex label name [up to 10 chars] ? [V1        ]
Enter index to linked vertex [-1 to link next vertex]  :  1
Enter link value  :  10
Enter index to linked vertex [-1 to link next vertex]  :  3
Enter link value  :  15
Enter index to linked vertex [-1 to link next vertex]  :  -1
Enter vertex label name [up to 10 chars] ? [V2        ]
Enter index to linked vertex [-1 to link next vertex]  :  0
Enter link value  :  20
Enter index to linked vertex [-1 to link next vertex]  :  2
Enter link value  :  30
Enter index to linked vertex [-1 to link next vertex]  :  -1
Enter vertex label name [up to 10 chars] ? [V3        ]
Enter index to linked vertex [-1 to link next vertex]  :  3
Enter link value  :  50
Enter index to linked vertex [-1 to link next vertex]  :  -1
Enter vertex label name [up to 10 chars] ? [V4        ]
Enter index to linked vertex [-1 to link next vertex]  :  0
Enter link value  :  25
Enter index to linked vertex [-1 to link next vertex]  :  1
Enter link value  :  25
Enter index to linked vertex [-1 to link next vertex]  :  -1
```

9-7 The data input in the sample session with program TSGRAPH1.CPP.

9-8 The output of the sample session with program TSGRAPH1.CPP.

```
Best distance between V1 and V2 is  10.00
Best distance between V1 and V3 is  40.00
Best distance between V1 and V4 is  15.00
Best distance between V2 and V1 is  20.00
Best distance between V2 and V3 is  30.00
Best distance between V2 and V4 is  35.00
Best distance between V3 and V1 is  75.00
Best distance between V3 and V2 is  75.00
Best distance between V3 and V4 is  50.00
Best distance between V4 and V1 is  25.00
Best distance between V4 and V2 is  25.00
Best distance between V4 and V3 is  55.00

Press any key to end the program ...
```

Once the digraph has acquired its data, the program uses nested for loops to set up the elements of the distance matrix using the digraph edges. The program calls the function getLinkValue to obtain the edge values. If the Boolean result of the function getLinkeValue is false, the program assigns the constant INFINITY to a distance matrix element.

The dynamic programming algorithm is implemented by using three nested for loops that call the store and recall functions. The results of the distance matrix instance, shown in FIG. 9-8, are displayed by calling the genmatrix::recall and gengraph::recall functions to display the values in instances m and g, respectively.

The second test program is TSGRAPH2.CPP, shown in Listing 9-4. It solves a special type of dc circuit shown in FIG. 9-9. The circuit contains one source of voltage between the first and last vertices. The circuit is made up of multiple loops numbered 1 to N. There are 2N + 3 vertices and 3N resistors in N loops.

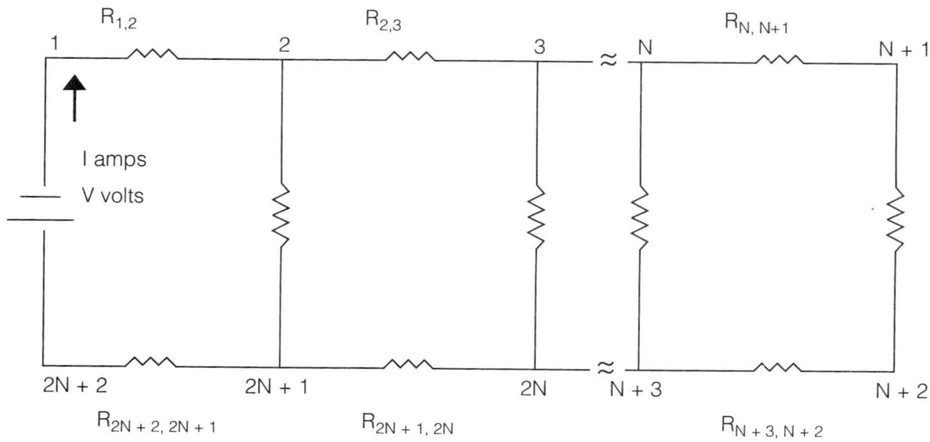

9-9 The general form of the dc ladder network.

Listing 9-4 Program TSGRAPH2.CPP that solves for the electrical currents of a specific type of dc circuits. The circuit is a digraph instance.

```
/*
  Program calculates the dc currents in a network of resistors.
  The resistors are stored as a the edges of a graph.
*/

#include <stdio.h>
#include <conio.h>
#include <string.h>
#include <stdlib.h>
#include <math.h>
#include "gengraf.cpp"#include "absarray.cpp"
#include "genarray.cpp"

#define dummyType char

const unsigned MAX_NUM_LOOPS = 10;
const unsigned GRAF_SIZE = 2 * MAX_NUM_LOOPS + 3;
const unsigned DUMMY_GRAPH_LABEL_SIZE = 1;
const double EPSILON = 1.0e-30;

void displayNumber(unsigned i, unsigned j)

{
    if (i < 10)
        printf("%1u", i);
    else
        printf("%2u", i);

    if (j < 10)
        printf("%1u", j);
    else
        printf("%2u", j);

}

void readDouble(double& x /* output */)
{
    byte xpos, ypos;
    string80 astring;

    xpos = wherex();
    ypos = wherey();
    do {
        scanf("%s", astring);
        if (strcmp(astring, "0")   == 0 ||
            strcmp(astring, "0.")  == 0 ||
            strcmp(astring, "0.0") == 0) {
            x = 0.0; // x is doubly zero
            return;
        }
        x = atof(astring);
        if (x == 0) {
            gotoxy(xpos, ypos);
            clreol();
```

Listing 9-4 Continued

```
        }
    } while (x == 0);
}

void readUnsigned(unsigned& x /* output */)
{
    byte xpos, ypos;
    string80 astring;
    int i;

    xpos = wherex();
    ypos = wherey();
    do {
        scanf("%s", astring);
        if (strcmp(astring, "0") == 0) {
            x = 0; // x is doubly zero
            return;
        }
        x = (unsigned)atol(astring);
        if (x == 0) {
            gotoxy(xpos, ypos);
            clreol();
        }
    } while (x == 0);
}

main()
{
    int k;
    unsigned i, j, n;
    double x, volts, amps, amps2,
           Rrs, Rrp, Rrs1, Rrs2, Rr;

    clrscr();
    // construct objects
    gengraph<double, dummyType> ohms(GRAF_SIZE+1);
    genarray<double> rs(MAX_NUM_LOOPS+1),
                     rp(MAX_NUM_LOOPS+1);

    gotoxy(wherex(), wherey()+1);
    do {
        gotoxy(wherex(), wherey()-1);
        clreol();
        printf("Enter the number of loops [2..%u] : ", MAX_NUM_LOOPS);
        readUnsigned(n);
    } while (n < 2 || n > MAX_NUM_LOOPS);
    putchar('\n');

    // obtain frame resistors
    for (i = 1; i <= (2 * n + 1); i++) {
        printf("Enter resistance between points %u and %u : ", i, i+1);
        readDouble(x); putchar('\n');
        x = (x == 0) ? EPSILON : fabs(x);
        ohms.linkVertex(i, i+1, x);
    }
```

Listing 9-4 Continued

```
    // obtain ladder resistors
    for (i = 1; i <= n-1; i++) {
        printf("Enter resistance between points ");
        printf("%u and %u : ", i+1, 2*n+2-i);
        readDouble(x); putchar('\n');
        x = (x == 0) ? EPSILON : fabs(x);
        ohms.linkVertex(i+1, 2*n+2-i, x);
    }
    // obtain the main circuit voltage
    do {
        printf("Enter circuit voltage : ");
        readDouble(volts); putchar('\n');
    } while (volts <= 0);
    putchar('\n');

    /* start calculating the main current by
      "folding" the loops of resistors      */
    ohms.getLinkValue(n+1, n+2, Rrp);
    rp.store(Rrp, n);
    ohms.getLinkValue(n, n+1, Rrs1);
    ohms.getLinkValue(n+2, n+3, Rrs2);
    Rrs = Rrs1 + Rrp + Rrs2;
    rs.store(Rrs, n);
    for(i = n-1, j = n + 3; i > 0 ; i—, j++) {
        rs.recall(Rrs, i+1);
        ohms.getLinkValue(i+1, j, Rr);
        Rrp = 1 / (1/Rrs + 1/Rr);
        rp.store(Rrp, i);
        ohms.getLinkValue(i, i+1, Rrs1);
        ohms.getLinkValue(j, j+1, Rrs2);
        Rrs = Rrs1 + Rrp + Rrs2;
        rs.store(Rrs, i);
    }

    clrscr();
    rs.recall(x, 1);
    amps = volts / x;
    printf("Total current = %6.3lf amps\n", amps);
    // calculate and display currents flowing in each resistor
    for(i = 1; i <= n; i++) {
        printf("%-6.3lf amps flow through R", amps);
        displayNumber(i, i+1); putchar('\n');
        printf("%-6.3lf amps flow through R", amps);
        displayNumber(2*n+2-i, 2*n+3-i); putchar('\n');
        rp.recall(Rrp, i);
        volts = amps * Rrp;
        ohms.getLinkValue(i+1, 2*n+2-i, Rr);
        amps2 = volts / Rr;
        printf("%-6.3lf amps flow through R", amps2);
        displayNumber(i+1, 2*n+2-i); putchar('\n');
        amps -= amps2;
        if (wherey() > 20) {
            putchar('\n');
            printf("press any key "); getch();
```

Listing 9-4 Continued

```
            clrscr();
        }
    }
    printf("\npress any key to end the program ..."); getch();
    return 0;
}
```

Given an applied voltage and a set of resistors, the program calculates the currents flowing through each resistor. The method used transforms the original circuit into smaller equivalent circuits to calculate the electrical current flowing out of the battery. The algorithm used to obtain the main current is:

1. Calculate $Rp_N = R_{N+1, N+2}$
2. Calculate $Rs_N = R_{N, N+1} + Rp_N + R_{N+2, N+3}$
3. Set J = N + 2
4. FOR I = N − 1 TO 1 STEP −1 loop
   J = J + 1
   $Rp_I = 1 / (1 / Rs_{I+1} + 1 / R_{I+1, J})$
   $Rs_I = R_{I, I+1} + Rp_I + R_{J, J+1}$
   END FOR
5. Main current A = V / Rs_1

To calculate the currents flowing through each resistors, the following algorithm is used:

1. Let A = main current
2. FOR I = 1 TO N loop
   A amps flow in $R_{I, I+1}$ and $R_{2N+2-I, 2N+3-I}$
   V' = A * Rp_I is the voltage drop across $R_{I+1, 2N+2-I}$
   A' = V / $R_{I+1, 2N+2-I}$
   A' amps flow in $R_{I+1, 2N+2-I}$
   A = A − A'
   END FOR

Figure 9-10 contains the sketch of a sample problem to be solved by the test program. Figure 9-11 shows the data input for the sample problem. The program requests the number of loops, the values for each resistor, and the circuit voltage. The output is shown in FIG. 9-12.

The TSGRAPH2.CPP program employs three class instances: a single digraph instance and two generic array instances. The digraph instance represents the resistors in the electrical circuits. The generic array instances store intermediate results as indicated by the preceding algorithms.

The program instantiates the instance Ohms to have a double-typed edge, dummy type labels (the dummyType is a typedef of char), and to contain GRAF_SIZE vertices. The generic array instances Rs and Rp are created to have GRAF_SIZE elements that store double-typed data.

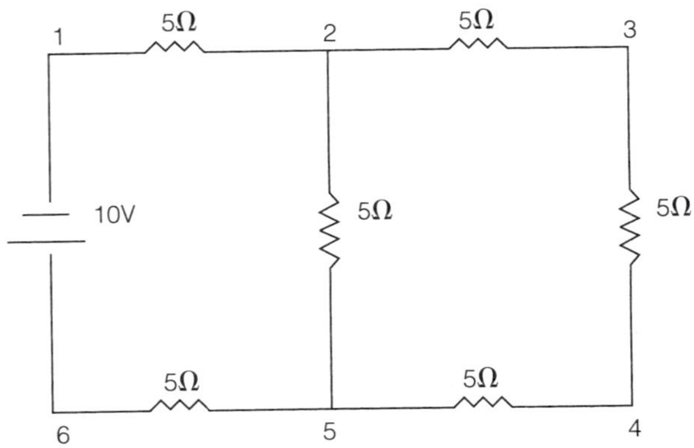

9-10 The sample dc circuit solved by program TSGRAPH2.CPP.

```
Enter the number of loops [2..10] : 2
Enter resistance between points 1 and 2 : 5
Enter resistance between points 2 and 3 : 5
Enter resistance between points 3 and 4 : 5
Enter resistance between points 4 and 5 : 5
Enter resistance between points 5 and 6 : 5
Enter resistance between points 2 and 5 : 5
Enter circuit voltage : 10
```

9-11 The data input for the sample problem solved by TSGRAPH2.CPP.

Two separate for loops prompt the user for the values of the resistors. The first loop handles the resistors located at the edge of the circuit, while the second loop manages the parallel resistors. The program calls the linkVertex function in both for loops to store the value of the resistors as the edges of the digraphs. The functions readUnsigned and readDouble are transplants from program TSGRAPH1.CPP that provide error-free numeric input. The remaining part of the program calls function getLinkValue functions many times to retrieve the values of difference resistors.

```
Total current = 0.727 amps
0.727 amps flow through R12
0.727 amps flow through R56
0.545 amps flow through R25
0.182 amps flow through R23
0.182 amps flow through R45
0.182 amps flow through R34

Press any key to end the program ...
```

9-12 The output of the sample problem.

Graphs and digraphs are versatile data structures that can model a wide range of objects in the real world. Classes representing graphs and digraphs excel over classes of the other structures presented in this book. More flexibility can be handed down to such classes if the vertices and edges of the same graph handle varying data. The resulting structures contain heterogeneous data that extends the versatility of its classes to even a wider set of applications.

I regard this class as unique, whether the digraph class is used in its current form or is modified to accommodate heterogeneous types of values. Classes and objects fall between two extremes: simple classes and contained classes. A simple object is easily modeled by a simple class. A contained class is made up of nested objects—it contains data members that are themselves instances of other classes. A car is an example of a compound object. The car has a body, an engine, windows, doors, and other components. The key words here are *has a*. Each component of the car is easily regarded as an object with fairly developed attributes, characteristics, and behavior.

Between the two extreme types of classes there is a middle ground. The dc electrical circuit presented in the previous example makes a good case. Each resistor can be thought of as an independent item (not an object). The resistor lacks highly developed characteristics and functionality that would give it the undisputed status of object. The digraph class modeling the circuit gives the collection of resistors the developed characteristics and functionality. The result is a single class that *has a* set of simple items. Thus, graphs and digraphs are examples of classes that borrow from other classes, which in turn model simple and compound objects.

10
Generic AVL-trees

The classes of singly-linked and doubly-linked lists presented in earlier chapters are popular data structures. However, these structures are noted for their rather inefficient data searching, since their searches require scrolling through the lists. The worst-case search with unordered versions of the linked list is having to examine the nodes of the entire list. The worst-case search with the ordered versions is not as outrageous.

Binary trees typically are dynamic structures that also use links between data nodes. However, compared to lists, they enjoy a more efficient search. This efficiency is due to searches in a balanced or near-balanced tree that are as efficient as the binary searches in an ordered array. While binary trees maintain their data in order, they suffer from a major drawback—they tend to become unbalanced. A binary tree maintains a good balance when random and unordered data are sequentially inserted, but if ordered data is inserted, it ends up as one long linked list! In each case, the binary tree maintains sorted data, but the spread of data is very different. The AVL-tree, named after the Russian mathematicians who developed it, is a near-balanced version of the binary tree. While the search algorithm of the AVL-tree and the binary tree are the same, the insertion and deletion steps are different. The AVL-tree needs additional overhead to adjust the tilt of its node in order to maintain a state of balance or near-balance. This chapter presents a generic AVL-tree class, along with another version of the DOS file list class that is based on AVL-trees.

Basics

An AVL-tree is a special type of binary tree. Each node of an AVL-tree is linked with two nodes, called the *left* and *right child nodes*. The first AVL-tree node to be accessed is called the *root node*. The nodes that have no child nodes attached to them are called *leaf nodes* or terminal nodes. Figure 10-1 shows a typical AVL-tree with node links and balance indicators. The balance indicators are characteristic of the AVL-tree. They enable the tree to control the tilt or imbalance of each node. A zero (or neutral) indicator value signals that a node is balanced, which means that it has an equal number of child nodes. A plus indicator signals that there is a tilt to the right. Similarly, a negative indicator signals that there is a tilt to the left. The AVL-tree does not allow either branch of any node to be longer by more than one node (or level). This compromise gives the AVL-tree its near-balance characteristics.

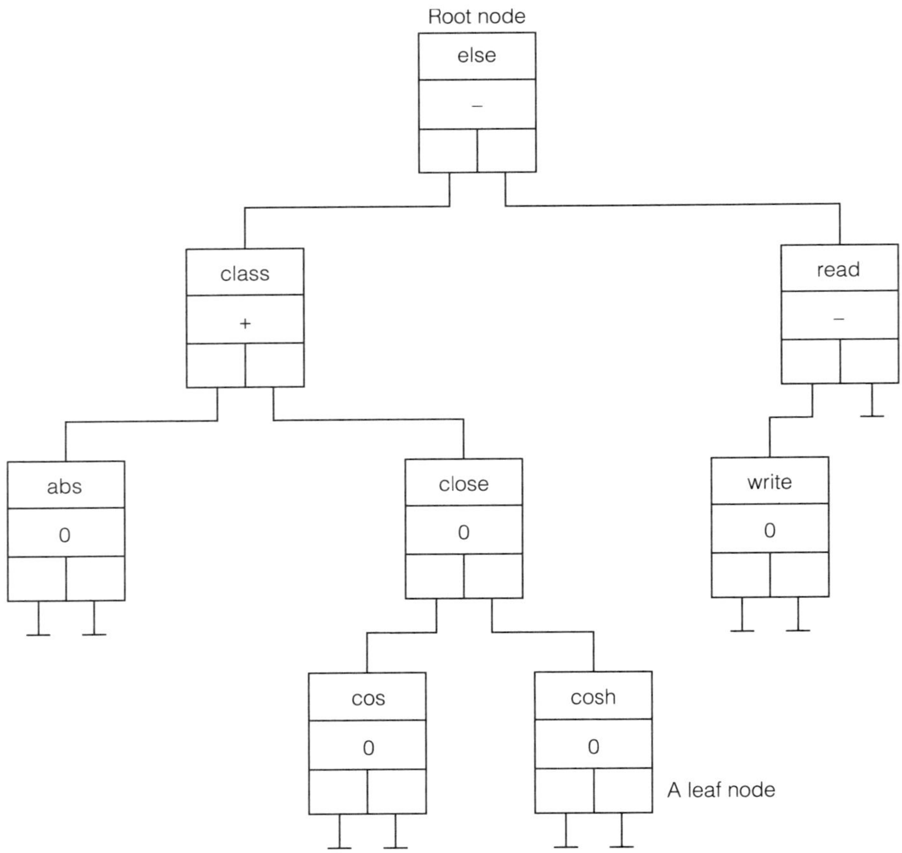

10-1 A typical AVL-tree with node links and balance.

The typical operations of AVL-trees include data insertion, data deletion, data search, and node traversal. The removal of an entire AVL-tree is more of a practical matter related to program cleanup.

Implementation

The implementation of a generic class of AVL-trees requires the definition of the supporting data types, class data members and member functions. Designing the supporting data types essentially involves the structures representing the AVL-tree nodes. The structure modeling the AVL-tree node must account for at least the links to the left and right child nodes, the data stored in the node, and the state of balance. The left and right child links are pointers to the same structure type. Since the AVL-tree handles generic data, a template class instance type is used to access data of any type. The balance member is either an integer or an enumerated type. I choose to use the latter and define the following enumerated type:

```
enum balanceAVLnode { leftTilt, neutral, rightTilt };
```

An additional member is required in the node structure for intermittent tree traversal, discussed later in this chapter. This traversal member has a Boolean type to indicate whether or not the node has been visited. Listing 10-2 contains the following declaration of the template node structure AVLtreeRec:

```
template<class T>
struct AVLtreeRec {
        T                 dataNode      // node data
        balanceAVLnode    balance       // node balance
        AVLtreeRec<T>     *left,        // left child pointer
                          *right;       // right child pointer
        boolean           beenVisited;  // visit flag
};
```

The next step in crafting the AVL-tree class looks at the data members of the class. The class needs a member for the tree root pointer. Additional data members may be included to fine-tune the design and enhance the functionality of the AVL-tree. For example:

- A data member to count the number of nodes in the tree.
- A data member to report error functions from the most recently executed member function.
- A Boolean data member that flags whether or not nodes with duplicate keys are allowed.
- A Boolean data member that flags whether or not data in an existing node can be overwritten by new information.
- A data member that supervises the intermittent traversal of the tree nodes.

The member functions associated with the AVL-tree class perform tree initialization, tree deallocation, data insertion, data deletion, data search, and node traversal.

Listing 10-1 shows the source code for the ABSTREE.HPP header file. The file declares the genAbstractTree class, an abstract class that is the parent of generic binary trees and generic AVL-trees. I chose not to implement generic binary trees in this book because the AVL-trees generally support more efficient search. The genAbstractTree class declares data members that store the number of tree nodes, the error message, the overwrite flag, and the duplicate flag. These data members are common to binary trees and AVL-trees. If you decide to develop a generic class of binary trees, then you can declare that class as a descendant of genAbstractTree.

Listing 10-1 The source code for the ABSTREE.HPP header file.

```
/*====================================================================

               Copyright (c) 1992   Namir Clement Shammas

    VERSION: 2.0.0                                        DATE 5/7/92

    PURPOSE: Exports classes of abstract trees that have the
             following functionality:

               + insert data.
               + search for data.
               + delete data.
               + nodes with duplicate keys are optional.

    UPDATE HISTORY:

       5/7/92   Uses templates.

====================================================================*/

#include "comndata.h"
#include <string.h>

#ifndef _ABSTREE_HPP
#define _ABSTREE_HPP

template<class T>
class genAbstractTree
{
  protected:
    unsigned   nodeCount;
    string80   errorMessage;       // error message
    boolean    overwrite,          // overwrite data flag
               hasDuplicate;       // duplicate-keys flag

  public:
    // ***************** state query methods ****************
    char* getErrorMessage()
    {
        string80 s;

        strcpy(s, errorMessage);
        strcpy(errorMessage, "");
```

Listing 10-1 Continued.

```
        return s;
    };
    unsigned getNodeCount()
      { return nodeCount; }
    // ************** object manipulation methods *************
    virtual void insert(T&) {}
    virtual boolean search(T&, unsigned occur = 1)
      { return false; }
    virtual boolean remove(T&, unsigned occur = 1)
      { return false; }
    virtual boolean visitFirstNode(T&)
      { return false; }
    virtual boolean visitNextNode(T&)
      { return false; }
    virtual void clear() {}
};

#endif
```

Listing 10-2 The source code for the GENAVL.HPP header file.

```
/*=====================================================================

                    Copyright (c) 1992   Namir Clement Shammas

    VERSION: 2.0.0                                        DATE 5/7/92

    PURPOSE: Exports classes of AVL-trees that have the
             following functionality:

               + insert data.
               + search for data.
               + delete data.
               + nodes with duplicate keys are optional.

    UPDATE HISTORY:

       5/7/92    Uses templates.

=====================================================================*/


#include "abstree.hpp"

#ifndef _GENAVL_HPP
#define _GENAVL_HPP

enum balanceAVLnode { leftTilt, neutral, rightTilt };

template<class T>
struct AVLtreeRec {
    T                 dataNode;      // node data
```

Listing 10-2 Continued.

```
    balanceAVLnode   balance;       // node balance
    AVLtreeRec<T>    *left,         // left child pointer
                     *right;        // right child pointer
    boolean          beenVisited;  // visit flag
}

template<class T>
class genAVLtree : public genAbstractTree<T>
{
  private:
    boolean insertedOk, // insertion flag
            seekNode;
    AVLtreeRec<T> *nodeMarker; // special node pointer used in deletion

    void rotateRight(AVLtreeRec<T>* &rootPtr);
    void rotateLeft(AVLtreeRec<T>* &rootPtr);
    void balanceRight(AVLtreeRec<T>* &rootPtr, boolean &delok);
    void balanceLeft(AVLtreeRec<T>* &rootPtr, boolean &delok);
    void deleteBothChildren(AVLtreeRec<T>* &rootPtr,  // in/out
                            AVLtreeRec<T>* &ptr,      // in/out
                            boolean &delok            /* in/out */);
    void clearVisitFlags(AVLtreeRec<T>* rootPtr);
    void insertNode(AVLtreeRec<T>* &rootPtr);
    void removeNode(AVLtreeRec<T>* &rootPtr, // in/out
                    unsigned &occur,         // in/out
                    boolean &delOk           /* in/out */);
    void visitTree(AVLtreeRec<T>* rootPtr,
                   AVLtreeRec<T>* &node /* output */);
    AVLtreeRec<T>* searchAVLtree(T& x, unsigned occur = 1);
    boolean removeSubTree(AVLtreeRec<T>* &rootPtr);

  protected:

    AVLtreeRec<T> *nodePtr,
                  *root;     // pointer to the heap
    T             xdata;

  public:
    // ************** state manipulation methods **************
    genAVLtree(boolean canOverwrite,
               boolean allowDuplicates);

    ~genAVLtree() { if (root) clear(); }

    // ************** object manipulation methods *************
    void setXData(T& newXData)
      { xdata = newXData; }
    virtual void insert(T& x);
    virtual boolean search(T& x, unsigned occur = 1)
    {
        return (searchAVLtree(x, occur)) ? true : false;
    }
    virtual boolean remove(T& x, unsigned occur = 1);
    virtual boolean visitFirstNode(T& x);
```

Listing 10-2 Continued.

```
    virtual boolean visitNextNode(T& x);
    virtual void clear()
      { removeSubTree(root); }
    boolean peekAtLeftChild(T& x);
    boolean peekAtRightChild(T& x);

};
#endif
```

The genAbstractTree class declares many virtual member functions that are empty shells. Only two member functions, getNodeCount and getErrorMessage, are implemented in the class declaration. These functions work for all descendants of genAbstractTree, regardless of the storage mechanism or type of tree (binary or AVL).

Listing 10-2 contains the source code for the GENAVL.HPP header file. The header file declares the balanceAVLnode enumerated type and the template structure AVLtreeRec, both discussed earlier. The header file also contains the declaration of the genAVLtree class, a descendant of genAbstractTree. The genAVLtree class declares three private data members: insertedOk, seekNode, and nodeMarker. These members are declared private, because they are involved in the recursive AVL-tree operation of searching, inserting, and deleting data. The AVL-tree class also declares three protected data members: nodePtr, root, and xdata. The nodePtr member is used to track visited tree nodes. The root member is the pointer to the root of the AVL-tree. The xdata member is a buffer that is an instance of the template class T. The member function setXData allows you to overwrite the current instance of xdata with a new instance of the template class. This ability permits you to adjust certain members of template class T in member xdata that are critical to the comparison and assignment statements.

The genAVLtree class declares a large number of private and public member functions. A few functions have in-line statements. They include the class destructor, which calls the clear member function; the search function, which calls the private searchAVLtree function; and the clear function (which invokes the private removeSubTree function. All the other functions are implemented in the GENAVL.CPP library file, shown in Listing 10-3.

Listing 10-3 The source code for the GENAVL.CPP library file.

```
/*==========================================================================

                 Copyright (c) 1992   Namir Clement Shammas

    VERSION: 2.0.0                                        DATE 5/7/1992

    PURPOSE: Exports a class of AVL-trees that has the
             following functionality:

               + insert data.
```

Listing 10-3 Continued.

```
              + search for data.
              + delete data.
              + nodes with duplicate keys are optional.

    UPDATE HISTORY:

       5/7/92  use templates.
==========================================================================*
/

#include "genavl.hpp";


//- - - - - - - - - - - - - - - - - genAVLtree - - - - - - - -

template<class T>
genAVLtree<T>::genAVLtree(boolean canOverwrite,
                          boolean allowDuplicates)

/*-+-+-+-+-+-+-+-+-+-+-+-+-+-+-+-+-+-+-+-+-+-+-+-+-+-+-+-+-+-+-+-+-+-+-+-

ROUTINE PURPOSE: Initializes the parameters of an AVL-tree object.

PARAMETERS:

  INPUT: canOverwrite - flag to indicate whether or not a current
           node can be overwritten with new data.  This parameter is
           significant if allowDuplicates is false.
         allowDuplicates - flag to signal whether or not nodes with
           duplicate keys are allowed.

-+-+-+-+-+-+-+-+-+-+-+-+-+-+-+-+-+-+-+-+-+-+-+-+-+-+-+-+-+-+-+-+-+-+-+-*/

{
    errorMessage[0] = '\0';
    hasDuplicate = allowDuplicates;
    overwrite = (!hasDuplicate && canOverwrite) ? true : false;
    nodeCount = 0;
    root = NULL;
}

//- - - - - - - - - - - - - - - - - rotateRight - - - - - - - -

template<class T>
void genAVLtree<T>::rotateRight(AVLtreeRec<T>* &rootPtr)

/*-+-+-+-+-+-+-+-+-+-+-+-+-+-+-+-+-+-+-+-+-+-+-+-+-+-+-+-+-+-+-+-+-+-+-+-

ROUTINE PURPOSE: Rearranges the tree nodes by rotating them to the
right.

PARAMETERS:

  IN/OUT: rootPtr - pointer to a node of the AVL-tree.

-+-+-+-+-+-+-+-+-+-+-+-+-+-+-+-+-+-+-+-+-+-+-+-+-+-+-+-+-+-+-+-+-+-+-+-*/
```

Listing 10-3 Continued.

```
{
    AVLtreeRec<T> *ptr2, *ptr3;

    ptr2 = rootPtr->right;
    if (ptr2->balance == rightTilt) { // rotate once
        rootPtr->right = ptr2->left;
        ptr2->left = rootPtr;
        rootPtr->balance = neutral;
        rootPtr = ptr2;
    }
    else { // rotate twice
        ptr3 = ptr2->left;
        ptr2->left = ptr3->right;
        ptr3->right = ptr2;
        rootPtr->right = ptr3->left;
        ptr3->left = rootPtr;
        ptr2->balance = (ptr3->balance == leftTilt) ? rightTilt
                                                     : neutral;
        rootPtr->balance = (ptr3->balance == rightTilt) ? leftTilt
                                                         : neutral;
        rootPtr = ptr3;
    }
    rootPtr->balance = neutral;
}

//- - - - - - - - - - - - - - - - - rotateLeft - - - - - - - -

template<class T>
void genAVLtree<T>::rotateLeft(AVLtreeRec<T>* &rootPtr)

/*-+-+-+-+-+-+-+-+-+-+-+-+-+-+-+-+-+-+-+-+-+-+-+-+-+-+-+-+-+-+-+-+-+-+-

ROUTINE PURPOSE: Rearranges the tree nodes by rotating them to the
left.

PARAMETERS:

  IN/OUT: rootPtr - pointer to the node of the AVL-tree.

-+-+-+-+-+-+-+-+-+-+-+-+-+-+-+-+-+-+-+-+-+-+-+-+-+-+-+-+-+-+-+-+-+-+-*/

{
    AVLtreeRec<T> *ptr2, *ptr3;

    ptr2 = rootPtr->left;
    if (ptr2->balance == leftTilt) { // rotate once
        rootPtr->left = ptr2->right;
        ptr2->right = rootPtr;
        rootPtr->balance = neutral;
        rootPtr = ptr2;
    }
    else { // rotate twice
        ptr3 = ptr2->right;
        ptr2->right = ptr3->left;
        ptr3->left = ptr2;
        rootPtr->left = ptr3->right;
```

Listing 10-3 Continued.

```
        ptr3->right = rootPtr;
        ptr2->balance = (ptr3->balance == rightTilt) ? leftTilt
                                                     : neutral;
        rootPtr->balance = (ptr3->balance == leftTilt) ? rightTilt
                                                       : neutral;
        rootPtr = ptr3;
    }
    rootPtr->balance = neutral;
}

//- - - - - - - - - - - - - - - - - insertNode - - - - - - - -

template<class T>
void genAVLtree<T>::insertNode(AVLtreeRec<T>* &rootPtr)

/*-+-+-+-+-+-+-+-+-+-+-+-+-+-+-+-+-+-+-+-+-+-+-+-+-+-+-+-+-+-+-+-+-+-+-+-

ROUTINE PURPOSE: Workhorse recursive routine to perform node insertion
in an AVL-tree.

PARAMETERS:

  IN/OUT: rootPtr - pointer to a node of the AVL-tree.

                         ROUTINE DEPENDENCIES
                         - - - - - - - - - - - -

       IDENTIFIER NAME      IDENTIFIER TYPE      SOURCE LIBRARY
       - - - - - - - - -    - - - - - - - -      - - - - - - - -

         rotateLeft            procedure              local
         rotateRight           procedure              local

-+-+-+-+-+-+-+-+-+-+-+-+-+-+-+-+-+-+-+-+-+-+-+-+-+-+-+-+-+-+-+-+-+-+-+-*/
{
    if (!rootPtr) {
        rootPtr = new AVLtreeRec<T>; // create new memory space
        if (!rootPtr) {
            strcpy(errorMessage, ALLOCATE_ERROR);
            return;
        }
        // copy data
        rootPtr->dataNode = xdata;
        rootPtr->left = NULL;
        rootPtr->right = NULL;
        rootPtr->balance = neutral;
        rootPtr->beenVisited = false;
        nodeCount++;
        insertedOk = true;
     }
     else if (!hasDuplicate &&
              !overwrite    &&
              xdata == rootPtr->dataNode)  {
         insertedOk = false;
         return;
     }
```

Listing 10-3 Continued.

```
      else if (overwrite &&
               xdata == rootPtr->dataNode)  {
           rootPtr->dataNode = xdata;
           insertedOk = true;
           return;
      }
      else if (xdata <= rootPtr->dataNode) {
              insertNode(rootPtr->left);
              if (insertedOk) {
                  switch (rootPtr->balance) {
                      case leftTilt :
                          rotateLeft(rootPtr);
                          insertedOk = false;
                          break;

                      case neutral :
                          rootPtr->balance = leftTilt;
                          break;
                      case rightTilt :
                          rootPtr->balance = neutral;
                          insertedOk = false;
                          break;
                  }
              }
      }
      else {
              insertNode(rootPtr->right);
              if (insertedOk) {
                  switch (rootPtr->balance) {
                      case leftTilt :
                          rootPtr->balance = neutral;
                          insertedOk = false;
                          break;

                      case neutral :
                          rootPtr->balance = rightTilt;
                          break;

                      case rightTilt :
                          rotateRight(rootPtr);
                          insertedOk = false;
                          break;
                  }
              }
      }
}

//- - - - - - - - - - - - - - - - insert - - - - - - - -

template<class T>
void genAVLtree<T>::insert(T& x)

/*-+-+-+-+-+-+-+-+-+-+-+-+-+-+-+-+-+-+-+-+-+-+-+-+-+-+-+-+-+-+-+-+-+-

ROUTINE PURPOSE: Performs node insertion in an AVL-tree.
```

Listing 10-3 Continued.

```
PARAMETERS:

  IN/OUT: x - pointer to the inserted data.

                          ROUTINE DEPENDENCIES
                          ---------------

       IDENTIFIER NAME     IDENTIFIER TYPE       SOURCE LIBRARY
       -----------         ------------          -----------
         insertNode          procedure                 local

-+-+-+-+-+-+-+-+-+-+-+-+-+-+-+-+-+-+-+-+-+-+-+-+-+-+-+-+-+-+-+-+-+-+-*/
{
    insertedOk = false;
    xdata = x;
    insertNode(root);
}

//----------------- searchAVLtree --------

template<class T>
AVLtreeRec<T>* genAVLtree<T>::searchAVLtree(T& x, unsigned occur)

/*-+-+-+-+-+-+-+-+-+-+-+-+-+-+-+-+-+-+-+-+-+-+-+-+-+-+-+-+-+-+-+-+-+-+-

ROUTINE PURPOSE: Searches for a specific occurrence of a key.

PARAMETERS:

  INPUT: x - the search key data.
         occur - the sought occurrence.  If hasDuplicate is false,
           the value of the argument for this parameter is assigned
           a one.

FUNCTION VALUE: Returns a pointer to the sought node, or NULL if
no match was found.

-+-+-+-+-+-+-+-+-+-+-+-+-+-+-+-+-+-+-+-+-+-+-+-+-+-+-+-+-+-+-+-+-+-+-*/

{
    unsigned count = 0; // initialize count for actual occurrence of x
    AVLtreeRec<T>* p;

    // assign 1 to occur if tree has no node with duplicate keys
    occur = (!hasDuplicate || occur == 0) ? 1 : occur;
    if (occur > nodeCount)
        // data is impossible to find
        return NULL;

    p = root;
    while (p && count < occur) {
      if (x > p->dataNode)
          p = p->right;
      else if (x < p->dataNode)
          p = p->left;
      else { // match is found
```

Listing 10-3 Continued.

```
            count++;
            if (count < occur)
                p = p->left;
        }
    }

    if (p)
        x = p->dataNode;

    return p;
}

//- - - - - - - - - - - - - - - - balanceRight - - - - - - - -

template<class T>
void genAVLtree<T>::balanceRight(AVLtreeRec<T>* &rootPtr, // in/out
                                  boolean &delOk          /* in/out */)

/*-+-+-+-+-+-+-+-+-+-+-+-+-+-+-+-+-+-+-+-+-+-+-+-+-+-+-+-+-+-+-+-+-+-+-+-

ROUTINE PURPOSE: Restores the balanced or near-balanced state of an
AVL-tree by rebalancing a right subtree.

PARAMETERS:

  IN/OUT: rootPtr - pointer to the root of the AVL subtree.
          delOk - boolean flag used in verifying the deletion.

-+-+-+-+-+-+-+-+-+-+-+-+-+-+-+-+-+-+-+-+-+-+-+-+-+-+-+-+-+-+-+-+-+-+-*/

{
    AVLtreeRec<T> *ptr2, *ptr3;
    balanceAVLnode balnc2, balnc3;

    switch (rootPtr->balance) {
        case leftTilt :
            rootPtr->balance = neutral;
            break;

        case neutral :
            rootPtr->balance = rightTilt;
            delOk = false;
            break;

        case rightTilt :
            ptr2 = rootPtr->right;
            balnc2 = ptr2->balance;
            if (balnc2 != leftTilt) {
                rootPtr->right = ptr2->left;
                ptr2->left = rootPtr;
                if (balnc2 == neutral) {
                    rootPtr->balance = rightTilt;
                    ptr2->balance = leftTilt;
                    delOk = false;
                }
                else {
```

Listing 10-3 Continued.

```
                    rootPtr->balance = neutral;
                    ptr2->balance = neutral;
                }
                rootPtr = ptr2;
            }
            else {
                ptr3 = ptr2->left;
                balnc3 = ptr3->balance;
                ptr2->left = ptr3->right;
                ptr3->right = ptr2;
                rootPtr->right = ptr3->left;
                ptr3->left = rootPtr;
                ptr2->balance = (balnc3 == leftTilt) ? rightTilt
                                                     : neutral;
                rootPtr->balance = (balnc3 == rightTilt) ? leftTilt
                                                         : neutral;
                rootPtr = ptr3;
                ptr3->balance = neutral;
            }
            break;
    }
}

//----------------- balanceLeft --------

template<class T>
void genAVLtree<T>::balanceLeft(AVLtreeRec<T>* &rootPtr, // in/out
                                boolean &delOk          /* in/out */)

/*-+-+-+-+-+-+-+-+-+-+-+-+-+-+-+-+-+-+-+-+-+-+-+-+-+-+-+-+-+-+-+-+-+-+-+-

ROUTINE PURPOSE: Restores the balanced or near-balanced state of an
AVL-tree by rebalancing a left subtree.

PARAMETERS:

  IN/OUT: rootPtr - pointer to the root of the AVL subtree.
          delOk - boolean flag used in verifying the deletion.

-+-+-+-+-+-+-+-+-+-+-+-+-+-+-+-+-+-+-+-+-+-+-+-+-+-+-+-+-+-+-+-+-+-+-+-*/

{
    AVLtreeRec<T> *ptr2, *ptr3;
    balanceAVLnode balnc2, balnc3;

    switch (rootPtr->balance) {
        case rightTilt :
            rootPtr->balance = neutral;
            break;

        case neutral :
            rootPtr->balance = leftTilt;
            delOk = false;
            break;

        case leftTilt :
```

Listing 10-3 Continued.

```
            ptr2 = rootPtr->left;
            balnc2 = ptr2->balance;
            if (balnc2 != rightTilt) {
                rootPtr->left = ptr2->right;
                ptr2->right = rootPtr;
                if (balnc2 == neutral) {
                    rootPtr->balance = leftTilt;
                    ptr2->balance = rightTilt;
                    delOk = false;
                }
                else {
                    rootPtr->balance = neutral;
                    ptr2->balance = neutral;
                }
                rootPtr = ptr2;
            }
            else {
                ptr3 = ptr2->right;
                balnc3 = ptr3->balance;
                ptr2->right = ptr3->left;
                ptr3->left = ptr2;
                rootPtr->left = ptr3->right;
                ptr3->right = rootPtr;
                ptr2->balance = (balnc3 == rightTilt) ? leftTilt
                                                      : neutral;
                rootPtr->balance = (balnc3 == leftTilt) ? rightTilt
                                                        : neutral;
                rootPtr = ptr3;
                ptr3->balance = neutral;
            }
            break;
    }
}

//- - - - - - - - - - - - - - - - deleteBothChildren - - - - - - - -

template<class T>
void genAVLtree<T>::deleteBothChildren(
                            AVLtreeRec<T>* &rootPtr,  // in/out
                            AVLtreeRec<T>* &ptr,      // in/out
                            boolean &delOk            /* in/out */)

/*-+-+-+-+-+-+-+-+-+-+-+-+-+-+-+-+-+-+-+-+-+-+-+-+-+-+-+-+-+-+-+-+-+-+-+-

ROUTINE PURPOSE: Routine used to delete a node with two empty
subtrees.

PARAMETERS:

  IN/OUT: rootPtr - pointer to the root of the AVL subtree.
          ptr - shared pointer.
          delOk - boolean flag used in verifying the deletion.

-+-+-+-+-+-+-+-+-+-+-+-+-+-+-+-+-+-+-+-+-+-+-+-+-+-+-+-+-+-+-+-+-+-+-+-*/

{
```

Listing 10-3 Continued.

```
    if (!ptr->right) {
        rootPtr->dataNode = ptr->dataNode;
        nodeMarker = ptr;
        ptr = ptr->left;
        delOk = true;
    }
    else {
        deleteBothChildren(rootPtr, ptr->right, delOk);
        if (delOk)
            balanceLeft(ptr, delOk);
    }
}

//- - - - - - - - - - - - - - - - - removeNode - - - - - - - -

template<class T>
void genAVLtree<T>::removeNode(
                            AVLtreeRec<T>* &rootPtr,  // in/out
                            unsigned &occur,          // in/out
                            boolean &delOk            /* in/out */)

/*-+-+-+-+-+-+-+-+-+-+-+-+-+-+-+-+-+-+-+-+-+-+-+-+-+-+-+-+-+-+-+-+-+-+-+-

ROUTINE PURPOSE: Recursive routine to perform node deletion.  The
balance of the AVL-tree is also monitored and adjusted, if need be.

PARAMETERS:

  IN/OUT: rootPtr - pointer to a node of the AVL-tree.
          occur - the occurrence of key data for the deleted node.
          delOk - boolean flag used in verifying the deletion.

                         ROUTINE DEPENDENCIES
                         - - - - - - - - - - - - - - -

      IDENTIFIER NAME      IDENTIFIER TYPE       SOURCE LIBRARY
      - - - - - - - - - -  - - - - - - - - - -   - - - - - - - - - -
      balanceLeft             procedure              local
      balanceRight            procedure              local
      deleteBothChildren      procedure              local

-+-+-+-+-+-+-+-+-+-+-+-+-+-+-+-+-+-+-+-+-+-+-+-+-+-+-+-+-+-+-+-+-+-+-+-*/

{
    AVLtreeRec<T>* p;

    if (!rootPtr)
        delOk = false;
    else {
        if (xdata == rootPtr->dataNode)
            occur- -;
        if (occur > 0 && xdata <= rootPtr->dataNode) {
            removeNode(rootPtr->left, occur, delOk);
            if (delOk)
                balanceRight(rootPtr, delOk);
        }
```

Listing 10-3 Continued.

```
        else if (xdata > rootPtr->dataNode) {
            removeNode(rootPtr->right, occur, delOk);
            if (delOk)
                balanceLeft(rootPtr, delOk);
        }
        else {
            p = rootPtr;
            if (!rootPtr->right) {
                rootPtr = rootPtr->left;
                delOk = true;
                delete p;
                p = NULL;
            }
            else if (!rootPtr->left) {
                rootPtr = rootPtr->right;
                delOk = true;
                delete p;
                p = NULL;
            }
            else {
                deleteBothChildren(rootPtr, rootPtr->left, delOk);
                if (delOk)
                    balanceRight(rootPtr, delOk);
                // delete nodeMarker->dataNode;
                delete nodeMarker;
            }
            nodeCount—;
        }
    }
}

//- - - - - - - - - - - - - - - - remove - - - - - - - -
template<class T>
boolean genAVLtree<T>::remove(T& x, unsigned occur)

/*-+-+-+-+-+-+-+-+-+-+-+-+-+-+-+-+-+-+-+-+-+-+-+-+-+-+-+-+-+-+-+-+-+-+-

ROUTINE PURPOSE: Performs node deletion.

PARAMETERS:

  INPUT: x - the data to be removed
         occur - the occurrence of key data for the deleted node.

                          ROUTINE DEPENDENCIES
                          - - - - - - - - - - - - - -

      IDENTIFIER NAME       IDENTIFIER TYPE        SOURCE LIBRARY
      - - - - - - - - - -   - - - - - - - - - -    - - - - - - - - - -
        removeNode            procedure              local

-+-+-+-+-+-+-+-+-+-+-+-+-+-+-+-+-+-+-+-+-+-+-+-+-+-+-+-+-+-+-+-+-+-+-*/

{
```

Listing 10-3 Continued.

```
    unsigned oldCount = nodeCount;
    boolean deleteOk = false;
    occur = (!hasDuplicate || occur == 0) ? 1 : occur;
    if (occur > nodeCount)
        return false;

    xdata = x;
    removeNode(root, occur, deleteOk);
    return (oldCount > nodeCount) ? true : false;
}

//- - - - - - - - - - - - - - - - removeSubTree - - - - - - - -

template<class T>
boolean genAVLtree<T>::removeSubTree(AVLtreeRec<T>* &rootPtr)

/*-+-+-+-+-+-+-+-+-+-+-+-+-+-+-+-+-+-+-+-+-+-+-+-+-+-+-+-+-+-+-+-+-+-

ROUTINE PURPOSE: Recursive function to prune the tree or subtree
starting at node rootPtr.

PARAMETERS:

  INPUT: rootPtr - the pointer to the (sub)tree root to be deleted.

FUNCTION VALUE: The function result is relevant only in the recursive
calls of this function.

-+-+-+-+-+-+-+-+-+-+-+-+-+-+-+-+-+-+-+-+-+-+-+-+-+-+-+-+-+-+-+-+-+-*/

{
    boolean deleteThisNode = false;

    if (!rootPtr->left && !rootPtr->right)
       deleteThisNode = true; // remove leaf node with no links
    else {
       if (rootPtr->left) // has left branch
            if (removeSubTree(rootPtr->left)) {
                delete rootPtr->left;
                rootPtr->left = NULL;
            }

        if (rootPtr->right) // has right branch
            if (removeSubTree(rootPtr->right)) {
                delete rootPtr->right;
                rootPtr->right = NULL;
            }

         deleteThisNode = (!rootPtr->left && !rootPtr->right) ? true
                                                               : false;
    }
    return (deleteThisNode) ? true : false;
}

//- - - - - - - - - - - - - - - - clearVisitFlags - - - - - - - -
```

Listing 10-3 Continued.

```
template<class T>
void genAVLtree<T>::clearVisitFlags(AVLtreeRec<T>* rootPtr)

/*-+-+-+-+-+-+-+-+-+-+-+-+-+-+-+-+-+-+-+-+-+-+-+-+-+-+-+-+-+-+-+-+-+-+-+-

ROUTINE PURPOSE: Recursive function used to traverse the AVL-tree
and set the beenVisited flags to false.

PARAMETERS:

  INPUT: rootPtr - pointer to the root of the AVL-tree.

-+-+-+-+-+-+-+-+-+-+-+-+-+-+-+-+-+-+-+-+-+-+-+-+-+-+-+-+-+-+-+-+-+-+-*/

{
    if (rootPtr) {
        clearVisitFlags(rootPtr->left);
        rootPtr->beenVisited = false;
        clearVisitFlags(rootPtr->right);
    }
}

//- - - - - - - - - - - - - - - - visitTree - - - - - - - -

template<class T>
void genAVLtree<T>::visitTree(AVLtreeRec<T>* rootPtr,
                              AVLtreeRec<T>* &node /* output */)

/*-+-+-+-+-+-+-+-+-+-+-+-+-+-+-+-+-+-+-+-+-+-+-+-+-+-+-+-+-+-+-+-+-+-+-+-

ROUTINE PURPOSE: Recursive function used to traverse the AVL-tree.

PARAMETERS:

  INPUT: rootPtr - pointer to the root of the AVL-tree.

  OUTPUT: node - the pointer to the next node visited.

-+-+-+-+-+-+-+-+-+-+-+-+-+-+-+-+-+-+-+-+-+-+-+-+-+-+-+-+-+-+-+-+-+-+-*/

{
    if (seekNode && rootPtr) {
        visitTree(rootPtr->left, node);
        if (seekNode && !rootPtr->beenVisited) {
            seekNode = false;
            rootPtr->beenVisited = true;
            node = rootPtr;
            return;
        }
        visitTree(rootPtr->right, node);
    }
}

//- - - - - - - - - - - - - - - -visitFirstNode - - - - - - - -
```

Listing 10-3 Continued.

```
template<class T>
boolean genAVLtree<T>::visitFirstNode(T& x)

/*-+-+-+-+-+-+-+-+-+-+-+-+-+-+-+-+-+-+-+-+-+-+-+-+-+-+-+-+-+-+-+-+-+-+-+-

ROUTINE PURPOSE: Visits the root of the AVL-tree.

PARAMETERS:

  INPUT: x - the pointer to the data associated with the root of the
         AVL-tree.

FUNCTION VALUE: Returns true if the AVL-tree object has a root.

COMMENTS: This message should be sent before sending the
visitNextNodemessages.

                          ROUTINE DEPENDENCIES
                          - - - - - - - - - -

      IDENTIFIER NAME     IDENTIFIER TYPE      SOURCE LIBRARY
      - - - - - - - -     - - - - - - - -      - - - - - - - -
      clearVisitFlags       procedure              local
      visitTree             procedure              local

-+-+-+-+-+-+-+-+-+-+-+-+-+-+-+-+-+-+-+-+-+-+-+-+-+-+-+-+-+-+-+-+-+-+-+-*/

{
    if (root) {
        seekNode = true;
        clearVisitFlags(root);
        visitTree(root, nodePtr);
        x = nodePtr->dataNode;
    }
    return (root) ? true : false;
}

//- - - - - - - - - - - - - - - - visitNextNode - - - - - - - -

template<class T>
boolean genAVLtree<T>::visitNextNode(T& x)

/*-+-+-+-+-+-+-+-+-+-+-+-+-+-+-+-+-+-+-+-+-+-+-+-+-+-+-+-+-+-+-+-+-+-+-+-

ROUTINE PURPOSE: Visits the next node in the AVL-tree.

PARAMETERS:

  INPUT: x - the pointer to the data associated with the visited node.

FUNCTION VALUE: Returns true if there was a next node to visit.

COMMENTS: The beenVisited data field in the AVLtreeRec<T> is used to
```

Listing 10-3 Continued.

```
mark a node as visited.  Tree traversal always starts at the root and
stops at the first node that was not previously visited.

                       ROUTINE DEPENDENCIES
                       --------------

     IDENTIFIER NAME      IDENTIFIER TYPE        SOURCE LIBRARY
     ----------           ----------             ----------
       visitTree            procedure               local

-+-+-+-+-+-+-+-+-+-+-+-+-+-+-+-+-+-+-+-+-+-+-+-+-+-+-+-+-+-+-+-+-+-+-*/

{
    seekNode = true;
    if (root) {
        visitTree(root, nodePtr);
        if (!seekNode)
            x = nodePtr->dataNode;
    }
    return (!seekNode) ? true : false;
}

//- - - - - - - - - - - - - - - - peekAtLeftChild - - - - - - - -

template<class T>
boolean genAVLtree<T>::peekAtLeftChild(T& x)

/*-+-+-+-+-+-+-+-+-+-+-+-+-+-+-+-+-+-+-+-+-+-+-+-+-+-+-+-+-+-+-+-+-+-+-

ROUTINE PURPOSE: Visits the left child of the current node.

PARAMETERS:

  INPUT: x - the data associated with the left child node.

FUNCTION VALUE: Returns true if the current node had a left child.

-+-+-+-+-+-+-+-+-+-+-+-+-+-+-+-+-+-+-+-+-+-+-+-+-+-+-+-+-+-+-+-+-+-+-*/

{
    if (nodePtr && nodePtr->left) {
        x = nodePtr->left->dataNode;
        return true;
    }
    else
        return false;
}

//- - - - - - - - - - - - - - - - peekAtRightChild - - - - - - - -

template<class T>
boolean genAVLtree<T>::peekAtRightChild(T& x)

/*-+-+-+-+-+-+-+-+-+-+-+-+-+-+-+-+-+-+-+-+-+-+-+-+-+-+-+-+-+-+-+-+-+-+-
```

Listing 10-3 Continued.

```
ROUTINE PURPOSE: Visits the left child of the current node.

ARAMETERS:

  INPUT: x - the data associated with the right child node.
FUNCTION VALUE: Returns true if the current node had a right child.

-+-+-+-+-+-+-+-+-+-+-+-+-+-+-+-+-+-+-+-+-+-+-+-+-+-+-+-+-+-+-+-+-+-+-+-*/

{
    if (nodePtr && nodePtr->right) {
        x = nodePtr->right->dataNode;
        return true;
    }
    else
        return false;
}
```

The class constructor initializes the instances of the AVL-tree class. The arguments for the constructor assign values to the duplicate flag and the overwrite flag. No dynamic allocation is performed by the constructor. The overWrite data member is assigned false when the hasDuplicate data member is true, regardless of the value of the canOverWrite argument—you can overwrite only if no duplicates are allowed.

The insert member function inserts the data accessed by parameter x in the AVL-tree instance. The private member function insertNode is called to perform a recursive data insertion and to maintain the near-balance of the tree. Additional private functions are used in the task of balancing the AVL-tree.

The private searchAVLtree member function, which is invoked by the search member function, executes a nonrecursive node search. The argument for the parameter x accesses the search data. The argument for parameter occur specifies the sought occurrence of the search data. If the hasDuplicate data member is false, the argument for occur is assigned 1 by the search member function. The function returns the pointer to the matching tree node or yields NULL if no match is found. If the function returns a non-NULL pointer, the argument for x accesses the complete data in the node. This is relevant when the tree nodes contain nonkey data.

The remove member function removes the specified occurrence of a node bearing a given data key. The remove function calls the private function removeNode to recursively delete the sought node and maintain the tree balance. Other private member functions are also involved in the task of deleting the node.

Traversing the nodes of the AVL-tree is carried out using the member functions visitFirstNode and visitNextNode, giving a client program access to the data in ascending order. The visitFirstNode member function traverses the entire tree and clears all the beenVisited data members. The function returns true if the AVL-tree is not empty. The argument for parameter x accesses the data of the first ordered element, when the function result is true. Subsequent calls to function visitNextNode attempt to access the next ordered elements in the AVL-tree. The basic scheme for this intermittent access is to begin searching, from the root, for the first node where the beenVisited member is false. When such a node is found, the beenVisited member is assigned true and the data associated with that node is accessed by parameter x. This traversal member function always starts at the root of the tree. Without any other supporting data structure, such as an array or a stack, this somewhat repetitive technique is the only option available.

The remove member function that deletes an AVL-tree node whose key data matches the key data of the argument x. The function also specifies the occur parameter to allow you to delete a specific occurrence if the AVL-tree instance allows nodes with duplicate key data. The remove function calls the private function removeAVLtree to remove the targeted node.

The other member functions of class genAVLtree are private member functions involved in node insertion and deletion.

Testing generic AVL-trees

To test the generic AVL-tree class, you can use the simple test program presented next, which stores an ordered set of names in an AVL-tree. The program has one twist: It displays a map that shows the connection between the tree nodes. This map allows you to study the links between the various AVL-tree nodes and how these links are rearranged when you delete a tree node. This visual tool is ideal if you are curious about the dynamics of the AVL-tree.

Listing 10-4 shows the source code for the TSAVL.CPP test program. To compile and run this test program, you must create the TSAVL.PRJ project file and include in it the TSAVL.CPP and STRING.CPP files.

Listing 10-4 The source code for the TSAVL.CPP test program.

```
/*
    program to test generic AVL-trees.
*/

#include <stdio.h>
#include <conio.h>
#include <string.h>
#include <stdlib.h>
#include "string.hpp"
#include "genavl.cpp"

void showAVLtreeLink(genAVLtree<string>& t)
{
    string s;
```

Listing 10-4 Continued.

```
    boolean ok;

    clrscr();
   s = "A V L   T r e e";
    gotoxy(40 - s.stringlen() / 2, 1);
    printf("%s\n\n", s.getstr());
    ok = t.visitFirstNode(s);
    while (ok) {
        gotoxy(35, wherey()); printf("%s", s.getstr());
        gotoxy(10, wherey());
        if (t.peekAtLeftChild(s))
            printf("%15s <===", s.getstr());
        else
            printf("%15s |===", " ");
        gotoxy(50, wherey());
        if (t.peekAtRightChild(s))
            printf("===> %s\n", s.getstr());
        else
            printf("===|\n");
        ok = t.visitNextNode(s);
    }
    printf("\nPress any key to continue...");
    getch();

}

void showOrderedAVLTreeMembers(genAVLtree<string>& t)
{
    boolean ok;
    string s;

    clrscr();

   Puts ("The sorted list is:"); putchar('\n');
    ok = t.visitFirstNode(s);
    while (ok) {
        puts(s.getstr());
        ok = t.visitNextNode(s);
    }
    printf("\npress any key to continue...");
    getch();
}

main()
{
    string names[] = { string("Xavier"),
                       string("John"),
                       string("James"),
                       string("Richard"),
                       string("George"),
                       string("Susan"),
                       string("Jasmine"),
                       string("Rita"),
                       string("Katherine"),
                       string("Leonard"),
                       string("Paul"),
                       string("Clement"),
```

Listing 10-4 Continued.

```
                        string("Andora"),
                        string("Louis"),
                        string("Albert"),
                        string("Simon"),
                        string("Joseph")};
    unsigned i,
             numNames = sizeof(names) / sizeof(string),
             first = numNames / 4,
             last = 3 * first;
    genAVLtree<string> AVLtree(false, false);
    boolean ok;

    for (i = 0; i < numNames; i++)
        AVLtree.insert(names[i]);

    showOrderedAVLTreeMembers(AVLtree);
    showAVLtreeLink(AVLtree);

    for (i = first; i <= last; i++)
        if (AVLtree.remove(names[i])) {
            showAVLtreeLink(AVLtree);
            printf("\nshowing updated AVLtree after deleting '%s'\n",
                   names[i].getstr());
            getch();
        }
        else {
            printf("Cannot remove %s\n", names[i].getstr());
            getch();
        }
    showAVLtreeLink(AVLtree);
    showOrderedAVLTreeMembers(AVLtree);
    return 0;
}
```

The listing contains three functions: showAVLtreeLink, showOrdered AVL-TreeMembers, and main. The function showAVLtreeLink is responsible for displaying the map of AVL-tree nodes. The function's parameter t has the type genAVLtree<string>. The function uses the visitFirstNode and visitNextNode functions to traverse the nodes of the AVL-tree t. Each tree node is copied to the local string instance s. To peek at the left and right children of the cur-rent-ly visited node, the function calls the Boolean peekAtLeftChild and peekAtRightChild functions of class genAVLtree. These Boolean function return true if there is a child to peek at. The showAVLtreeLink function uses the results of calling the node-peeking functions to display the names that are connected to the current node. If there are no child nodes, the function displays the characters ===| or |=== as symbols for terminal links.

The showOrderedAVLTreeMembers function simply displays the list of sorted names that are stored in the AVL-tree parameter t. The function uses the visitFirstNode and visitNextNode to traverse the AVL-tree and display the names stored in each tree node.

The main function performs several tasks. First, it declares an initialized array of string instances called names, and also declares an instance of the instantiated class genAVLtree<string> called AVLtree. The instance is initialized using two false arguments to prevent nodes with duplicate key data and to avert overwriting AVL-tree nodes with new nonkey data.

The function uses a for loop statement to insert the members of array names in the AVLtree instances. Each loop iteration invokes the insert member function. The main function then calls the showOrderedAVLTreeMembers to display the ordered list of names. The argument of the called function is instance AVLtree. Figure 10-2 shows the screen output generated by this function call.

```
The sorted list is:

Albert
Andora
Clement
George
James
Jasmine
John
Joseph
Katherine
Leonard
Louis
Paul
Richard
Rita
Simon
Susan
Xavier

Press any key to continue...
```

10-2 The initial screen of the TSAVL.EXE program that shows the sorted ll295ist of names.

The main function next calls the showAVLtreeLink function to display the map of links between the nodes of the AVLtree instance, as shown in FIG. 10-3. Then it uses a for loop statement to remove an existing AVL-tree node and display the node map for the remaining AVL-tree. Finally, the function displays the map of nodes for the pruned AVL-tree, and displays the sorted list of names that are in the pruned AVL-tree.

The DOS file list class revisited

Chapter 7 presented the fileList class, which maintains a list of DOS files using the doubly-linked list. This section presents a similar class that uses the AVL-tree. The advantage of the AVL-based class is that it searches (and therefore inserts) files faster than the doubly-linked list version. The drawback is that the AVL-based class offers only forward traversal of the file list.

The concepts behind the AVL-based file list are the same as those for the list version in Chapter 7. If you are not familiar with the concepts and operation please read the section *The DOS file list class* in Chapter 7.

```
                         AVL-tree

            |===      Albert        ===|
   Albert   <===      Andora        ===|
   Andora   <===      Clement       ===> James
            |===      George        ===|
   George   <===      James         ===> Jasmine
            |===      Jasmine       ===|
   Clement  <===      John          ===> Richard
            |===      Joseph        ===|
   Joseph   <===      Katherine     ===|
   Katherine <===     Leonard       ===> Paul
            |===      Louis         ===|
   Louis    <===      Paul          ===|
   Leonard  <===      Richard       ===> Susan
            |===      Rita          ===> Simon
            |===      Simon         ===|
   Rita     <===      Susan         ===> Xavier
            |===      Xavier        ===|

Press any key to continue...
```

10-3 The second screen generated by program TSAVL.EXE that shows the map of the pointers and nodes of the AVL-tree used by the program.0

Listing 10-5 shows the source code for the AVLFILE.HPP. The header file declares the DOSfile class (just as in the FILELIST.HPP header file) and the AVLfile class. The latter class is very similar to the fileList class that is declared in the FILELIST.HPP class; however, AVLfile lacks the visitLastFile and visitPrevFile member functions.

Listing 10-6 shows the source code for the AVLFILE.CPP library file. The logic used in the functions addFile, deleteFile, and build is the same as in the list-based versions of these functions.

Listing 10-5 The source code for the AVLFILE.HPP header file.

```
/*=====================================================================
=

                  Copyright (c) 1992   Namir Clement Shammas

    VERSION:  2.0.0                                        DATE 5/6/92

    PURPOSE: Implement a class of AVL-tree file lists.  The
             operations supported by this class are:

             + add filenames to the AVL-tree.
             + remove filenames from the AVL-tree.
             + traverse the AVL-tree containing filenames.

    UPDATE HISTORY:

       5/6/92   Uses templates.

=====================================================================*/

#include <stdlib.h>
```

Listing 10-5 Continued.

```
#include <string.h>
#include <dir.h>
#include <dos.h>

#include <iostream.h>
#include "genavl.hpp"

#ifndef _AVLFILE_HPP
#define _AVLFILE_HPP

class DOSfile
{
  protected:
    ffblk fileInfo;

  public:
    DOSfile() {}
    void assign(ffblk aFile)
      { fileInfo = aFile; }
    char* getFilename() { return fileInfo.ff_name; }
    ffblk getFileInfo() { return fileInfo; }
    void display()
      { cout << fileInfo.ff_name; }
    DOSfile& operator =(DOSfile& aFile)
      {
        fileInfo = aFile.fileInfo;
        return *this;
      }
    int operator <(DOSfile& aFile)
      { return
        strcmp(fileInfo.ff_name, aFile.fileInfo.ff_name) < 0; }
    int operator <=(DOSfile& aFile)
      { return
        strcmp(fileInfo.ff_name, aFile.fileInfo.ff_name) <= 0; }
    int operator >(DOSfile& aFile)
      { return
        strcmp(fileInfo.ff_name, aFile.fileInfo.ff_name) > 0; }
    int operator >=(DOSfile& aFile)
      { return
        strcmp(fileInfo.ff_name, aFile.fileInfo.ff_name) >= 0; }
    int operator ==(DOSfile& aFile)
      { return
        strcmp(fileInfo.ff_name, aFile.fileInfo.ff_name) == 0; }
    int operator !=(DOSfile& aFile)
      { return
        strcmp(fileInfo.ff_name, aFile.fileInfo.ff_name) != 0; }
    friend ostream& operator <<(ostream& os, DOSfile& aFile)
      {
        os << aFile.fileInfo.ff_name;
        return os;
      }
    friend istream& operator >>(istream& is, DOSfile& aFile)
      {
        is.getline(aFile.fileInfo.ff_name, 13);
        return is;
      }
```

Listing 10-5 Continued.

```
};

class AVLfile : public genAVLtree<DOSfile>
{
  public:
    // ************** state manipulation methods **************
    AVLfile() : genAVLtree<DOSfile>(false, false) { }

    // ************** object manipulation methods *************
    boolean addFile(char* wildcard);
    boolean deleteFile(char* wildcard);
    void build(char* arg);
    boolean visitFirstFile(DOSfile& dosfile) {
        return (visitFirstNode(dosfile)) ? true : false;
    }
    boolean visitNextFile(DOSfile& dosfile) {
        return (visitNextNode(dosfile)) ? true : false;
    }
};

#endif
```

Listing 10-6 The source code for the AVLFILE.CPP library file.

```
/*=======================================================================
                Copyright (c) 1992   Namir Clement Shammas

    VERSION:  2.0.0                                   DATE 5/6/92

    PURPOSE: Implement a class of DOS file lists.  The operations
             supported by this class are:

             + add filenames to the list.
             + remove filenames from the list.
             + traverse the list of filenames.

    UPDATE HISTORY:

        5/6/92  Adapted for using templates.

=======================================================================*
/

#include <stdlib.h>
#include <string.h>
#include <dir.h>
#include <dos.h>
#include "avlfile.hpp"

//- - - - - - - - - - - - - - - - addFile - - - - - - - -

boolean AVLfile::addFile(char* wildcard)

/*-+-+-+-+-+-+-+-+-+-+-+-+-+-+-+-+-+-+-+-+-+-+-+-+-+-+-+-+-+-+-+-+-+-+-
```

Listing 10-6 Continued.

```
ROUTINE PURPOSE: Adds a set of files to an AVLfile instance.

PARAMETERS:

  INPUT: wildcard - the name of the wildcard of the files to be added
          to the list.

FUNCTION VALUE: Returns true if any DOS file has been added,
otherwise emits a boolean false.

COMMENTS: Duplicate filenames are not inserted, since the inherited
hasDuplicate data member was initialized with a false value by the
constructor.

                         ROUTINE DEPENDENCIES
                         - - - - - - - - - - - - - - -

       IDENTIFIER NAME      IDENTIFIER TYPE       SOURCE LIBRARY
       - - - - - - - - - - - -      - - - - - - - - - - - -      - - - - - - - - - - -
          findfirst            function              dos
          findnext             function              dos
          insert               function              genAVLtree

-+-+-+-+-+-+-+-+-+-+-+-+-+-+-+-+-+-+-+-+-+-+-+-+-+-+-+-+-+-+-+-+-+-+-+-+-*/

{
    DOSfile fileObj;
    ffblk file_info;
    boolean ok = false;
    int done;

    done = findfirst(wildcard, &file_info, FA_ARCH);
    while (!done) {
        ok = true;
        fileObj.assign(file_info);
        insert(fileObj);
        done = findnext(&file_info);
    }
    return ok; // return function value
}

//- - - - - - - - - - - - - - - - - deleteFile - - - - - - - -

boolean AVLfile::deleteFile(char* wildcard)

/*-+-+-+-+-+-+-+-+-+-+-+-+-+-+-+-+-+-+-+-+-+-+-+-+-+-+-+-+-+-+-+-+-+-+-+-+-

ROUTINE PURPOSE: Deletes a set of files from an AVLfile instance.

PARAMETERS:

  INPUT: wildcard - the name of the wildcard of the files to be
          removed from the list.
```

Listing 10-6 Continued.

```
FION VALUE: Returns true if any DOS file has been deleted,
otherwise emits a boolean false.

                        ROUTINE DEPENDENCIES
                        - - - - - - - - - - - -

      IDENTIFIER NAME       IDENTIFIER TYPE        SOURCE LIBRARY
      - - - - - - - - -     - - - - - - - - -      - - - - - - - - -
        findfirst              function              dos
        findnext               function              dos
        remove                 function              genAVLtree

-+-+-+-+-+-+-+-+-+-+-+-+-+-+-+-+-+-+-+-+-+-+-+-+-+-+-+-+-+-+-+-+-+-+-*/
{
    DOSfile fileObj;
    ffblk file_info;
    boolean ok = false;
    int done;

    done = findfirst(wildcard, &file_info, FA_ARCH);
    while (!done) {
        fileObj.assign(file_info);
        ok = (remove(fileObj, 1) || ok) ? true : false;
        done = findnext(&file_info);    }
    return ok; // return function value
}

//- - - - - - - - - - - - - - - - build - - - - - - - -

void AVLfile::build(char* arg)

/*-+-+-+-+-+-+-+-+-+-+-+-+-+-+-+-+-+-+-+-+-+-+-+-+-+-+-+-+-+-+-+-+-+-+-

ROUTINE PURPOSE: Builds a file list by examining the function's own
argument.  The argument may contain two separate sets of wildcards.
The first represents the set of files to be added to the list.  The
second set represents the files to be removed from the list.  The
two sets are separated using the keyword except.  The second set is
optional.

                        ROUTINE DEPENDENCIES
                        - - - - - - - - - - - -

      IDENTIFIER NAME       IDENTIFIER TYPE        SOURCE LIBRARY
      - - - - - - - - -     - - - - - - - - -      - - - - - - - - -
        addFile                function                 local
        deleteFile             function                 local

-+-+-+-+-+-+-+-+-+-+-+-+-+-+-+-+-+-+-+-+-+-+-+-+-+-+-+-+-+-+-+-+-+-+-*/

{
    int i;
```

Listing 10-6 Continued.

```
    char* wildcard;

    strupr(arg);

    wildcard = strtok(arg, " "); // get first wildcard

    while (wildcard != NULL &&
           strcmp(wildcard, "EXCEPT") != 0) {
        addFile(wildcard);
        wildcard = strtok(NULL, " ");
    }

    if (strcmp(wildcard, "EXCEPT") == 0) {
        wildcard = strtok(NULL, " "); // get next wildcard
        while (wildcard != NULL) {
            deleteFile(wildcard);
            wildcard = strtok(NULL, " ");
        }
    }
}
```

Testing the DOS file list class

Now let's test the AVLfile class. This section presents a program that accepts command-line arguments that specify the wildcards for adding and deleting files from a file list. Listing 10-7 shows the source code for the TSAVL2.CPP test file. To compile and run the test program, you must create the TSAVL2.PRJ project file and include the files TSAVL2.CPP and AVLFILE.CPP. If you plan to use this test program as a DOS utility, you might want to rename the .EXE file to something like LDIR.EXE, EDIR.EXE, or XDIR.EXE.

Listing 10-7 The source code for the TSAVL2.CPP test program.

```
// test list of files

#include <stdio.h>
#include <conio.h>
#include <dos.h>
#include <dir.h>
#include <string.h>
#include "abstree.hpp"
#include "genavl.cpp"
#include "avlfile.hpp"

void displayUnsigned(unsigned i, char c)
{
  if (i < 10)
    printf("0%d%c", i, c);
  else
    printf("%2d%c", i, c);
}

void view_file_list(AVLfile& ls)
```

Listing 10-7 Continued.

```
{
    boolean ok;
    unsigned i = 1;
    DOSfile fileObj;
    ffblk fileInfo;
    unsigned Hour, Minute, Second, Day, Month, Year, uDate, uTime;
    long sumSize = 0;

    clrscr();
    ok = ls.visitFirstFile(fileObj);
    while (ok) {
        if (i % 22 == 0 && i > 0) {
            printf("\nPress any key to continue...");
            getch();
            clrscr();
        }
        fileInfo = fileObj.getFileInfo();
        sumSize += fileInfo.ff_fsize;
        uTime = unsigned(fileInfo.ff_ftime);
        // get the seconds
        Second = 2 * (uTime & 0x1f);
        // get the minutes
        Minute = (uTime >> 5) & 0x3f;
        // get the hours
        Hour = (uTime >> 11) & 0x1f;
        uDate = unsigned(fileInfo.ff_fdate);
        // get the day
        Day =  uDate & 0x1f;
        // get the month
        Month = (uDate >> 5) & 0xf;
        // get the year
        Year = (uDate >> 9) & 0x7f;

        printf("%4u  %15s  %9ld  ", i++,
                                     fileInfo.ff_name,
                                     fileInfo.ff_fsize);
        displayUnsigned(Month, '/');
        displayUnsigned(Day, '/');
        displayUnsigned(Year + 1980, ' ');
        printf("  ");
        displayUnsigned(Hour, ':');
        displayUnsigned(Minute, ':');
        displayUnsigned(Second, '\n');
        ok = ls.visitNextFile(fileObj);
    }
    if (i % 22 == 0) {
        printf("\nPress any key to continue...");
        getch();
    }
    printf("\n\n%ld bytes in %d file(s)", sumSize, --i);
    printf("\n\nPress any key . . . ");
    getch();
}
main(int argc, char **argv)
{
    AVLfile list;
    string80 astring = "*.*";
```

Listing 10-7 Continued.

```
    clrscr();
    // concatenate the command-line arguments in astring
    if (argc > 1) {
      astring[0] = '\0';
      strcpy(astring, argv[1]);
      for (int i = 2; i < argc; i++) {
        strcat(astring, " ");
        strcat(astring, argv[i]);
      }
    }
    // build the list of files
    list.build(astring);
    // display the list of files
    view_file_list(list);
    return 0;
}
```

If you run the TSAVL2.EXE program from inside the Borland C++ or Turbo C++ IDE, first select the Arguments option in the Run menu item and enter the command-line arguments, such as *.cpp *.h except ts* . ?pp. If you run the program from the DOS prompt, then type in the command-line argument at the prompt. Figure 10-4 shows a sample output generated by TSAVL2.EXE. The output includes the names, sizes, and the date/time stamps of a selection of files.

```
 1    GENDLIST.CPP    17683   05/14/1992   10 : 12 : 22
 2     GENERIC.CPP    13095   05/11/1992   14 : 35 : 10
 3     GENGRAF.CPP    16368   05/13/1992   23 : 05 : 50
 4     GENHARR.CPP    17754   05/11/1992   14 : 35 : 40
 5     GENHASH.CPP     9444   05/13/1992   23 : 04 : 10
 6    GENJGMAT.CPP    22327   05/13/1992   23 : 00 : 24
 7     GENLARR.CPP    32039   05/11/1992   14 : 35 : 28
 8      GENMAT.CPP    18671   05/13/1992   23 : 01 : 50
 9      GENQUE.CPP     6410   05/13/1992   23 : 02 : 16
10    GENSLIST.CPP    16079   05/13/1992   23 : 01 : 22
11    GENSTACK.CPP    16428   05/13/1992   23 : 03 : 24
12     GENTARR.CPP    27719   05/11/1992   14 : 35 : 36
13  GENVMARER.CPP    28444   05/11/1992   14 : 35 : 18
14   GENVMMAT.CPP    23877   05/11/1992   14 : 35 : 12

266338 bytes in 14 file(s)

Press any key...
```

10-4 A sample output using program TSAVL2.EXE.

The TSAVL2.CPP program declares the functions displayUnsigned, view_file_list, and main. The main function has the argc and argv parameters to access the command-line arguments. The main function begins its operation by declaring the instance list of class AVLfile. It then concatenates the command-line arguments to build the string object astring. If there are no command-line arguments, the object astring uses its initial value *.* as the filename wildcard.

The main function next calls the build function to build the list of files using the AVL-tree object list. Finally, it displays the list of files by calling the global function view_file_list.

The displayUnsigned function displays an unsigned integer and places a leading 0 if the integer is less than 10. The second parameter of function displayUnsigned provides the character that appears just after the unsigned integer.

The view_file_list function displays the list object ls. The function uses the function visitFirstFile and visitNextFile to traverse the list of files ls. These node traversal functions return the file information using the local instance of DOSfile, fileObj. The view_file_list function uses a while loop statement to extract each file's name, size, date stamp, and time stamp. The function also obtains the total number of files in list ls as well as their total size. Each loop iteration displays the statistics of a file in the list. The view_file_list function displays the information in a paginated fashion. Figure 10-3 shows the second screen generated by program TSAVL.EXE, which shows the map of the pointers and nodes of the AVL-tree used by the program. Figure 10-4 is a sample output using program TSAVL2.EXE.

11
Generic jagged matrices

Chapter 5 presented a class for generic rectangular generic matrices. Such matrices contain meaningful data that occupy either the entire matrix or a rectangular or square part of it. This chapter looks at jagged matrices, which have varying row sizes, and discusses their implementation and classes. In addition, the chapter presents a special character-typed jagged matrix suitable for efficiently storing Turbo Pascal strings.

Overview

In Chapter 5, you saw that each instance of class genmatrix employs a single pointer, the data member dataPtr, to access any matrix element. Another scheme for accessing dynamic matrix elements uses multiple pointers—to be exact, an array of pointers, one for each row or column. If the matrix is dynamic, the heap space allocation occurs in two steps: First a single pointer is used to allocate space for the dynamic array of row (or column) pointers; then the row pointers are used to allocate the space for the matrix elements.

What advantages does this member function offer? The answer depends on the type of matrix being modeled. With rectangular matrices, the array of pointers does not offer any additional benefits. However, jagged matrices make very good use of the pointer-array storage management scheme, since their rows vary in size. The most popular diagonal matrix is the triangular matrix shown in FIG. 11-1. The matrix diagonal and the space below it are occupied by elements. The space above the diagonal is unused. However, jagged matrices need not conform to any regular order. The sizes of their rows are mainly influenced by the application using the jagged matrix. In fact, since each row is accessed by a pointer, the rows can be resized at runtime, another special feature of jagged matrices. Figure 11-2 shows a jagged matrix with irregular row sizes.

$$\begin{bmatrix} a11 & & & & & \\ a21 & a22 & & & & \\ a31 & a32 & a33 & & & \\ a41 & a42 & a43 & a44 & & \\ \ldots & \ldots & \ldots & \ldots & \ldots & \\ am1 & \ldots & \ldots & \ldots & \ldots & amm \end{bmatrix}$$

11-1 The triangular matrix.

$$\begin{bmatrix} a11 & a12 & a13 & \\ a21 & a22 & & \\ a31 & & & \\ a41 & a42 & a43 & a44 \\ a51 & a52 & & \end{bmatrix}$$

11-2 An example for an irregular jagged matrix.

Basics

A jagged matrix is constructed using a single main pointer. In turn, this pointer is involved in creating a dynamic array of row pointers at runtime. Each row pointer is employed in allocating the space for a row of elements. This strategy enables the rows to have a size independent of each other. Moreover, this scheme allows the individual rows to be removed, shrunk, or expanded. Therefore, the rows of jagged matrices play a more pivotal role than the columns.

Some basic operations are common to both rectangular and jagged matrices. The operations for storing, recalling, and swapping matrix elements and rows are obviously also applicable to jagged matrices. By contrast, the column-oriented counterparts of these operations do not apply, since it is very likely that not all the rows extend to the swapped columns.

Because of the irregular sizes of the rows, sorting and searching cannot be applied to jagged matrices. The varying sizes of the rows make it impossible to sort. However, you can still search within individual rows for data.

Other operations that are specific to the jagged matrices include sizing a row, resizing a row, and adding more rows.

Implementation

The implementation of jagged matrices requires a set of interrelated structures. The main matrix pointer is linked to the array of row pointers. Each row pointer uses a type that must point to another type. In this case, a structure is needed to store the information relevant to each row, including the total number of elements allocated in that row, the number of elements occupied by meaningful data (that is, the working size of a row), and a pointer to the row elements. The matrix data is actually accessed by the latter pointer, which means that two levels of pointers are involved: the main pointer and the row pointers. Figure 11-3 shows how these pointers are related. Listing 11-1 declares the rowRec structure as follows:

```
struct rowRec {
        aunsigned rowSize;
        unsigned workRowSize;
        T *rowPtr;
};
```

The rowPtr member is responsible for accessing the matrix data.

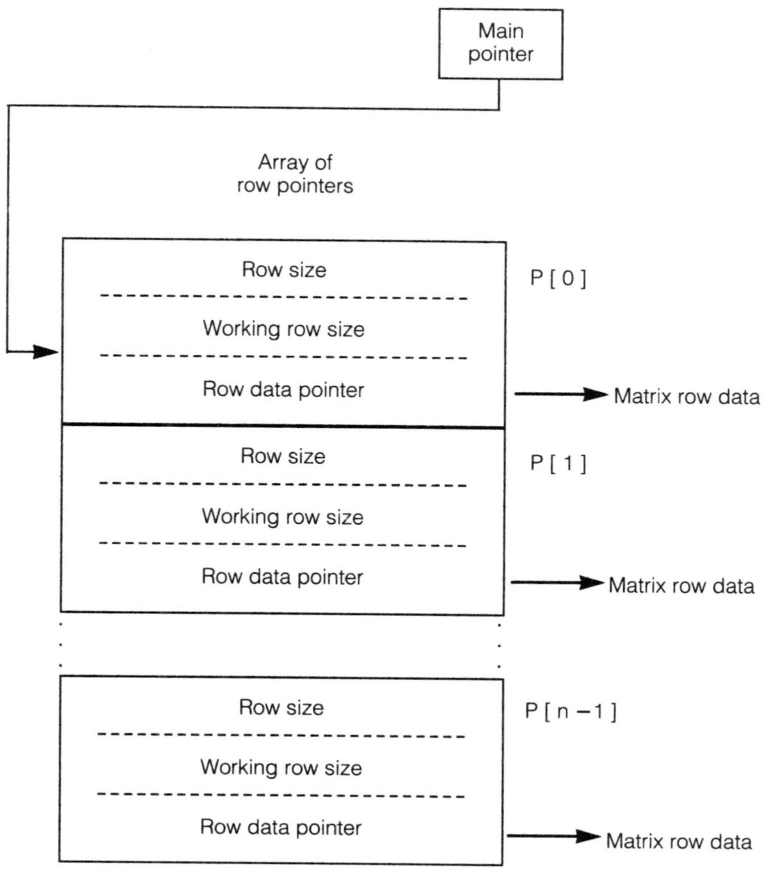

11-3 The kinds of pointers used in managing the jagged matrix.

Listing 11-1 The source code for the GENJGMAT.HPP header file.

```
/*==========================================================================

                    Copyright (c) 1992  Namir Clement Shammas

    VERSION: 2.0.0                                          DATE 5/7/1992

    PURPOSE: Implements a class of generic jagged matrices.

    UPDATE HISTORY:

      5/7/1992  Uses templates.

==========================================================================*/

#include <iostream.h>
#include <string.h>
#include "genarray.hpp"

#ifndef _GENJGMAT_HPP
#define _GENJGMAT_HPP

template<class T>
class jagmatrix
{
  protected:
   struct rowRec {
      unsigned rowSize;
      unsigned workRowSize;
      T *rowPtr;
   };

    unsigned maxRow;          // max. number of rows
    unsigned workRow;         // working number of rows
    rowRec *dataPtr;          // pointer to the heap
    string80 errorMessage;    // error message
    T _buf1;                  // 1st "local" buffer
    T _buf2;                  // 2nd "local" buffer

    jagmatrix<T>& copy(jagmatrix<T>&);

  public:
    // ************** state manipulation methods **************
    jagmatrix(unsigned matrixRows);
    jagmatrix(jagmatrix<T>& jm) { copy(jm); }
    jagmatrix();
    void defineRowSize(unsigned row, unsigned theRowSize);
    boolean resizeRow(unsigned row, unsigned newRowSize);
    boolean addRows(unsigned newMaxRow);
    void setBuf1(T& newBuf1)
      { _buf1 = newBuf1; }
    void setBuf2(T& newBuf2)
      { _buf2 = newBuf2; }
    // ****************** state query methods *****************
    unsigned getWorkRow() { return workRow; }
    boolean getWorkRowSize(unsigned row, unsigned& rSize);
    char* getErrorMessage();
```

Listing 11-1 Continued.

```
    // ************** object manipulation methods *************
    virtual void store(T& x, unsigned row, unsigned col);
    virtual void recall(T& x, unsigned row, unsigned col);
    virtual void swapElem(unsigned row1, unsigned col1,
                          unsigned row2, unsigned col2);
    virtual void storeRow(genarray<T>& vector, unsigned row);
    virtual void recallRow(genarray<T>& vector, unsigned row);
    virtual void swapRows(unsigned row1, unsigned row2);
    jagmatrix<T>& operator =(jagmatrix<T>& jm)
      { copy(jm); return *this; }
    friend ostream& operator <<(ostream& os, jagmatrix<T>& jm);
    friend istream& operator >>(istream& is, jagmatrix<T>& jm);

};

#endif
```

The implementation of a class modeling jagged matrices requires relatively few data members to maintain important information for the instances of the class. This information includes the maximum number of rows, the number of working rows, and the main pointer of the matrix. Employing a data member for the working number of rows allows the jagged matrix some extra growth space. Looking at the declaration of structure rowRec, you can see that the same approach is applied for each row. This approach helps to decrease heap fragmentation, which would otherwise occur if closely fit sizes were applied with constantly expanding jagged matrices.

Listing 11-1 contains the declaration of the jagmatrix class. Listing 11-2 contains the implementation of the class. The class constructor creates jagged matrix instances using a single parameter, which is the maximum number of rows. The constructor allocates the row of pointers and initializes the rowSize, workRowSize, and rowPtr members. However, the constructor does not create any rows, since it has no information on the size of each row. That task is the responsibility of the defineRowSize member function.

Listing 11-2 The source code for the GENJGMAT.CPP library file.

```
/*=================================================================

            Copyright (c) 1992   Namir Clement Shammas

    VERSION:  2.0.0                                    DATE 5/7/1992

    PURPOSE: Implements a class of generic jagged matrices.

    UPDATE HISTORY:

      5/5/92  Uses templates.

=================================================================*/

#include <stdio.h>
```

Listing 11-2 Continued

```
#include <string.h>
#include "genjgmat.hpp"

//- - - - - - - - - - - - - - - - - - jagmatrix - - - - - - - - -
template<class T>
jagmatrix<T>::jagmatrix(unsigned matrixRows)

/*-+-+-+-+-+-+-+-+-+-+-+-+-+-+-+-+-+-+-+-+-+-+-+-+-+-+-+-+-+-+-+-+-+-+-+-

ROUTINE PURPOSE: Constructor to initialize instances of class
jagmatrix<T>::

PARAMETERS:

  INPUT: matrixRows - the maximum number of rows in the dynamic
           matrix.

HANDLING BAD ARGUMENTS: The constructor checks for a request of
zero-size matrix.

COMMENTS: If not enough memory is available, the dataPtr is assigned
a NULL by the runtime system.

-+-+-+-+-+-+-+-+-+-+-+-+-+-+-+-+-+-+-+-+-+-+-+-+-+-+-+-+-+-+-+-+-+-+-+-*/

{
    maxRow = 0;
    workRow = 0;
    if (matrixRows > 0) {
        dataPtr = new rowRec[matrixRows];
        if (dataPtr) {
            maxRow = matrixRows;
            rowRec* p = dataPtr;
            // initialize the rowSize and rowPtr members
            for(unsigned i = 0; i < maxRow; i++, p++) {
                p->rowSize = 0;
                p->workRowSize = 0;
                p->rowPtr = NULL;
            }
            errorMessage[0] = '\0';
        }
        else
            strcpy(errorMessage, ALLOCATE_ERROR);
    }
    else {
        dataPtr = NULL;
        strcpy(errorMessage, "Cannot allocate 0 bytes!");
    }
}

//- - - - - - - - - - - - - - - - - -  copy - - - - - - - - -

template<class T>
jagmatrix<T>& jagmatrix<T>::copy(jagmatrix<T>& jm)
/*-+-+-+-+-+-+-+-+-+-+-+-+-+-+-+-+-+-+-+-+-+-+-+-+-+-+-+-+-+-+-+-+-+-+-+-
```

Listing 11-2 Continued.

```
ROUTINE PURPOSE: Copy an instance of jagmatrix into another one.

PARAMETERS:

  INPUT: jm - the source jagged matrix object.

COMMENTS: If not enough memory is available, the dataPtr is assigned
a NULL value by the runtime system.

-+-+-+-+-+-+-+-+-+-+-+-+-+-+-+-+-+-+-+-+-+-+-+-+-+-+-+-+-+-+-+-+-+-+-*/

{
    unsigned rs, ws;
    T *p, *q;

    //***********  clear the jagged-matrix object *********
    if (dataPtr) {
        rowRec* ptr = dataPtr;
        for(unsigned i = 0; i < maxRow; i++, ptr++) {
            if (ptr->rowPtr)
                delete [] ptr->rowPtr;
            ptr->workRowSize = 0;
            ptr->rowSize = 0;
            ptr->rowPtr = NULL;
        }
        delete [] dataPtr;
    }
    maxRow = 0;
    workRow = 0;
    dataPtr = new rowRec[jm.maxRow];
    if (dataPtr) {
        rowRec* p1 = dataPtr;
        rowRec* p2 = jm.dataPtr;
        maxRow = jm.maxRow;
        workRow = jm.workRow;
        errorMessage[0] = '\0';
        // initialize the rowSize and rowPtr members
        for(unsigned i = 0; i < maxRow; i++, p1++, p2++) {
            rs = p2->rowSize;
            ws = p2->workRowSize;
            p1->rowSize = rs;
            p1->workRowSize = ws;
            if (ws) {
              // allocate matrix row
              p1->rowPtr = new T[rs];
              // copy data element by element.  This is
              // relatively slow but is very safe!
              p = p1->rowPtr;
              q = p2->rowPtr;
              for (unsigned j = 0; j < rs; j++, p++, q++)
                *p = *q;
            }
        }
    }
    else
        strcpy(errorMessage, ALLOCATE_ERROR);
```

Listing 11-2 Continued.

```
    return *this;
}

//- - - - - - - - - - - - - - - - - ~jagmatrix - - - - - - - - -

     template<class T>
jagmatrix<T>::~jagmatrix()

/*-+-+-+-+-+-+-+-+-+-+-+-+-+-+-+-+-+-+-+-+-+-+-+-+-+-+-+-+-+-+-+-+-+-+-

ROUTINE PURPOSE: Destructor to recuperate the dynamic memory when
an object of type jagmatrix is no longer needed.

-+-+-+-+-+-+-+-+-+-+-+-+-+-+-+-+-+-+-+-+-+-+-+-+-+-+-+-+-+-+-+-+-+-+-*/

{
    if (dataPtr) {
        rowRec* p = dataPtr;
        for (unsigned i = 0; i < maxRow; i++, p++) {
            if (p->rowPtr)
                delete [] p->rowPtr;
            p->workRowSize = 0;
            p->rowSize = 0;
            p->rowPtr = NULL;
        }
        delete [] dataPtr;
    }
    maxRow = 0;
    workRow = 0;
    dataPtr = NULL;
}

//- - - - - - - - - - - - - - - - - gerrorMessage - - - - - - - - -
template<class T>
char* jagmatrix<T>::getErrorMessage()

/*-+-+-+-+-+-+-+-+-+-+-+-+-+-+-+-+-+-+-+-+-+-+-+-+-+-+-+-+-+-+-+-+-+-+-

ROUTINE PURPOSE: Access the last error message issued by a message.

-+-+-+-+-+-+-+-+-+-+-+-+-+-+-+-+-+-+-+-+-+-+-+-+-+-+-+-+-+-+-+-+-+-+-*/

{
    string80 s;
    strcpy(s, errorMessage);
    errorMessage[0] = '\0';
    return s;
}
//- - - - - - - - - - - - - - - - - defineRowSize  - - - - - - - - -
template<class T>
void jagmatrix<T>::defineRowSize(unsigned row, unsigned theRowSize)

/*-+-+-+-+-+-+-+-+-+-+-+-+-+-+-+-+-+-+-+-+-+-+-+-+-+-+-+-+-+-+-+-+-+-+-

ROUTINE PURPOSE: Defines the number of elements of a particular jagged
matrix row.
```

Listing 11-2 Continued.

```
PARAMETERS:

  INPUT: row - the row index.
         theRowSize - the number of elements in the target row.

HANDLING BAD ARGUMENTS:  The value of row must be in the range of
[0..maxRow-1].

-+-+-+-+-+-+-+-+-+-+-+-+-+-+-+-+-+-+-+-+-+-+-+-+-+-+-+-+-+-+-+-+-+-+-+-+-*/

{
    rowRec* p = dataPtr;

    if (row >= maxRow) {
        strcpy(errorMessage, "Row index is out of range");
        return;
    }
    if (theRowSize == 0) {
        strcpy(errorMessage, "Cannot allocate a row of zero elements");
        return;
    }
    p += row;
    if (p->rowSize > 0) {
        strcpy(errorMessage, "Row size is already defined");
        return;
    }
    p->rowSize = theRowSize;
    p->rowPtr = new T[theRowSize];
    if (!p->rowPtr) {
        p->rowSize = 0;
        strcpy(errorMessage, ALLOCATE_ERROR);
        return;
    }
}

//- - - - - - - - - - - - - - - - - - resizeRow - - - - - - - - -

template<class T>
boolean jagmatrix<T>::resizeRow(unsigned row, unsigned newRowSize)

/*-+-+-+-+-+-+-+-+-+-+-+-+-+-+-+-+-+-+-+-+-+-+-+-+-+-+-+-+-+-+-+-+-+-+-+-+-

ROUTINE PURPOSE: Attempts to expand, contract, or even delete a row
in the jagged matrix.

PARAMETERS:

  INPUT: row - the row index.
         newRowSize - the new number of elements in the target row.


FUNCTION VALUE: Returns true if the row is altered, else yields
false.  If the allocation of the new size fails, the function attempts
to restore the old size and data.
-+-+-+-+-+-+-+-+-+-+-+-+-+-+-+-+-+-+-+-+-+-+-+-+-+-+-+-+-+-+-+-+-+-+-+-+-*/
{
```

Listing 11-2 Continued.

```
    T *p, *q;
    rowRec* ptr = dataPtr;
    unsigned i, min;

    if (row >= maxRow) {
        strcpy(errorMessage, "Row index is out of range");
        return false;
    }
    // adjust the ptr pointer
    ptr += row;

    if (newRowSize > (dataPtr + row)->rowSize) {
        p = new T[newRowSize];
        if (!p) {
            strcpy(errorMessage, ALLOCATE_ERROR);
            return false;
        }
        q = ptr->rowPtr;
        ptr->rowPtr = p;
        // copy data into the expanded row
        for (i = 0; i < ptr->workRowSize; i++)
             *(p + i) = *(q + i);
        ptr->rowSize = newRowSize;
        delete [] q; // delete old row
    }
    else if (newRowSize == 0) { // delete row
        delete [] ptr->rowPtr;
        ptr->workRowSize = 0;
        ptr->rowSize = 0;
        ptr->rowPtr = NULL;
    }
    else { // contract row
        p = new T[newRowSize];
        if (!p) {
            strcpy(errorMessage, ALLOCATE_ERROR);
            return false;
        }
        // determine the number of significant elements to copy
        if (newRowSize > ptr->workRowSize)
            min = ptr->workRowSize;
        else {
            min = newRowSize;
            // reduce work size also
            ptr->workRowSize = min;
        }
        q = ptr->rowPtr;
        ptr->rowPtr = p;
        // copy data into the contracted row
        for (i = 0; i < newRowSize; i++)
          *(p + i) = *(q + i);
        ptr->rowSize = newRowSize;
        delete [] q; // delete old row
    }
    return true;
}
```

Listing 11-2 Continued.

```
//- - - - - - - - - - - - - - - - - - addRows - - - - - - - - -

template<class T>
boolean jagmatrix<T>::addRows(unsigned newMaxRow)

/*-+-+-+-+-+-+-+-+-+-+-+-+-+-+-+-+-+-+-+-+-+-+-+-+-+-+-+-+-+-+-+-+-+-+-+-

ROUTINE PURPOSE: Increase the number of rows in the jagged matrix.
The new rows have zero sizes and NULL pointers.

PARAMETERS:

  INPUT: newMaxRow - the new number of maximum rows.

FUNCTION VALUE: Returns true if the matrix is expanded.

HANDLING BAD ARGUMENTS: newMaxRow should be greater than the value
of maxRow.  If not, a false value is emitted by the function.

-+-+-+-+-+-+-+-+-+-+-+-+-+-+-+-+-+-+-+-+-+-+-+-+-+-+-+-+-+-+-+-+-+-+-*/

{
    rowRec *p, *q, *t;

    if (newMaxRow <= maxRow) {
        strcpy(errorMessage,
         "New number of row is not bigger than the current one");
        return false;
    }

    p = new rowRec[newMaxRow];
    if (!p) {
        strcpy(errorMessage, ALLOCATE_ERROR);
        return false;
    }

    q = dataPtr;
    dataPtr = p;
    for(unsigned i = 0; i < maxRow; i++)
        *(p + i) = *(q + i);
    // initialize new rows
    rowRec* ptr = dataPtr;
    ptr += maxRow;
    for(i = maxRow; i < newMaxRow; i++, ptr++) {
        ptr->rowSize = 0;
        ptr->workRowSize = 0;
        ptr->rowPtr = NULL;
    }
    // deallocate space for the old row of pointers
    delete [] q;
    maxRow = newMaxRow;

    return true; // return function value
}
//- - - - - - - - - - - - - - - - - - getWorkRowSize - - - - - - - - -
```

Listing 11-2 Continued.

```
template<class T>
boolean jagmatrix<T>::getWorkRowSize(unsigned row, unsigned& rSize)

/*-+-+-+-+-+-+-+-+-+-+-+-+-+-+-+-+-+-+-+-+-+-+-+-+-+-+-+-+-+-+-+-+-+-+-+-

ROUTINE PURPOSE: Returns the value of the workRowSize member for the
designated row.

PARAMETERS:

  INPUT: row - the index to the matrix row.

  OUTPUT: rSize - the working row size of the designated row.

FUNCTION VALUE: Returns true if the value of row is in the range of
[0..maxRow-1].  Otherwise yields a false.  The value of rSize after
calling the getWorkRowSize message is significant only if the
function result is true.

-+-+-+-+-+-+-+-+-+-+-+-+-+-+-+-+-+-+-+-+-+-+-+-+-+-+-+-+-+-+-+-+-+-+-+-*/

{
    if (row >= maxRow) {
        strcpy(errorMessage, "Row index is out of range");
        rSize = 0;
        return false;
    }
    else {
        rSize = (dataPtr + row)->workRowSize;
        return true;
    }
}
//- - - - - - - - - - - - - - - - - - store - - - - - - - - -

template<class T>
void jagmatrix<T>::store(T& x, unsigned row, unsigned col)

/*-+-+-+-+-+-+-+-+-+-+-+-+-+-+-+-+-+-+-+-+-+-+-+-+-+-+-+-+-+-+-+-+-+-+-+-

ROUTINE PURPOSE: Stores the item x at the index matrix element.  The
lowest value of index is 0.

PARAMETERS:

  INPUT: x - the reference to the input data.
         row - the row index to the matrix element receiving the data.
         col - the column index to the matrix element receiving the
           data.


HANDLING BAD ARGUMENTS: The value of the argument for row must be
in the range of [0..maxRow-1], and that for col in [0..maxCol-1].
If row is >= the value of the workRow data member, the latter
is assigned the value of the former.  The same relation between col
and workCol holds true.
COMMENTS: The generic matrix attempts to maintain a partition between
```

Listing 11-2 Continued.

```
used and unused matrix elements.  The value of the workRow and workCol
data members keep track of that partition.

-+-+-+-+-+-+-+-+-+-+-+-+-+-+-+-+-+-+-+-+-+-+-+-+-+-+-+-+-+-+-+-+-+-+-*/

{
    rowRec* ptr = dataPtr;

    // row or col are out of range ?
    if (row >= maxRow) {
        strcpy(errorMessage, "Row index is out of range");
        return;
    }
    ptr += row;
    if (col >= ptr->rowSize) {
        strcpy(errorMessage, "Column index is out of range");
        return;
    }
    if (row >= workRow) // increase workRow
        workRow = row + 1;
    if (col >= ptr->workRowSize) // increase workRowSize
        ptr->workRowSize = col + 1;

    T *p = ptr->rowPtr;
    *(p + col) = x;
}
//- - - - - - - - - - - - - - - - - - recall  - - - - - - - - -

template<class T>
void jagmatrix<T>::recall(T& x, unsigned row, unsigned col)

/*-+-+-+-+-+-+-+-+-+-+-+-+-+-+-+-+-+-+-+-+-+-+-+-+-+-+-+-+-+-+-+-+-+-+-

ROUTINE PURPOSE: Retrieves the data in the (row, col) matrix element.

PARAMETERS:

  INPUT: x - the pointer to the output data.
         row - the row index to the accessed matrix element.
         col - the column index to the accessed matrix element.
HANDLING BAD ARGUMENTS: The values of the argument for row and col
must be in the range of [0..workRow-1] and [0..workCol-1],
respectively.

-+-+-+-+-+-+-+-+-+-+-+-+-+-+-+-+-+-+-+-+-+-+-+-+-+-+-+-+-+-+-+-+-+-+-*/

{
    rowRec* ptr = dataPtr;

    // row or col greater than working size ?
    if (row >= workRow) {
        strcpy(errorMessage, "Row index is out of range");
        return;

   }
    ptr += row;
```

```
    if (col >= ptr->workRowSize) {
        strcpy(errorMessage, "Column index is out of range");
        return;
    }
    T *p = ptr->rowPtr;
    x = *(p + col);

}

//- - - - - - - - - - - - - - - - - - swapElem - - - - - - - - -

template<class T>
void jagmatrix<T>::swapElem(unsigned row1, unsigned col1,
                            unsigned row2, unsigned col2)

/*-+-+-+-+-+-+-+-+-+-+-+-+-+-+-+-+-+-+-+-+-+-+-+-+-+-+-+-+-+-+-+-+-+-+-

ROUTINE PURPOSE: Swaps two matrix elements.

PARAMETERS:

  INPUT: row1, col1, row2, col2 - the indices of the swapped matrix
         elements.

HANDLING BAD ARGUMENTS: The arguments for row1 and row2 must be in
the range [0..workRow-1].  Similarly, the arguments for col1 and col2
must be in the range [0..workCol-1]

-+-+-+-+-+-+-+-+-+-+-+-+-+-+-+-+-+-+-+-+-+-+-+-+-+-+-+-+-+-+-+-+-+-+-*/

{
    T *p, *q;
    rowRec* p2 = dataPtr;
    rowRec* p1 = dataPtr;

    if (row1 >= workRow || row2 >= workRow)  {
       strcpy(errorMessage, "Row1 and/or row2 are out of range");
       return;
    }
    p1 += row1;
    p2 += row2;
    if (col1 >= p1->workRowSize ||
        col2 >= p2->workRowSize)  {
       strcpy(errorMessage, "Col1 and/or col2 are out of range");
       return;
    }
    p = p1->rowPtr;
    q = p2->rowPtr;
    p += col1;
    q += col2;
    // swap elements using _buf1 as a swap-buffer
    _buf1 = *p;
    *p = *q;
    *q = _buf1;
}
//- - - - - - - - - - - - - - - - - -  storeRow - - - - - - - - -
```

Listing 11-2 Continued.

```
template<class T>
void jagmatrix<T>::storeRow(genarray<T>& vector, unsigned row)

/*-+-+-+-+-+-+-+-+-+-+-+-+-+-+-+-+-+-+-+-+-+-+-+-+-+-+-+-+-+-+-+-+-+-+-

ROUTINE PURPOSE: Stores a row of data into the matrix object.  The
source of data is a generic array object.

PARAMETERS:

  INPUT: vector - the array object supplying data to the matrix.
         row - the jagged matrix row receiving the data.

HANDLING BAD ARGUMENTS: The following conditions are verified before
the elements of the array are copied into the designated row:

1) The element size of the array and matrix must be equal.
2) The value of row must be valid.

                         ROUTINE DEPENDENCIES
                         - - - - - - - - - - -

      IDENTIFIER NAME         IDENTIFIER TYPE     SOURCE LIBRARY
      - - - - - - - - -       - - - - - - - - -   - - - - - - - - -
        resizeRow               function              local

-+-+-+-+-+-+-+-+-+-+-+-+-+-+-+-+-+-+-+-+-+-+-+-+-+-+-+-+-+-+-+-+-+-+-*/

{
    rowRec* ptr = dataPtr;
    unsigned rsize = vector.getWorkSize();

    // row is out of range ?
    if (row >= maxRow) {
        strcpy(errorMessage, "Row is out of range");
        return;
    }
    ptr += row;
    if (row >= workRow) // increase workRow
        workRow = row + 1;
    if (ptr->rowSize < rsize) {
        resizeRow(row, rsize);
        ptr->rowSize = rsize;
        ptr->workRowSize = rsize;
    }
    else if (ptr->workRowSize < rsize)
        ptr->workRowSize = rsize;
    T *q = ptr->rowPtr;
    for (unsigned i = 0; i < ptr->rowSize; i++, q++)
      *q = vector[i];
}

//- - - - - - - - - - - - - - - - - recallRow - - - - - - - - -
template<class T>
```

Listing 11-2 Continued.

```
void jagmatrix<T>::recallRow(genarray<T>& vector, unsigned row)

/*-+-+-+-+-+-+-+-+-+-+-+-+-+-+-+-+-+-+-+-+-+-+-+-+-+-+-+-+-+-+-+-+-+-+-+-

ROUTINE PURPOSE: Recalls a row of data from the matrix object.  The
data is stored in a generic array object.

PARAMETERS:

  INPUT: vector - the array object receiving data from the matrix.
         row - the jagged matrix row calling the data.

HANDLING BAD ARGUMENTS: The following conditions are verified before
the elements of the matrix row are copied into the array:

1) The element size of the array and matrix must be equal.
2) The value of row must be valid.

                              ROUTINE DEPENDENCIES
                              - - - - - - - - - - -

     IDENTIFIER NAME      IDENTIFIER TYPE      SOURCE LIBRARY
     - - - - - - - - -    - - - - - - - - -    - - - - - - - - -
      expand                 function             genarray
      getWorkRowSize         function             local

-+-+-+-+-+-+-+-+-+-+-+-+-+-+-+-+-+-+-+-+-+-+-+-+-+-+-+-+-+-+-+-+-+-+-+-*/

{
    unsigned rSize;
    rowRec* ptr = dataPtr;

    // row is out of range ?
    if (row >= workRow) {
        strcpy(errorMessage, "Row is out of range");
        return;
    }
    ptr += row;
    rSize = ptr->workRowSize;
    if (rSize > vector.getMaxSize())
        if (!vector.expand(rSize))
            return;

    vector.setWorkSize(rSize);
    T *q = ptr->rowPtr;
    for (unsigned i = 0; i < ptr->workRowSize; i++, q++)
      vector[i] = *q;

}

//  - - - - - - - - - - - - - - - - - - swapRows — - - - - - - - - -

template<class T>
void jagmatrix<T>::swapRows(unsigned row1, unsigned row2)

/*-+-+-+-+-+-+-+-+-+-+-+-+-+-+-+-+-+-+-+-+-+-+-+-+-+-+-+-+-+-+-+-+-+-+-+-
```

Listing 11-2 Continued.

```
ROUTINE PURPOSE: Swaps two matrix rows.

PARAMETERS:

  INPUT: row1, row2, - the indices of the swapped matrix rows.

HANDLING BAD ARGUMENTS: The arguments for row1 and row2 must be in
the range [0..workRow-1].

-+-+-+-+-+-+-+-+-+-+-+-+-+-+-+-+-+-+-+-+-+-+-+-+-+-+-+-+-+-+-+-+-+-+-+-*/

{
    T *p, *q;
    unsigned size1, size2, wsize1, wsize2;
    rowRec* p1 = dataPtr;
    rowRec* p2 = dataPtr;

    if (row1 >= workRow || row2 >= workRow)  {
       strcpy(errorMessage, "Out-of-range matrix row indices");
       return;
    }
    p1 += row1;
    p2 += row2;
    // store data for each row
    size1 = p1->rowSize;
    wsize1 = p1->workRowSize;
    p = p1->rowPtr;
    size2 = p2->rowSize;
    wsize2 = p2->workRowSize;
    q = p2->rowPtr;

    // interchange the data for each row
    p1->rowSize = size2;
    p1->workRowSize = wsize2;
    p1->rowPtr = q;

    p2->rowSize = size1;
    p2->workRowSize = wsize1;
    p2->rowPtr = p;

}

//- - - - - - - - - - - - - - - - - - << - - - - - - - - - -

template<class T>
ostream& operator <<(ostream& os, jagmatrix<T>& jm)

/*-+-+-+-+-+-+-+-+-+-+-+-+-+-+-+-+-+-+-+-+-+-+-+-+-+-+-+-+-+-+-+-+-+-+-+-

ROUTINE PURPOSE: Writes the generic jagged matrix to a stream.

PARAMETERS:

  INOUT: os - the output stream object.
```

Listing 11-2 Continued.

```
  INPUT: jm - the output jagged matrix.

-+-+-+-+-+-+-+-+-+-+-+-+-+-+-+-+-+-+-+-+-+-+-+-+-+-+-+-+-+-+-+-+-+-+-+-+-+-*/

{
    T* p;
    unsigned rsize;
    unsigned us = sizeof(unsigned);

    os << jm.maxRow << " " << jm.workRow << endl;
    for(unsigned i = 0; i < jm.workRow; i++) {
        rsize = (jm.dataPtr+i)->workRowSize;
        os << rsize << endl;
        p = (jm.dataPtr + i)->rowPtr;
        // write row's data
        if (rsize > 0)
           for (unsigned j = 0; j < rsize; j++, p++)
               os << *p << endl;
    }
    return os;
}

//- - - - - - - - - - - - - - - - - - - >> - - - - - - - - - -

template<class T>
istream& operator >>(istream& is, jagmatrix<T>& jm)

/*-+-+-+-+-+-+-+-+-+-+-+-+-+-+-+-+-+-+-+-+-+-+-+-+-+-+-+-+-+-+-+-+-+-+-+-+-+-

ROUTINE PURPOSE: Reads a jagged matrix object from a stream.

PARAMETERS:

  INOUT: os - the input stream object.

  OUTPUT: jm - the input jagged matrix.

-+-+-+-+-+-+-+-+-+-+-+-+-+-+-+-+-+-+-+-+-+-+-+-+-+-+-+-+-+-+-+-+-+-+-+-+-+-*/

{
    rowRec* p = jm.dataPtr;

    //***********  clear the jagged-matrix object *********
    if (jm.dataPtr) {
        for(unsigned i = 0; i < jm.maxRow; i++, p++) {
            if (p->rowPtr)
                delete [] p->rowPtr;
            p->workRowSize = 0;
            p->rowSize = 0;
            p->rowPtr = NULL;
        }
        delete [] jm.dataPtr;
    }
    is >> jm.maxRow >> jm.workRow;
    jm.dataPtr = NULL;
    jm.dataPtr = new rowRec[jm.maxRow];
```

Listing 11-2 Continued.

```
    if (!jm.dataPtr) {
        strcpy(jm.errorMessage, ALLOCATE_ERROR);
        return is;
    }
    for(unsigned i = 0; i < jm.maxRow; i++) {
        // read the row size
        is >> (jm.dataPtr+i)->workRowSize;
        (jm.dataPtr+i)->rowSize = (jm.dataPtr+i)->workRowSize;
        if ((jm.dataPtr+i)->rowSize > 0) {
            // allocate heap space for the row
            (jm.dataPtr+i)->rowPtr = new T[(jm.dataPtr+i)->rowSize];
            if (!(jm.dataPtr+i)->rowPtr) {
                strcpy(jm.errorMessage, ALLOCATE_ERROR);
                return is;
            }
            // read the row's data
            T *p = (jm.dataPtr + i)->rowPtr;
            for(unsigned j = 0;
                j < (jm.dataPtr+i)->rowSize;
                j++, p++)
                is >> *p;
        }
    }
    return is;
}
```

The class destructor performs the task of deallocating all the heap space associated with a jagged matrix instance. The process includes deallocating the dynamic space associated with each row.

The copy member function copies one instance of class jagmatrix to another, a deep copy process that relies on the = operator of the template class T. A deep copy process is one that tracks dynamic data accessed by any pointers.

The member function defineRowSize allocates heap space for each row. The member function also checks whether or not the targeted matrix row is already allocated. If the row exists, the row is unchanged, protecting a matrix instance from the accidental resizing of its rows. To purposefully resize a row, use the resizeRow member function. This member function enables you to expand or contract a row. In the latter case, some or all of the information in the resized row is lost.

Increasing the maximum number of rows is carried out by the addRows member function. Since an array of pointers is used to maintain the data, the expansion scheme used by function addRows differs from that of member function genmatrix::expand. The most important difference is that the operation performed by member function addRows is less vulnerable to limited heap space. The member function expand starts by allocating space for the new matrix; there should be enough heap space to accommodate both the old and new matrix at that initial stage. On the other hand, the addRows member function allocates space for only the row of pointers associated with the expanded matrix. The heap space required is far less than that of the matrix data. A for loop gives the new row of pointers access to the old jagged matrix rows. The additional rows are initialized using a separate for loop. Finally, the old row of pointers is deallocated. This unique approach allows the matrix data to be passed along rather than be copied and makes the row expansion less memory-consuming.

The member functions getWorkRow, getWorkRowSize, and getError-Message are involved in the querying of their respective data members. The getWorkRow function returns the current working number of rows in the jagged matrix, a number ranging from 0 to the maximum number of rows minus 1. The member function getWorkRow is used to obtain the working size of a row. The Boolean value returned by this member function reflects whether or not the argument for parameter row is valid. When the function yields a true value, the argument for the rSize reference parameter contains the sought working size of the selected row. The getErrorMessage member function returns the contents of the errorMessage data member. You can call the getErrorMessage function to investigate the error status of a previous function call.

The store member function assigns data to a jagged matrix element. The member function verifies the validity of the arguments for both parameters row and col. The errorMessage data member flags out-of-range index errors. Client applications should call a getErrorMessage function if such errors might occur. The reference parameter x accesses the data assigned to the designated matrix element. If the argument for row is the range workRow to maxRow – 1, the working number of rows is assigned the value of row. The same holds true for the argument of col and the working size of the selected row.

The recall member function retrieves data from the jagged matrix instance. The member function checks the validity of the arguments for both row and col. The errorMessage data member flags out-of-range index errors. Client programs should call a getErrorMessage function if this type of error might appear. The reference parameter x accesses the sought matrix element.

To swap any two matrix elements, use the swapElem member function. This member function examines the validity of its four arguments. The errorMessage data member signals out-of-range index errors. Client applications should invoke the getErrorMessage function if this type of error might occur.

The storeRow member function enables you to copy the data from a generic array (an instance of class genarray) onto a jagged matrix row. The member function verifies the validity of the argument for parameter row. If the working size of the array instance is greater than the size of the selected row, the row is resized. This resizing is done by calling a resizeRow function to expand the row. If the working size of the array instance is simply greater than the working size of the selected row, the selected row is assigned the working size of the array instance.

The recallRow member function copies the element of a jagged matrix row onto an instance of genarray. The member function performs the same type of checking as does storeRow. If the working row size of the matrix is greater than the maximum array size, the size of the array is expanded by calling the genarray::expand function.

The data of two matrix rows can be exchanged using the swapRows member function. The member function checks the validity of the selected row, then simply swaps pointers.

The member functions store, recall, swapElem, storeRow, recallRow, and swapRows are all declared as virtual, ensuring polymorphic behavior whenever additional virtual and nonvirtual member functions are written that invoke these member functions or whenever new subclasses are developed that use such additional member functions. There is no immediate need to declare these member functions virtual, but doing so is a good idea in case these situations arise.

Jagged matrix instances can be stored in and retrieved from data files using the friend << and >> operators, respectively. The << operator stores the data members and the elements of the matrix instance in a data file, while the >> operator performs the reverse action. Before reading a matrix instance from a file, the data of the current matrix instance is removed.

Testing jagged matrices

The program TSJGMAT.CPP, shown in Listing 11-3, tests an instance of the class jagmatrix. The program offers two modes for viewing the output. The first is a time-delay member function, in which the program pauses at each screen for a user-specified time. The second member function is to press a key to view the next screen. The program requests that you select one of these two options. If you select the time-delay member function, the program asks you to choose the number of milliseconds of pause between two successive screens.

Listing 11-3 Program TSJGMAT.CPP to test a jagged matrix object.

```
/*  program tests the class of jagged matrices.
*/

#include <stdio.h>
#include <iostream.h>
#include <fstream.h>
#include <stdlib.h>
#include <conio.h>
#include <string.h>
#include <dos.h>
#include <ctype.h>
#include "comndata.h"
#include "absarray.cpp"
#include "genarray.cpp"
#include "genjgmat.cpp"

void wait(unsigned delayTime, boolean autoMode)
```

Listing 11-3 Continued.

```
{
  gotoxy(1, 25);
    if (autoMode)
        delay(delayTime);
    else {
        printf("Press any key to continue ...");
        getch();
    }
}

void showMat(jagmatrix<int>& mat, const char* function,
             unsigned delayTime,  boolean autoMode)
{
    unsigned i, j, n, big;
    int x;

    clrscr();
    if (function[0] != '\0')
        puts(function);

    // draw special mathematical frame used for matrices
    gotoxy(1, 3);
    putchar(218);
    for(i = 0; i < (2 * mat.getWorkRow() - 1); i++) {
        gotoxy(wherex()-1, wherey()+1);
        putchar(179);
    }
    gotoxy(wherex()-1, wherey()+1);
    putchar(192);
    // find the size of the largest row
    mat.getWorkRowSize(0, big);
    for(i = 1; i < mat.getWorkRow(); i++) {
        mat.getWorkRowSize(i, j);
        big = (j > big) ? j : big;
    }
    gotoxy(6 + 3 * (big-1), 3);    putchar(191);
    for(i = 0; i < (2 * mat.getWorkRow() - 1); i++) {
        gotoxy(wherex()-1, wherey()+1);
        putchar(179);
    }
    gotoxy(wherex()-1, wherey()+1);
    putchar(217);
    for(i = 0; i < mat.getWorkRow(); i++) {
        mat.getWorkRowSize(i, n);
        for(j = 0; j < n; j++) {
            gotoxy(1 + 3 * j + 1,
                   3 + 2 * i + 1);
            mat.recall(x, i, j);
            printf("%3d", x);
        }
    }
    wait(delayTime, autoMode);
}
main(void)
{
```

Listing 11-3 Continued.

```
unsigned i, j, n, currentRows = 5, oldRows, delayTime;
jagmatrix<int> m(currentRows), m2(currentRows);
genarray<int> a(2);
int k;
boolean autoMode;
char DATA_FILE[] = "MAT.DAT";
char akey;

do {
    clrscr();
    printf("Do you want to use time-delayed pauses (y/n) ? ");
    akey = toupper(getch());
    putchar(akey);
} while (akey != 'Y' && akey != 'N');
autoMode = (akey == 'Y') ? true : false;
if (autoMode) {
    putchar('\n');
    do {
        printf("Enter delay time (milliseconds) : ");
        scanf("%u", &delayTime);
        putchar('\n');
    } while (delayTime == 0);
}
for(i = 0; i < currentRows; i++) {
    m.defineRowSize(i, i+1);
    for(j = 0; j <= i; j++) {
        k = 10 * (i+1) + j + 1;
        m.store(k, i, j);
    }
}
showMat(m, "Initial matrix is:", delayTime, autoMode);
m2 = m; // copy matrix m into m2
m.swapElem(0, 0, 1, 1);
showMat(m,
  "After swapping the first two diagonal elements, matrix is:",
  delayTime, autoMode);
m.swapElem(0, 0, 1, 1);
showMat(m,
  "Another swapping of the diagonal elements yields:",
  delayTime, autoMode);

oldRows = currentRows;
currentRows = 8;
if (! m.addRows(currentRows)) {
    printf("\nError in expanding the matrix\n");
    exit(1);
}
for(i = oldRows; i < currentRows; i++) {
    m.defineRowSize(i, i+1);
    for(j = 0; j <= i; j++) {
        k = 10 * (i+1) + j + 1;
        m.store(k, i, j);
    }
}
showMat(m,
        "After adding 3 more rows, the matrix is:",
```

Listing 11-3 Continued.

```
            delayTime, autoMode);
    m.swapRows(3, 5);

  showMat(m,
            "After swapping rows 3 and 5, the matrix is:",
            delayTime, autoMode);
    clrscr();
    printf("Storing matrix in file ", DATA_FILE);
    {
      ofstream os(DATA_FILE, ios::out);
      os << m;
    }
    putchar('\n');
    printf("Filling the matrix with zeros");
    delay(2000);
    for(i = 0; i < currentRows; i++) {
        m.getWorkRowSize(i, n);
        for(j = 0; j < n; j++) {
            k = 0;
            m.store(k, i, j);
        }
    }

    showMat(m,
            "After assigning zero to the elements, the matrix is:",
            delayTime, autoMode);
    clrscr();
    printf("Reading the matrix from file ", DATA_FILE);
    {
      ifstream is(DATA_FILE, ios::in);
      is >> m;
    }
    delay(2000);
    showMat(m,
            "The stored matrix is:",
            delayTime, autoMode);
    if (m.resizeRow(0, 8)) {
        for(i = 0; i < 8; i++) {
            k = 10 * (i+1);
            m.store(k, 0, i);
        }
        showMat(m,
        "After expanding row 0 to 8 elements and filling it with data,
the matrix is:",
            delayTime, autoMode);
    }
    else {
        clrscr();
        printf("\nFailed to expand row 0\n");
    }

    // create array object
    m.recallRow(a, 0);
    if (strlen(m.getErrorFunction()) == 0) {

      m.storeRow(a, 1);
```

Listing 11-3 Continued.

```
    showMat(m,
            "After copying row 0 into row 1, the matrix is:",
            delayTime, autoMode);
  }
  else {
    clrscr();
    printf("Failed to copy row 0 into row 1.\n\n");
    printf("Press any key to continue...");
    getch();
  }
  showMat(m2, "Original matrix is:", delayTime, autoMode);
  gotoxy(1, 25);
  printf("Press any key to end the program ...");
  getch();

  return 0;
}
```

Once the display mode is established, the program creates instance m of the jagmatrix class. The matrix instance has five rows and stores int-typed data. Then the program creates a lower-triangular matrix (an example of a uniform jagged matrix) using nested for loops. The value of each matrix element is obtained using the following expression:

value = 10 * row index + column index

The body of the outer for loop calls the defineRowSize function, causing row number i to have a size of i elements. Calling the local function showMat displays the matrix shown in FIG. 11-4.

The program swaps the first two diagonal elements by calling the swapElem function. Figure 11-5 shows the matrix as it appears after the swap by calling ShowMat. Then the program calls swapElem function to restore the matrix elements to their initial state, as shown in FIG. 11-6.

Initial matrix is:

$$\begin{bmatrix} 11 & & & & \\ 21 & 22 & & & \\ 31 & 32 & 33 & & \\ 41 & 42 & 43 & 44 & \\ 51 & 52 & 53 & 54 & 55 \end{bmatrix}$$

11-4 The initial 5-row jagged matrix.

Another swapping of the diagonal elements yields:

$$\begin{bmatrix} 11 & & & & \\ 21 & 22 & & & \\ 31 & 32 & 33 & & \\ 41 & 42 & 43 & 44 & \\ 51 & 52 & 53 & 54 & 55 \end{bmatrix}$$

11-5 The matrix object m after swapping the first two diagonal members

```
Another swapping of the diagonal elements yields:
11
21  22
31  32  33
41  42  43  44
51  52  53  54  55
```

11-6 The matrix object m after reswapping the first two diagonal members.

At this point, the program expands the matrix instance m by calling the addRows function, which adds two new rows. A pair of nested for loops add more data to the new rows to maintain a lower-triangular matrix. Figure 11-7 shows the expanded matrix.

```
After adding three more rows, the matrix is:
11
21  22
31  32  33
41  42  43  44
51  52  53  54  55
61  62  63  64  65  66
71  72  73  74  75  76  77
81  82  83  84  85  86  87
```

11-7 The matrix object m after adding three more rows.

The program calls function swapRows to swap rows 3 and 5. Invoking the function showMat displays the updated matrix, shown in FIG. 11-8. The matrix is no longer considered a lower-triangular matrix, because it has lost its uniform row size distribution. It is now an irregular jagged matrix.

Next the program tests storing and retrieving the matrix instance m from a data file. The program begins by using the << operator to write the matrix m, causing the instance to write its data members and matrix ele-

```
After swapping rows 3 and 5, the matrix is:
11
21  22
31  32  33
61  62  63  64  65  66
51  52  53  54  55
41  42  43  44
71  72  73  74  75  76  77
81  82  83  84  85  86  87  88
```

11-8 The matrix object m after swapping rows 3 and 5.t

```
After assigning zeros to the elements, the matrix is:
0
0  0
0  0  0
0  0  0  0  0  0
0  0  0  0  0
0  0  0  0
0  0  0  0  0  0  0
0  0  0  0  0  0  0  0
```

11-9 The matrix object m after saving it to file MAT.DAT and filling with zeros.

ments in file MAT.DAT. Next, the program assigns zeros to the elements of the matrix instance m, as shown in FIG. 11-9, and invokes the >> operator to read the data from file MAT.DAT. A call to the procedure showMat yields the display shown in FIG. 11-10.

```
The stored matrix is:
11
21  22
31  32  33
61  62  63  64  65  66
51  52  53  54  55
41  42  43  44
71  72  73  74  75  76  77
81  82  83  84  85  86  87  88
```

11-10 The matrix object m after reading the data in file MAT.DAT.

The resizeRow function is called to expand the first row from one to eight elements. A for loop assigns data to the row elements. Figure 11-11 shows matrix instance m after expanding the first row and filling it with data. To copy the data from one row to another, the program calls the recallRow and storeRow functions. Since the arguments of these functions employ an instance of class genarray, that instance, a, is created before these functions are called. The instance a is deliberately constructed with a meager size of two elements; the recallRow function expands the size of the array from two to eight elements. The same function stores the data from the first matrix row into the array instance.

The storeRow function copies the same data from the array to the second row, and expands the size of the second row to accommodate the additional elements. Figure 11-12 shows the update matrix instance.

After exanding row 1 to 8 elements and filling it with data, the matrix is:

10	20	30	40	50	60	70	80
21	22						
31	32	33					
61	62	63	64	65	66		
51	52	53	54	55			
41	42	43	44				
71	72	73	74	75	76	77	
81	82	83	84	85	86	87	88

11-11 The matrix object m after expanding the first row and filling it with data.

After copying row 0 to row 1, the matrix is:

10	20	30	40	50	60	70	80
10	20	30	40	50	60	70	80
31	32	33					
61	62	63	64	65	66		
51	52	53	54	55			
41	42	43	44				
71	72	73	74	75	76	77	
81	82	83	84	85	86	87	88

11-12 The matrix object m after copying row 0 to row 1.

INDEX

W

Order Form for Readers Requiring a Single 5.25″ Disk

This Windcrest/McGraw-Hill software product is also available on a 5.25″/360K disk. If you need the software in 5.25″ format, simply follow these instructions:

- Complete the order form below. Be sure to include the exact title of the Windcrest/McGraw-Hill book for which you are requesting a replacement disk.
- Make check or money order made payable to *Glossbrenner's Choice*. The cost is $5.00 ($8.00 for shipments outside the U.S.) to cover media, postage, and handling. Pennsylvania residents, please add 6% sales tax.
- Foreign orders: please send an international money order or a check drawn on a bank with a U.S. clearing branch. We cannot accept foreign checks.
- Mail order form and payment to:

  Glossbrenner's Choice
  Attn: Windcrest/McGraw-Hill Disk Replacement
  699 River Road
  Yardley, PA 19067-1965

Your disks will be shipped via First Class Mail. Please allow one to two weeks for delivery.

Windcrest/McGraw-Hill Disk Replacement

Please send me a replacement disk in 5.25″/360K format for the following Windcrest/McGraw-Hill book:

Book Title ______________________________

Name ______________________________

Address ______________________________

City/State/ZIP ______________________________

Using the diskette

The enclosed double-density 3½″ disk contains the self-extracting file, GENKLASS.EXE. This file contains 87 other programs in a compressed format.

Before you can access the programs contained in GENKLASS.EXE, you must create a directory on your hard drive, copy GENKLASS.EXE into the new directory, and run the GENKLASS.EXE file. At the C> prompt, type:

MD C:*directory_name*

(where *directory_name* is the name of the directory that you want to create) and press Enter. You have just created a directory on your hard drive to hold all of the programs contained in GENKLASS.EXE. Now, place the companion diskette in drive A: and copy GENKLASS.EXE to your newly created directory by typing:

COPY A:\GENKLASS.EXE C:*directory_name*

(where *directory_name* is the name of the directory that you created earlier) and press Enter. Now, you can safely run GENKLASS.EXE to extract the other programs.

Change to the directory that contains GENKLASS.EXE by typing:

CD *directory_name*

at the C> prompt. To extract the files, type:

GENKLASS

and press Enter. The program will list the name of each file as it is uncompressed and will return to the DOS prompt when all of the files have been uncompressed.